복지,
맹자에서 길을 찾다

권중돈 지음

학지사

작은 오솔길이라도 잠깐만 사용하면 길(路)이 되고, 한동안 사용하지 않으면 잡초가 그 길을 뒤덮어버린다(진심장구 하-21).

사람이 닭과 개가 도망가면 찾을 줄을 알되, 마음을 잃고서는 찾을 줄을 알지 못하니, 학문하는 길은 다른 것이 없다. 그 잃어버린 마음을 찾는 것(求放心)일 뿐이다(고자장구 상-11).

왕은 하필 이익(利)을 말씀하십니까? 인의(仁義)가 있을 뿐입니다(양혜왕장구 상-1).

코흘리개 시절 동네 어르신들께서 '공자 왈 맹자 왈'을 말씀하시면, 그냥 시조(時調)를 읊조리시는 줄로만 알았다. 까까머리 학동시절에는 맹모삼천지교(孟母三遷之敎)의 교육방법을 듣고 맹자 어머니가 대단한 분이라고만 생각했을 뿐, 맹자가 누구인지도 몰랐다. 턱에 수염이 돋아나기 시작할 때는 맹자의 성선설(性善說)과 호연지기(浩然之氣)에 대해 들었으나, 시험점수를 잘 받으려고 외우기만 했다. 나라가 격랑으로 휘몰아치던 대학 새내기 시절에 읽은 《맹자》 속에서는 역성혁명론(易姓革命論)만 눈에 도드라졌을 뿐 큰 의미를 찾지 못했었다. 이어지는 대학과 대학원 시절 교수님들께서 '우리 것으로 사회복지 하기'를 아무리 주장하셨어도, 서양의 사회복지 전공서적을 읽느라 《맹자》는 읽어 볼 생각조차 하지 못했다. 세상에서 내 이름 석 자가 들어간 첫 번째 연구서를 냈던 국책연구원 시절과 젊은이들을 가르치는 교수로서의 직책을 수행하는 동안에도 《맹자》는 시간 나면 다시 읽어 봐야 할 책에 불과했다.

불혹(不惑)의 나이를 지나면서 다시 읽은 《맹자》에서 몇몇 의미 있는 장구를 찾아내기는 했지만, 마음 밭이 온통 잡초로 우거져 있어 그 깊은 뜻을 깨닫지 못했다. 지천명(知天命)의 나이에 접어들며 매주 한 차례씩 한 해 동안 선생님께 배우며 익힌 《맹자》는 전혀 다른 깊은 의미를 가진, 말 그대로 경서(經書)였다. 헝클어지고 잃어버린 마음을 되찾을 수 있는 길을 그 속에서 찾을 수 있을 것 같은 한 줄기 희망의 빛을 보았다. 그 빛을 잃지 않으려 애쓰며 혼자 읽고 또 익혀서 이제 이순(耳順)의 나이를 코앞에 두고, 《복지, 논어를 탐하다》(학지사, 2015)에 이어 다시 우리 것으로 사회복지 하기의 두 번째 걸음을 떼어 놓는다.

《맹자》에 대해 어떤 학자는 '인류 역사에서 가장 순결한 도덕주의, 진정한 인문주의를 담고 있다.'라고 하고, 또 어떤 학자는 '인간 본성에 대한 깊은 신뢰! 인본주의의 보고'라 하며, 누구는 '경영철학의 비결을 담은 경서', 또 누구는 '글쓰기의 교본' 등으로 각기 다른 서평(書評)을 내놓고 있다. 그렇지만 필자가 읽으며 느낀 바에 의하면 《맹자》는 단순한 유가(儒家) 사상서가 아니라 철학, 정치학, 경제학, 윤리학, 교육학, 심리학 등 모든 학문분야의 지혜를 담고 있는 반짝반짝 빛나는 보물창고였다. 특히 그 속에는 인간, 사회, 인생, 관계, 본성(性)과 마음(心), 경제, 가치와 도덕, 정책, 실천, 배움, 자기성찰과 계발 등 사회복지분야에서 다루어야 하는 핵심어들(key words)이 모두 담겨 있었다. 게다가 "왕은 하필 이익[利]을 말씀하십니까? 인의(仁義)가 있을 뿐입니다."라는 《맹자》의 첫 편 첫 장구는 사회복지의 목표와 가치, 실천방법에 관한 모든 것을 함축하고 있었다.

이에 필자는 진정한 '우리 것으로 사회복지 하기'로 가는 중간과정으로, 《논어》에 이어 《맹자》의 의미를 온전히 사회복지적 관점에서 깊이 파고들어 재해석

해 보기로 했다. 이를 위해 《맹자》에 포함된 261개의 장(章) 하나하나가 지닌 사회복지적 함의를 찾아 주석을 달았다. 다만 《맹자》에는 비유법과 변론법이 많이 사용되고 있어, 34,685자(字) 모두에 사회복지적 관점으로 주석을 다는 것은 필자의 능력을 벗어나기도 할뿐더러 큰 의미를 지니지 못할 것이라는 생각이 들었다. 이에 각 장구 중에서 사회복지적 함의가 풍부한 구절을 발췌하여 주석을 달았다. 그다음으로 주석들의 의미 연관성을 근거로 나누고 합치기를 반복하여, 《맹자》에 포함된 사회복지적 함의(含意)를 주제별로 다시 정리하였다.

이런 과정을 거쳐 쓰인 이 책은 크게 두 부분으로 나뉜다. 제1부 '《맹자》의 사회복지적 함의'에서는 8개의 주제를 다루고 있다. 먼저 독자들의 기본적인 이해를 돕기 위해 맹자의 생애와 《맹자》라는 책이 지닌 특성에 대해 서술하였다. 그다음으로는 사회복지를 제대로 하려면 '환경 속의 인간(person in environment)'에 대한 이해가 필수적이므로, 《맹자》 속에 그려진 인간과 사회의 모습이 어떠한지를 서술하였다. 이어서 《맹자》에서 찾아낸 사회복지의 목표와 이념, 그리고 방법에 대해 서술하고, 사회복지에서 따라야 할 가치와 윤리에 대해 논의하였다. 그리고 사회복지실천의 전제 조건이라 할 수 있는 촉진적 원조관계를 어떻게 형성해야 하고, 사회복지실천을 함에 있어서 따라야 하는 기본 원칙은 무엇이며 어떻게 개입해야 하는지에 대해 논의하였다. 특히 이 부분은 저자가 『한국사회복지교육』제45권에 게재한 '『맹자』의 사회복지실천적 함의'라는 논문을 기반으로 그 내용을 좀 더 깊이 있게 보완한 것이다. 또한 사회복지조직을 관리하고 운영하는 방법과 조직 관리자의 리더십에 대해 살펴보았으며, 사회복지실천가가 갖추어야 할 사명의식, 자질, 자세, 자기성찰과 자기계발의 방법 등에 관한 내용을 담았다.

제2부는 '《맹자》의 사회복지 주석(註釋)'이다. 《맹자》는 '양혜왕, 공손추, 등문공, 이루, 만장, 고자, 진심'이라는 7편으로 구성되어 있으며, 각 편은 상·하편으로 나뉘어 있다. 각 편의 장구 중에서 사회복지적 함의가 상대적으로 많이 내포된

구절(句節)을 단장취의(斷章取義)하여 장구를 한글로 해석하고, 그 장구가 지닌 사회복지적 의미를 주석으로 달아 풀이하였다. 다만 이 책에 제시된 장구만으로 장 전체의 의미가 전달되지 않는 경우에는 주석의 첫 문단에 장 전체의 내용과 의미를 정리하여 기술해 두었다. 이 책에 제시된 각 장구의 사회복지적 함의는 필자의 관점에서 바라본 것이므로, 독자 여러분의 관점에서 바라보면 또 다른 새로운 함의를 찾아낼 수 있을 것이다. 독자 여러분의 새로운 생각과 기탄없는 비판이 더해져 이 책이 좀 더 다듬어지고 보다 깊은 논의가 이루어지기를 바란다. 또한 이 책에는 《맹자》의 261개 장구의 모든 구절이 포함되어 있지 않으므로, 전체 장구를 읽어 보기를 원하거나 깊이 공부를 해 보고 싶은 독자들께서는 시중에 나와 있는 다른 학문분야의 《맹자》에 관한 주석서들을 참고하기 바란다.

이렇게 책을 구성하고 마무리하면서 느끼는 바가 많다. 필자의 앎이 부족하다는 점을 뼈저리게 느낀다. 그렇기에 이 책을 세상에 내놓음에 있어 두려움과 부끄러움이 앞선다. 그러나 이 책이 우리의 전통사상과 사회복지 사이에 작은 다리를 놓을 수 있는 두 번째 디딤돌이 될 수 있다는 점으로 위안을 삼으며, 독자 여러분을 통해 보다 튼튼한 다리[架橋]가 놓아지기를 기대해 본다.

이렇게 부끄러운 글이지만 세상에 내놓을 수 있도록 인도하고 보살펴 주신 하나님께 감사드린다. 필자를 낳아 사랑으로 길러 주고 보살펴 주신 부모님과 가족들, 가르쳐 주신 선생님들, 그리고 배움의 과정에서 만난 제자들과 사회복지 실천현장에서 귀한 깨달음을 얻을 수 있게 해 준 사회복지실천가 여러분께 진심으로 감사의 마음을 전한다. 또한 강의와 행정의 부담에서 벗어나 온전히 연구에만 몰두할 수 있도록 연구년의 기회를 부여해 준 목원대학교에 감사한다. 특히 한문에 문외한인 필자를 제자로 삼아 사서(四書)를 비롯한 몇몇 경전을 인내심으로 가르쳐 주시고, 이 글의 감수(監修)까지 맡아 주신 이영휘 선생님께 깊은 감사를 드린다. 또한 쓰인 글이 사회복지 실천현장에 올바로 적용된 것인지를 꼼꼼히 검토해

준 이은주 박사(도봉노인종합복지관 관장)께도 깊이 감사드린다. 그리고 늘 저자가 쓴 글을 믿음으로 출판해 주신 학지사 김진환 사장님과 책을 잘 가다듬어 주신 편집부에도 감사의 마음을 전한다. 아무쪼록 이 책이 참다운 사회복지실천의 길을 고민할 때 펼쳐 들 수 있는 실무안내서이자 동양사상과 우리 전통사상, 그리고 사회복지 사이의 길을 연결하는 데 든든한 디딤돌이 되기를 기원한다.

2019년 잔설을 뚫고 돋아난 연초록 새싹이
새로운 삶의 시작을 알리는 계절에
계룡산 자락 양치는 동산(牧園)의 작은 공간에서

제1부 《맹자》의 사회복지적 함의

제2부 《맹자》의 사회복지 주석

제1부
《맹자》의 사회복지적 함의

1. 맹자와 《맹자》에 대한 이해

맹자(孟子, Mèngzǐ)의 생몰(生沒) 연도는 정확하지는 않지만, 공자 사후 약 100년 뒤인 '싸움이 그칠 날이 없는 시대'라는 의미를 지닌 전국시대(戰國時代) 중기 무렵인 기원전 372년 즈음에 추(鄒)나라, 즉 지금의 중국 산둥성(山東省) 쩌우청시(鄒城市)에서 노(魯)나라 공족(公族) 맹손씨(孟孫氏)의 후손인 사(士) 계급 집안에서 태어났다는 설이 가장 유력하다. 그의 이름은 가(軻)이며, 자는 자여(子輿), 자거(子車), 또는 자거(子居)라고 하며, 공자의 손자인 자사(子思)의 문하에서 학문을 배웠다고 한다(홍인표, 1992; 성백효, 2005; 김원중, 2015; 위키백과, ko.wikipedia.org).

맹자는 40세 이후에 약 20년 동안 송(宋), 등(滕), 양(梁), 임(任), 제(齊), 노(魯), 설(薛) 나라 등을 주유하며, 제후들을 상대로 인정(仁政), 즉 왕도정치(王道政治)를 펼칠 것을 주장하고 다녔고, 제나라에서는 객경(客卿)의 지위에 오르기도 했다. 그는 공자의 사상을 계승하여 다른 제자백가(諸子百家)의 사상가와 문답을 통해 유학의 전통을 지켜내어 유학의 도통(道統)을 이었으며, 성인(聖人)으로 추앙받는 공자에 비견하여 아성(亞聖)으로 불린다. 맹자는 기원전 312년 59세 때 고향으로 돌아와 제자를 양성하고 저술에 힘을 쏟았지만 말년의 삶은 알려진 것이 없으며, 기원전 289년 무렵 그의 나이 84세에 세상을 떠났다고 알려져 있다. 현재 맹자의 무덤[孟林]은 산둥성 쩌우청시 도심에서 북동쪽으로 12km 정도 떨어진 곳에 위치해 있다.

《맹자(孟子, Mencius)》는 봉건왕조의 천자국(天子國)인 주(周)나라 왕실이 완전히 쇠퇴하여 그 권위를 상실하고 전국 7웅(戰國 七雄), 즉 진(秦), 초(楚), 연(燕), 제

(齊), 한(韓), 위(魏), 조(趙) 나라가 서로 패권을 다투던 시기인 기원전 280년 즈음에 만들어진 것으로 추정되고 있다. 《맹자》는 맹자가 고향 추나라에서 은둔 생활을 하는 동안 제자 만장과 함께 만든 책, 맹자가 세상을 떠난 뒤 만장이나 공손추가 맹자의 말을 정리하여 저술한 책, 그리고 맹자 자신이 저술한 책이라는 여러가지 설이 존재하고 있다. 《맹자》는 맹자가 각국의 제후들에게 유세를 한 내용, 제자들과의 대화, 혹은 고자 등의 다른 사상가와의 논쟁을 기록한 어록으로서, 《논어》에 비해 비유법과 변론법을 많이 사용하고 있다. 《맹자》는 진(秦), 한(漢), 당(唐) 나라 시대에는 제자백가 사상서 중의 하나로 분류되었으나, 송나라에 이르러서는 유학이 성행하면서 주자(朱子)가 《대학(大學)》, 《중용(中庸)》, 《논어(論語)》와 더불어 '사서(四書)'로 삼고, 《맹자집주(孟子集注)》를 저술한 이후로 유학사상의 중요한 경전이 되었다.

《맹자》는 맹자의 언행을 기록하고 인의(仁義)의 도덕을 강조하는 7편으로 구성되어 있고, 각 편은 상하로 나뉘어 있으며, 모두 261장(章) 34,685자(字)이다(성백효, 2005). 7편 가운데 전반의 3편은 맹자가 천하를 돌며 유세하던 때의 언행을 기록한 것이고, 후반의 4편은 은퇴 이후의 언행을 기록한 것으로 여겨지고 있다. 《맹자》는 인간의 선한 본성에 대한 확고한 신념과 인본주의 사상을 근간으로 하여 인간중심적이고 평화적인 문명을 구축하기 위해 물질주의와 군사주의에 저항한 고대 동아시아 세계의 지적 고뇌를 대표하는 사상서이자 철학서이다(안외순, 2002).

《맹자》의 첫 편인 《양혜왕》 편은 맹자가 양나라, 제나라, 추나라 등에서 유세할 때의 기록으로, 각 나라의 제후들에게 인의(仁義)의 가치와 인정(仁政), 즉 왕도정치(王道政治)를 펼칠 것을 설파하는 내용이다. 《공손추》 편은 맹자가 제나라에 머물 때의 기록으로 인간의 선한 본성인 인의예지의 사덕(四德)이 측은지심(惻隱之心), 수오지심(羞惡之心), 사양지심(辭讓之心), 시비지심(是非之心)의 마음을 통해 표현된다는 사단설(四端說)을 담고 있으며, 패도정치와 왕도정치의 본질적 차이를 드러내고 있다. 《등문공》 편은 묵가(墨家)와 농가(農家), 종횡가(縱橫家)를 비롯한 사상가들과 나눈 문답으로, 그들의 사상과 유가(儒家) 사상의 차이점을 드러내고 유가의 전통을 이어가려는 노력을 담고 있다. 《이루》 편은 자신의 타고난 선한 본성을 추구하라는 것이 주된 내용이다. 《만장》 편은 고대의 성인 요순(堯舜)의 전설이나 공자의 언행과 함께 유가가 이상으로 삼는 인물상을 논하고 있다. 《고자》 편은 주로 인간의 본성에 대해 논하고 있으며, 고자(告子)와의 문답을 통해 인간은 태어나면서부터 도덕성을 가지고 있다는 성선설(性善說)을 제시하고 있다. 《진심》 편은 천명(天命)과 마음[心], 그리고 인간의 본성에 대해 논의하고 있다.

2. 인간과 사회에 대한 관점

1) 인간에 대한 관점

인간의 본성이란 인간이 공통적으로 갖고 있는 선천적 조건이다(楊照, 2014). 인간 본성에 대한 중국철학의 관점은 크게 일곱 가지로 나뉘며, 성선설(性善說), 성악설(性惡說), 성유선유악설(性有善有惡說), 성선악혼설(性善惡混說), 성삼품설(性三品說), 본연기질성설(本然氣質性說), 성무선무악설(性無善無惡說)이 그것이다(정봉수, 2018). 이들 인성론 중에서 맹자는 인간을 선한 본성, 즉 인의예지(仁義禮智)의 사덕(四德)을 지닌 존재로 보는 성선설의 인성론을 주장하였다.

맹자는 인간이 하늘로부터 본능적 욕구를 부여받은 자연적 존재이기는 하지만, 최소한의 인간됨의 품격을 유지하려는 성향을 지닌 사회적이고 도덕적 존재라는 사실을 강조한다. 맹자는 세상을 탄생시키고 그 운용을 주관하는 실재를 하늘[天]이라고 보았다. 그러므로 인간은 하늘이 부여한 운명과 필연의 법칙이 작동하는 영역에서는 수동적 존재이지만, 동시에 주체적 능동성을 발휘할 수 있는 도덕적 본성을 부여받은 존재라고 본다(강봉수, 2018). 이러한 관점에서 맹자는 인간이 도덕적으로 선한 본성을 지니고 있다고 보지만, 인간이 본능 추구에만 몰두하고 도덕적 본성을 무시하게 되면 더 이상 인간다운 인간이 아니라고 본다.

하지만 맹자는 인간이 본능을 지닌 존재라는 사실을 부정하지는 않는다. 즉, 맹자는 인간도 다른 생명체와 같이 생물적 본능을 지니고 있으며, 생명을 보존하고 위협에 대처하기 위해 신체가 필요로 하는 수준에서 본능적 욕구를 충족하려는 특성이 있다는 점을 인정한다. 맹자는 "입이 맛에 있어서와, 눈이 색깔에 있어서와, 귀가 소리에 있어서와, 코가 냄새에 있어서와, 사지(四肢)가 안일함에 있어서는 본성이지만 천명에 달려 있다."(진심장구 하-24)고 하였다. 고자(告子)가 "타고난 것을 본성이라 한다."(고자장구 상-3)고 말한 것에서, 바로 '타고난 것(生)'에 해당하는 본능(本能)이 있다는 사실을 맹자는 부정하지는 않는다. 다시 말해 인간은 눈, 귀, 코, 혀, 피부(또는 사지)라는 오관(五官)의 자극을 받아 본능적 욕구, 즉 식색지성(食色之性)을 충족시키려는 성향을 지니고 태어나며, 그것 자체를 부정할 수도 그리고 마음대로 없앨 수도 없는 것이며, 인간이 어쩔 수 없이 받아들여야 하는 측면이라고 본다. 그러나 맹자는 인간의 생물적 본능 자체가 인간의 고유한 특성인 본성은 아니라고 하여(진심장구 하-24), "식욕과 색욕이 본성이다."(고자장구 상-4)라며 생물적 본능이 인간의 본성이라는 고자의 관점에 반대한다(최문형, 2017). 만약 인간이 지닌 본능적 욕구가 인간의 고유한 본성이라는 사실을 인정하면, 인간은 다른 동물과 같은 존재로 전락해 버리기 때문일 뿐 아니라 세상의 제한된 자원을 놓고 서로 이익을 먼저 챙기려고 다투는 삶을 살게 됨으로써 서로를 해치는 결과를 낳을 것(양혜왕장구 상-1)이다. 따라서 맹자는 인간이 지닌 생물적 본능을 인정하기는 하지만, 본능 그 자체가 인간의 고유한 본성이라는 점은 수용하지 않는다.

맹자는 인간이 다른 동물과 달리 도덕적 본성, 즉 도의지성(道義之性)을 하늘로부터 타고 태어난다고 보고 있으며, 이것이야말로 진정한 인간의 선한 본성(등문공장구 상-1)이라고 본다. 즉, 맹자는 "인(仁)이 부자지간에 있어서와, 의(義)가 군신간에 있어서와, 예(禮)가 빈객(즉, 주인과 손님) 간에 있어서와, 지(智)가 현자에게 있어서와, 성인이 천도에 있어서는 명(命)이지만 본성에 있다. 그러므로 군자는 이것을 명(命)이라 이르지 않는다."(진심장구 하-24)라고 하여, 본능이 아니라 인의예지의 도덕성을 인간의 고유한 본성(性)이라고 보았다. 다시 말해, 맹자는 인의예지의 선한 도덕적 본성이야말로 인간 스스로가 갈고 닦고 키워나가야 하는 진정한 의미의 인간 본성이라고 보고 있다.

맹자의 인간에 대한 성선론적 관점은 고자의 성무선무악설(性無善無惡說)과 대비된다. 고자는 삶의 본능[生]이 곧 인간의 본성이라 했으며, 이러한 인간 본성은 애초 선악이 없으며, 후천적 경험이나 훈련 등의 외부의 인위적 힘에 의해 선악이 결정된다고 보고 있다. 즉, 고자는 인간은 도덕적으로 백지상태로 태어나며, 인간의 도덕성은 후천적으로 길러진다고 보고 있어, 타율적으로 본능을 통제하는 인위적 개입이 필요하다고 보고 있다. 즉, 고자는 생물적 본능을 강조한다는 점에서는 Freud의 정신분석이론 그리고 인간 존재가 백지상태로 태어나고 외부의 개입으로 행동을 바로잡을 수 있다는 점에서는 Skinner 등의 행동주의이론과 유사한 인간관(권중돈, 2014)을 제시하고 있다.

이에 반해 맹자는 인의예지의 도덕성은 인간이면 누구나를 막론하고 갖추고 있는, 인간만이 가지고 있는 인간을 인간이게 하는 본질이고 특성이며, 이러한 도덕성은 타고난 것으로 인간의 마음에 내재해 있다고 본다. 맹자는 인간의 도덕적 본성에 대해, 제나라 선왕이 새로 만든 종의 틈을 메우기 위해 희생양으로 쓸 소가 죄도 없이 벌벌 떨면서 사지로 끌려가는 모습을 보고, 차마 볼 수가 없으니 소를 놓아 주고 양으로 바꾸라고 명령하는 마음에 비유(양혜왕장구 상-7)하면서, 인간이 사유판단 이전의 인식능력인 인간 본연의 순수감정인 '차마 하지 못하는 마음', 즉 불인지심(不忍之心)을 갖추고 있다고 본다. 이 불인지심이 바로 인(仁)의 표현(진심장구 하-31)이고, 이 인은 나머지 도덕적 본성 모두를 포괄하는 개념이다. 또한 맹자는 인간이 드러내는 감정적 실마리를 보면, 인간이 선한 본성을 지니고 있다는 것을 알 수 있다(고자장구 상-6)고 했다. 맹자는 다른 사람을 측은해 하는 마음[惻隱之心]은 인(仁)의 덕(德)이 존재한다는 것을 보여주는 정서적 단서이며, 부끄러워하고 미워하는 마음[羞惡之心]은 의(義)의 단서이며, 사양하는 마음[辭讓之心]은 예(禮)의 단서이며, 옳고 그름을 분별하는 마음[是非之心]은 지(智)의 단서(공손추장구 상-6)라고 하였다. 맹자는 이 네 가지 정서적 단서[四端]는 인간의 타고난 인의예지의 선한 본성인 사덕(四德)에 뿌리를 둔 것이라고 본다. 이처럼 맹자는 선한 도덕적 본성을 밖에서 주어서 얻은 인위적인 것이 아니라 본래부터 가지고 태어나는 자연적인 것이며, 일상의 삶에서는 도덕감정이나 도덕행동으로 표출된다고 보고 있다.

맹자는 성인인 요임금이나 순임금과 마찬가지로 모든 인간은 선한 도덕적 본성을 지니고 있고(이루장구 하-32), 배우지 않아도 선한 도덕적 본성을 알 수 있고 그것을 실천에 옮길 수 있는 양지양능(良知良能)의 능력이 있다(진심장구 상-15)고 본다. 그런데 어떤 사람은 선한 본성을 보전하여 군자의 풍모를 갖추는가 하면 또 어떤 사람은 불선(不善)한 행동을 하여 금수(禽獸)와 같아지고, 도적의 무리가 된다(이루장구 하-19, 진심장구 상-25)고 하였다. 이와 같이 인간이 불선한 행동을 하는 것은 하늘로부터 부여받은 재질(才質)이 다르거나 잘못된 것이 아니라 스스로 선한 본성을 구하여 보존하려 하지 않고 외물(外物)의 유혹에 빠져서 그 본성을 놓아버리거나(고자장구 상-8), 환경에 휘둘려 본성을 잃거나(고자 상-6, 7), 인의예지의 본성이 아니라 이익을 추구하고(진심장구 상-25), 세상의 높은 지위를 탐하기(고자 상-16) 때문이다. 이처럼 맹자는 선한 마음을 잃지 않고 보존[存心]하기 위해 노력하고 타고난 본성을 기르는[養性] 자기 수양과 외부 환경의 유혹에 빠져들지 않으려는 주체적 노력이 없으면, 아무리 선한 본성을 타고난 인간이라도 선하지 않은 존재로 전락할 수 있다고 본다.

2) 사회에 대한 관점

맹자가 생존했던 전국시대는 유력한 제후국인 7웅(七雄), 즉 진(秦), 초(楚), 연(燕), 제(齊), 한(韓), 위(魏), 조(趙) 나라가 서로 천하를 통일하기 위해 패권(覇權) 다툼을 하던 시기로, 원시공동체의 특성을 지닌 읍제국가(邑帝國家)에서 중앙집권적이고 전제군주제의 영토국가(領土國家)로 변모하게 되었다(蔡仁厚, 1994). 이들 영토국가들은 부국강병을 추구하는 패도정치를 일삼고, 천하를 제패하기 위해 전쟁을 일삼음에 따라 사회가 극도의 혼란을 겪게 되었다. 또한 춘추전국시대에 걸쳐 농업혁명이 일어났으나 계층 간의 경제적 빈부 격차는 더욱 심해지고 있었다. 백성들은 노예로 전락하거나, 전쟁의 와중에 학살당하고, 잦은 징병과 과도한 세금으로 생활은 파탄지경에 이르러 '하루하루를 살아낸다.'고 해도 과언이 아닌 삶을 꾸려갈 수밖에 없었던 시기이다. 이처럼 사람이 살기 힘든 시대의 사회문제를 진단하고 치유할 수 있는 대안, 즉 인본주의적이고 평화적인 문명을 구축할 수 있는 방안을 모색하는 과정(안외순, 2002)에서 맹자의 사상이 태동했다고 할 수 있다.

전국시대는 봉건사회로서 지배계급인 왕(王)-공(公)-경(卿)-대부(大夫)-사(士)와 피지배계급인 서인(庶人), 백성[民] 또는 소인(小人)으로 확연히 구분되었으며, 신분의 벽은 매우 공고하였다. 맹자는 이러한 차별적 신분제를 인정하면서, 사회계급에 따른 사회분업론(社會分業論)을 제시하고 있다. 맹자는 지배계급이 직접 생산에 관여하지 않고 피지배계급의 생산물을 착취하면서 살고 있다고 비판하는 허행(許行)을 추종하는 농가(農家) 사상가와의 논쟁(등문공장구 상-4)에서 대인(大人)과 소인(小人)의 일에 구분이 있어야 하고, 정신노동을 하는 노심자(勞心者)와 육체노동을 하는 노력자(勞力者)가 맡은 역할이 다르다고 하였다. 그리고 이들 사회계급 간의 역할분담과 교환이 적절히 이루어질수록 사회공동체가 원활하게 기능하게 된다고 주장한다. 맹자는 노심자, 즉 대인의 일은 사람을 다스리는 것이며 그 일의 대가로 얻어먹고 살며, 노력자, 즉 소인은 다스림을 받고 다스리는 자를 먹여 살리는 역할을 수행해야 한다고 보고 있다. 그리고 제자 팽경(彭更)과의 대화에서도 선비, 농부, 수레공, 목공들도 모두 자신의 일로 생산물을 얻고 생산물의 공적에 따라 교환하면서 먹고 살아야 한다고 주장(등문공장구 하-4)하고 있다. 이처럼 맹자는 당시의 사회계급을 그대로 인정하고, 각각의 계급에 따라 역할을 분담하고 자신의 역할을 성실히 수행하면서 협력할 때 사회공동체가 원활히 기능할 수 있다고 보고 있다.

그러나 맹자는 지배계급이 제 역할을 감당하지 못한다는 비판을 서슴지 않았다. 일례로 양나라 혜왕과의 대화에서 푸줏간에 고기가 그득하고 마구간에는 살찐 말들이 있는데 굶어 죽은 백성들의 시체가 들판에 널려 있다면서, 이는 짐승을 몰아서 사람을 잡아먹게 하는 짓(양혜왕장구 상-4)이라고 비판한다. 심지어는 백성의 삶을 돌보지도 않는 지배자는 그 자리에서 내쫓아도 된다는 역성혁명(易姓革命)을 인정(양혜왕장구 하-8, 만장장구 하-9)한다. 그러면서 맹자는 인의(仁義)에 기반을 둔 왕도정치(王道政治)를 시행할 것을 강력하게 주장하고 있다. 이처럼 맹자는 피지배계급인 백성의 삶을 보살피는 민본주의(民本主義)를 주창하고 있다. 그러나 맹자가 민본주의를 주창한다고 하여, 당대 사회의 계급구조에 대한 진보적 관점을 보인 것으로 볼 수는 없다. 맹자가 애민정신(愛民精神) 또는 민본주의를 주장한 것은 왕을 비롯한 지배계급의 높은 도덕성에 기반을 둔 인정(仁政)을 요구하는 데 머물렀을 뿐, 근본적인 사회구조의 변화를 도모하는 것과는 거리가 멀다. 즉, 맹자는 지배계급 중에서 도덕성이 높은 사람이 지배자의 역할을 맡아야 한다고 보았으며, 지배계급의 도덕적 책임, 즉 노블리스 오블리주(noblesse oblige)를 요구한 것(강봉수, 2018)일 뿐, 차별적 신분제도에 기반을 둔 사회구조의 변혁을 인정한 것은 아니다.

　맹자는 신분제 사회를 인정하고 있지만, 사회관계에서는 타자(他者)를 배제의 대상이 아니라 돌봄과 배려에 바탕을 둔 공존(共存)의 대상으로 인식해야 한다(안외순, 2002)고 보고, 인간 스스로의 노력으로 조화로운 사회관계를 이룰 수 있다(강신주, 2014)고 보았다. 이처럼 인간 간의 조화로운 공존을 중시했지만, 맹자는 사회관계에서 타자 모두를 동일하게 사랑하는 것이 아닌 차별적 사랑의 원리가 적용되어야 한다고 보고 있다. 이러한 관점에 입각한 맹자는 양주(楊朱)와 묵자(墨子)의 사상을 비판하여 유학적 관점을 보존하려 한다(강신주, 2013). '군신관계를 핵심으로 하는 국가질서를 부정하고 자기만을 소중히 여기는 철저한 개인주의', 즉 위아주의(爲我主義)를 주창하는 양주(楊朱)의 주장에 대해 '나만 있고 우리는 없다.'고 비판(진심장구 상-26)한다. 그리고 '부자관계를 핵심으로 하는 가족주의를 부정하고, 혈연중심의 차별적 사랑을 반대하고 모든 사람을 동일하게 사랑하는 무차별적 사랑'인 겸애(兼愛) 사상을 제시한 묵자의 주장에 대해 '우리만 있고 나는 없다.'고 비판(진심장구 상-26)한다. 이러한 비판에 근거하여 맹자는 어차피 인간이 더불어 살아갈 수밖에 없는 존재라면, 그 삶의 출발점은 부모와 형제이어야 하며, 자신에게서 가까운 사람부터 시작하여 더 멀리 있는 사람에게로 사랑의 원리를 넓혀 나가야 한다(양혜왕장구 상-7)고 주장하고 있다. 이처럼 맹자는 사회관계의 기본 원리를 나에게서 남에게로 넓혀 나가는 추기급인(推己及人)의 원리와 가까이 있는 사람을 먼저 더 많이 사랑하는 친친(親親)의 원리로 규정하고 있다.

맹자는 백성들의 먹고 사는 일이 해결되는 세상을 꿈꾸고 있었다(황광욱, 2012). 맹자는 제나라 선왕과의 대화에서 백성들이 먹고 살 수 있는 자산, 즉 항산(恒産)을 갖지 못하면 일정한 마음, 즉 항심(恒心)이 없어져 방탕과 사치에 빠져들게 된다(양혜왕장구 상-7)고 하면서, 백성들을 형벌로 다스리기 보다는 일정한 직업과 자산을 마련해 줄 것을 권고하고 있다. 이처럼 맹자는 사회를 안정화시키는 데 있어서 백성들의 생산활동을 방해하지 않고 그들의 경제적 생활 안정을 도모하는 것이 매우 중요함을 역설(楊照, 2014)하고 있다.

맹자가 생각했던 이상적 사회의 모습은 공동체사회(共同體社會)이다. 맹자는 군주를 포함한 지배계급이 피지배계급인 백성들과 함께 즐거움을 누리고, 백성의 걱정거리를 함께 걱정하는 세상(양혜왕장구 상-2, 양혜왕장구 하-4), 즉 여민동락(與民同樂)하는 세상을 가장 바람직한 사회로 보고 있다. 같은 세상을 살아가는 윗사람과 아랫사람이 서로의 즐거움과 걱정거리를 공유하고 모두가 공존할 수 있는 하나로 통합된 사회, 즉 대동사회(大同社會)가 맹자가 제시한 이상사회이다. 이러한 대동사회가 바로 사회복지가 지향해야 하는 가장 바람직한 사회임에 분명하다. 다만, 맹자가 이상적 공동체 사회를 회복 또는 건설하는 방법으로 백성들의 참여를 기반으로 한 민주적 방법이 아닌 왕의 인의(仁義)에 기반을 둔 왕도정치를 실행함으로써 이루려 했다는 것(이동희, 2014)은 현재의 사회에 적용할 수 없는 한계점이라 할 수 있다.

3. 사회복지의 목표와 방법 그리고 이념

　사회복지(社會福祉)라는 용어의 의미를 한자로 풀어보면 '사람들이 일정한 지리적 공간[社]에 어울려 살면서[會], 물질적으로 풍요롭고[福], 정신적으로 안정된[祉] 생활을 할 수 있도록 기원한다.'는 의미를 지니고 있다. 그리고 영어의 social welfare 역시 '사람들과 어울려 살면서[social] 만족스러운 삶을 영위[welfare]하는 것'이라는 의미를 내포하고 있다(권중돈 외, 2019).

　이러한 사회복지의 의미는 《맹자》에도 그대로 나타나 있다. 맹자는 무엇보다도 백성이 가장 귀중하다는 민본주의(民本主義)를 주장(진심장구 하−14)하면서, 국가가 백성의 안정된 삶을 보장[安民](양혜왕장구 상−3, 진심장구 상−23)할 것을 요구하고 있다. 맹자는 제나라 선왕과의 대화에서, 백성들이 일정한 생업[恒産]이 없으면 일정한 마음[恒心]이 없어져 방탕과 사치, 그리고 죄악에 빠져들게 될 것(양혜왕장구 상−7, 등문공장구 상−3)이라고 말하고 있다. 이때 일정한 생업이란 삶에 필요한 물질적 자원을 의미하며, 일정한 마음이란 정신적으로 안정된 삶을 의미한다. 그리고 양나라 혜왕과의 대화에서 형벌과 세금을 줄이고, 백성들이 생업에 종사하고 인격적 성장을 도모하여 서로를 돌볼 수 있도록 인정(仁政)을 베풀 것을 권장(양혜왕장구 상−5)하고 있다. 이처럼 맹자는 국가가 백성들을 사랑으로 보살피는 보민정신(保民精神)에 기반을 두고 서민(庶民)을 위한 민생경제(民生經濟)를 활성화하여 경제적 삶의 안정과 정신적으로 안정된 삶을 보장해야 한다고 보고 있다. 이러한 맹자의 관점은 현재 시점으로 말하면 바로 국가의 사회복지에 대한 책임을 명시적으로 표현하고 있는 것에 다름 아니다.

그런데 맹자는 하늘과 땅의 도움으로 물질적으로 안정된 생활을 하는 것보다 더 중요한 것이 인화(人和)라고 하여, 사회성원 간의 조화로운 관계 유지, 즉 사회통합의 중요성을 강조하고 있다. 이런 점에서 볼 때, 《맹자》에 나타난 사회복지의 목표는 "돌봄과 배려를 통해 조화로운 사회관계를 유지하는 공동체 사회, 즉 대동사회(大同社會)"라 할 수 있다. 이러한 대동사회를 달리 표현하면, 인의(仁義)의 가치가 현실에서 구현되어 크게 하나로 통합된 세상이라 할 수 있다. 맹자는 양나라 혜왕과의 대화에서 나라 사람들이 자신의 이익[利]을 추구하게 되면 제한된 자원으로 인하여 결국 분쟁이 발생하고 분열된 사회로 전락하여 사람이 살기 힘든 세상이 된다고 하면서, 왕에게 인의의 가치를 구현하는 인정(仁政)을 펼칠 것을 제안(양혜왕장구 상-1)한다. 이때 맹자가 이루장구 상편 10장에서 말하는 인(仁)은 상호 간의 돌봄과 배려를 기반으로 하는 사람 사랑의 원리이며, 의(義)는 어떤 사회현상의 마땅한 바로써 올바른 사회의 작동원리라고 할 수 있다. 사회복지제도는 사람들이 어울려 살면서 서로를 배려하고 사랑하면서 삶의 형편이 나아질 수 있도록 돌봄과 동시에 사람이 살아가기에 적절하지 않은 세상을 올곧고 바른 정의로운 세상으로 바로잡아 나가는 사회제도이다. 그런 점에서 본다면 사회복지의 목표는 맹자가 말한 인의의 가치가 구현된 대동사회를 형성하는 것이며, 현대적 의미로는 사회통합을 이뤄내는 것이라 할 수 있다.

대동사회라는 사회복지의 목표를 달성할 수 있는 방법으로 맹자는 여민동락(與民同樂)을 제시하고 있다. 맹자는 제나라 선왕과의 대화에서 백성의 즐거움과 근심을 함께 나눌 것을 권장(양혜왕장구 상-2, 양혜왕장구 하-1, 4)하고 있다. 즉, 맹자는 지배계급이 피지배계급의 즐거움은 물론 우려와 걱정거리[憂患]를 공유함으로써 소통과 통합의 길이 마련될 것이고, 이를 통해 사회통합이 촉진될 것이라고 보고 있다. 이러한 여민동락의 접근방법은 민본주의 사상에 기반을 둔 것이다. 맹자는 사직(社稷)이나 군주보다 백성이 가장 귀중(진심장구 하-14)하고, 그들의 민생을 보살피는 것이 정치의 핵심이라는 민본주의 사상을 제시하였다. 이를 사회복지적 관점으로 바꾸어 말하면, 내담자 중심주의(client-centered approach)에 해당한다. 즉, 맹자가 말한 정치에서 백성을 중심에 놓고 그들의 삶을 가장 먼저 보살펴야 한다는 것은 사회복지에서 내담자의 문제를 해결하고, 욕구를 충족시키며 더 나아가 그들의 권리를 보장하는 데 최우선적 목표를 두어야 한다는 것과 일맥 상통한다.

사회복지의 목표를 달성할 수 있는 또 다른 방법으로 공정한 노동기회의 보장, 공정한 소득의 분배, 그리고 공정한 조세제도와 관련된 사회정책을 추진할 것을 제시하고 있다. 맹자는 백성들이 1년 내내 열심히 일하고도 가족을 부양할 수 있는 정도의 소득을 얻을 수 없는 사회는 사람이 살기에 적절하지 않은 세상(등문공 장구 상-3)이라고 말하고 있다. 이처럼 맹자는 국가가 국민들에게 경제활동 참여의 기회를 부여하고, 공정한 소득분배체계에 따라 국민들의 기초생활을 보장하여 사회를 안정시켜야 할 책임이 있음을 주장하고 있다(秦楡, 2006). 이때 공정한 분배체계를 갖추는 데 있어서 무엇보다 중요한 것은 공정한 토지분배제도와 조세제도이다. 맹자는 정전제(井田制)라는 토지분배제도를 실시함으로써 공정한 노동기회를 보장할 수 있고, 이에 걸맞은 적정 소득의 분배가 가능해지며, 공정한 조세 부과도 가능해진다고 주장(등문공장구 상-3, 진심장구 상-23)하고 있다.

맹자는 사회복지의 목표를 달성하기 위해서는 사회복지실천과 사회복지정책이 병행되어야 한다고 주장하고 있다. 사회복지실천은 개인의 변화를 도모하는 것으로 유학으로 말하면 개인의 인격적 완성을 돕는 내성(內聖)의 방법이다. 사회복지정책은 사회환경의 변화를 도모하는 것으로 유학으로 말하면 백성들의 삶을 보살피고 세상을 바로 잡는 외왕(外王)의 방법에 해당한다. 이 두 가지 중 어느 것이 국민의 복지증진에 더 큰 효과가 있는지에 대해서 사회복지전문직 내에서도 논쟁이 지속되고 있다. 맹자는 선심이나 제도 중 어느 하나만으로 정사를 할 수 없다(이루장구 상-1)고 하였으며, 정나라 대부 자산(子產)이 백성들에게 작은 은혜를 베푸는 것을 보고는 그런 행동이 바람직하기는 하지만, 그것만으로는 부족하며 법과 제도를 만들어야 한다(이루장구 하-2)고 말하고 있다. 지금의 사회복지로 말하면 선심에 의한 정사와 백성에게 작은 은혜를 베푸는 것은 사회복지실천에 가깝고, 백성을 공평정대하게 대하고 법과 제도를 만들어 정사를 펼치는 행위는 사회복지정책에 가깝다. 이처럼 맹자는 사회복지실천과 사회복지정책 어느 하나

에만 치중하지 말고, 사회복지의 두 가지 핵심적 방법을 상호보완적으로 활용해
야 함을 우리에게 제시하고 있는 것이다.

맹자의 핵심적 복지이데올로기는 온정주의(paternalism)와 가족책임주의에 기
반을 두고 있다. 맹자가 제안한 복지목표 달성 방법은 왕의 인정(仁政) 또는 왕도
정치(王道政治)에 기반을 둔 시혜(施惠)나 구휼(救恤)(양혜왕장구 상-3) 또는 경대
부들의 자선(慈善)에 기반을 둔 온정주의적 방법을 따른다. 따라서 만약 지배계급
이 온정주의에 기반을 두고 피지배계급에게 시혜적이고 보충적인 급여를 베풀지
않는다면, 맹자가 말하는 백성들의 안정된 삶이나 대동사회 구현이라는 사회복지
의 목표 달성은 불가능해지는 것이다. 따라서 맹자는 국가는 최소한의 복지책임
만 지고, 가족이 최대한의 복지책임을 질 수 있도록 해야 한다고 보고 있다. 맹자
는 주나라 문왕(文王)이 정전제라는 토지제도를 실시하고 백성들에게 농사짓는
방법을 가르침으로써, 가족체계 스스로가 보호를 필요로 하는 가족성원을 부양하
게 하는 정치를 한 것에 대해 칭송(진심장구 상-22)하고 있는 점은 가족책임주의
를 강조하고 있음에 다름 아니다.

뿐만 아니라 맹자는 보편주의에 입각한 제도적 복지제도가 아닌 선별주의에
입각한 잔여적 복지제도를 추구해야 함을 강조하고 있다. 맹자와 양혜왕의 대화
(양혜왕장구 상-3)를 보면, 잔여적인 구휼만으로는 부족하며 모든 국민이 적정 수
준의 삶을 영위할 수 있도록 하여 삶의 문제가 발생하지 않도록 사전에 예방하는
제도적 복지가 더 바람직하다는 관점을 제시하고 있다. 그러나 맹자는 제나라 선
왕과의 대화(양혜왕장구 하-5)에서는 주나라 문왕이 인정을 베풀어 백성들에게 시
혜적 급여를 제공할 때 반드시 사회적 보호의 필요성이 가장 높은 사궁(四窮)을
가장 우선적인 대상으로 삼았으니 이를 본받을 것을 주장하고 있다. 이때 사궁이
란 늙었으면서 아내가 없는 홀아비[鰥], 늙었으면서 남편이 없는 과부[寡], 어리면
서 부모가 없는 고아[孤], 그리고 늙었으면서 자식이 없는 독거노인[獨]을 말한다.
즉, 가족이라는 1차적 복지안전망이 붕괴되어 부양받을 수 없는 백성들을 우선적
급여대상으로 삼아야 한다고 말하고 있다. 이에 반해 《시경》을 인용하여 "부자들
은 괜찮다."고 말하고 있는 것을 보면, 맹자는 선별주의에 입각한 잔여적 복지제

도에 찬성하는 입장을 취하고 있음을 알 수 있다.

　이러한 관점을 종합해볼 때, 맹자는 선별주의에 기반을 둔 잔여적 복지이념을 더욱 선호하고 있다고 말할 수 있다. 맹자가 이런 관점을 갖게 된 것은 전국시대라는 인간이 살아남기조차 힘겨웠던 잔혹한 시대적 배경이 주된 이유일 것이다. 만약 맹자가 지금의 한국사회를 살고 있다면, 양혜왕과의 대화(양혜왕장구 상-3)에서 보는 바와 같이 잔여적 복지보다는 제도적 복지를 더욱 선호했을 것으로 보인다.

　맹자는 온정주의와 가족주의, 선별주의의 이념을 선호하지만, 현대의 보수적 복지이념과는 상이한 점을 보여주고 있다. 일반적으로 보수적 복지이념을 따를 경우 경제성장을 통하여 분배의 파이(pie)를 키우고, 그 경제성장의 낙수효과(trickle-down effect)를 통하여 복지를 증진시켜야 한다고 본다. 즉, 위에서 아래로, 가진 자에게서 없는 자에게로의 분배를 말한다. 그러나 《맹자》에서는 먼저 자신의 노부모, 어린이를 사랑으로 돌보고, 그 마음으로 이웃의 노인과 어린이를 돌보고, 아내에게서 형제에게로, 가정에서 나라로 미루어 나가야 한다(양혜왕장구 상-7)고 말하고 있다. 더 나아가 맹자는 자신의 가까이에 있는 사람을 사랑하는 것, 즉 친친(親親)하는 것을 미루어 백성을 사랑[仁民]하며, 더 나아가서 모든 사물을 아끼라[愛物]고 권고(진심장구 하-1)하고 있다. 즉, 맹자는 사회복지는 가까운 곳에서 시작하여 먼 곳으로 미루어나가는 물결효과(ripple effect)를 추구하는 것이 바람직하다고 보고 있다.

4. 사회복지의 가치와 윤리

가치(value)란 '저것보다 이것이 더 좋다(prefer A to B)'는 상대적 의미를 지니고 있으며, 어떤 것이 바람직한가(desirable)에 대한 신념이다. 즉, 가치는 좋고 나쁜 것, 아름답고 추한 것 등에 대한 사람들의 신념과 감정의 체계(천재학습백과, koc.chunjae.co.kr)로서, 어떤 선택이나 행동을 할 때 판단기준을 제공해준다. 이러한 가치는 사회복지실천가(social work practitioner)의 사고와 실천행동을 안내하는 역할을 하며, 전문 지식과 기술에 우선한다.

가치의 우선성에 대해 맹자는 높은 대(臺)를 쌓으려면 언덕을 이용해야 하고 깊은 연못을 만들려면 늪지를 이용해야 한다(이루장구 상-1)고 말하고 있다. 그리고 분성괄(盆成括)이라는 제나라 사람이 재주는 뛰어날지 모르지만 군자가 갖추어야 할 도리를 갖추지 못했으므로, 벼슬길에 올라 재주를 믿고 함부로 행동함으로써 화를 당하게 될 것(진심장구 하-29)이라고 말하고 있다. 이처럼 맹자는 사회복지실천가에게 전문직의 지식이나 기술보다 먼저 올바른 도리, 즉 가치와 윤리를 먼저 갖추고 따를 것을 요구하고 있다. 다시 말하자면 사회복지실천가는 기술자(technician)가 아니라 전문가(professional)이므로 지식이나 개입기술에만 의존하지 말고, 사회복지전문직의 가치를 마음속에 깊이 새기고 윤리적 원칙을 준수하기 위한 노력을 먼저 기울여야 한다고 맹자는 권고하고 있는 것이다.

가치와 윤리는 사회문화적 배경에 따라 얼마든지 변화할 수 있고, 또한 실제적으로 변화한다. 그러나 맹자는 옛날 성인과 후대 성인이 헤아리는 바는 똑같다(이루장구 하-1)고 하여, 전근대적 사회복지든 현대적 의미의 사회복지든 그 근본 가

치는 같다는 것을 알려주고 있다. 즉, 자선과 구제든 전문적 사회복지실천이든 사람을 사랑하고 그들의 삶의 조건을 개선하고, 세상을 사람이 살기에 적합한 곳으로 변화시키고자 하는 사회복지의 근본 가치라는 점은 동일하다는 것이다. 따라서 사회복지실천가는 시대와 사회문화적 특성에 따라 사회복지제도의 모습은 달라질 수 있지만 전문직의 근본 가치와 윤리는 변함이 없다는 점을 기억해야만 할 것이다.

맹자는 인간은 인의예지의 선한 본성을 타고 태어났으며, 배우고 익히지 않아도 알 수 있고 할 수 있는 양지양능(良知良能)을 갖추었기 때문에 자연스럽게 말과 행동으로 선한 본성이 배어나올 수 있다(진심장구 상-15)고 보고 있다. 그러나 현실적으로 보면 바람직하고 옳은 것이지만 사회복지실천가가 전문직의 가치와 윤리를 늘 준수한다는 것이 그렇게 쉬운 일이 아니므로, 간혹 가치와 윤리를 따르지 않는 사례들이 발생하기도 한다. 이에 대해 맹자는 요즈음 인(仁)을 행하는 자들은 한 잔의 물로 수레에 가득 실린 장작불을 끄는 것과 같이 행동하며, 불이 꺼지지 않으면 물이 불을 이기지 못한다고 말하고는 인을 행하기를 포기하고 불인(不仁)을 행하게 되어 결국에는 인을 잃게 된다(고자장구 상-18)고 경고하고 있다. 이처럼 맹자는 아무리 가치와 윤리를 준수하는 것이 어렵다고 하더라도 중도에 포기해서는 안 되며 어떤 경우에라도 끝까지 그것을 지키고 따르기 위해 노력해야 한다고 사회복지실천가에게 권고하고 있다. 그리고 이어서 맹자는 작은 오솔길은 잠깐만 사용해도 길이 되지만 한동안 사용하지 않으면 잡초가 무성해지게 될 것(진심장구 하-21)이라고 하여, 사회복지실천가에게 쉬지 않고 자신의 마음속에 있는 전문직의 가치와 윤리를 돌보고 흐트러지지 않게 다잡아야 하며, 이를 더욱 키워 나가야만 한다고 권면하고 있다.

사회복지전문직의 가치는 평등, 자유, 연대와 통합, 서비스, 개인의 존엄성 존중, 사회정의 등 매우 다양하다(권중돈 외, 2019). 그러나 무엇보다 우선해야 할 가치는 바로 생명 존중인데, 그 이유는 사회복지가 사람의 삶의 영역에 개입하여 원조하는 것을 핵심으로 삼고 있기 때문이다. 맹자가 생존했던 전국시대에는 생명 존중의 가치를 헌신짝처럼 여겼으므로, 맹자는 생명 존중의 가치를 적극 피력하고 있다. 즉, 맹자는 남의 부모와 형제를 죽이는 것이 매우 잘못된 짓이며(진심장구 하-7), 사람을 죽이기를 좋아하지 않는 자가 있다면 온 세상의 사람들이 목을 늘이고 그를 바라볼 것(양혜왕장구 상-6)이라고 할 정도로 생명 존중의 가치덕목은 이 세상 모든 사람이 바라고 또 따라야 하는 가장 보편적인 가치라고 보고 있다.

맹자가 생명 존중의 가치를 옹호하고 있지만, 그 가치를 보존하는 것만으로는 인간의 삶의 질을 개선하거나 사람이 살만한 세상으로 변화시키는 데 충분치 않다고 보았다. 이에 맹자는 인의(仁義)를 핵심가치로 제시하고 있다. 맹자는 양나라 혜왕과의 대화에서 "왕께서는 하필 이익[利]을 말하십니까? 인의가 있을 뿐입니다."(양혜왕장구 상-1)라고 하여, 《맹자》의 첫 장구에서 자신의 핵심적 가치 덕목을 제시하고 있다. 맹자의 인의사상은 바로 사회복지전문직의 근본가치라 할 수 있다. 그러므로 맹자의 표현처럼 사회복지전문직이 사람 사랑[仁]과 사회정의[義]라는 가치를 기반으로 할 때 진정한 인간봉사전문직으로서의 지위를 갖게 될 것이다.

인(仁)에 대해 맹자는 사람이 사람이 되는 이유이고 인간이 따라야 하는 바른 도리(진심장구 하-16)로서, 인간이 선천적으로 타고난 사덕(四德)인 인의예지(仁義禮智) 중에서 으뜸이 되는 덕(德)이라고 보고 있다. 이러한 인은 사람이 차마 하지 못하는 마음[不忍之心](양혜왕장구 상-7, 진심장구 하-31)이고, 다른 사람의 불행을 불쌍하고 측은히 여기는 마음[惻隱之心]으로 표현(공손추장구 상-6)되며, 이러한 마음을 끝까지 미루어 가면 인이 된다고 하였다. 이런 인은 사람이 반드시 지키고 성취해야 할 가치 또는 덕목이므로, 어떤 학자는 '사람다움'이라고 표현(신정근, 2011)하기도 한다. 즉, 사람이 사람다워지기 위해서 갖추어야 할 핵심 덕목이며, 이것을 갖추지 못했을 때 사람답지 못하다고 비판해도 틀리지 않는다는 말이다. 이러한 인의 개념을 보다 구체화하기 위하여 《논어》에 나타난 장구들을 살펴보면, 인은 사람을 사랑하는 것이며, 남을 세워주고 남이 목표를 이룰 수 있도록 도우며, 남을 공경하며 진심을 다해 대하고, 백성들에게 널리 베풀고 사람을 구제하는 것이며, 일상에서 어질고 자애로우며 공손하고 관대하고 악한 행동을 하지 않으며, 잘난 척하지 않으며, 행동에 옮기기 힘든 말을 쉽게 하지 않는 것 등으로 표현되어 있다(권중돈, 2015; 이수정, 2016). 이처럼 인의 가치는 매우 넓은 의미를 담고 있어 한마디로 표현하기 어렵지만, 가장 간단히 말하면 다른 사람이 위기에 처했을 때 그를 보살피고자 하는 마음이며, 사람을 돌보고 배려하고 사랑하는 마음이라 할 수 있다. 이렇게 인의 개념을 축약하여 보면, 사회복지전문직에서 말하는 인간존엄성의 존중 또는 사람 사랑이라는 가치와 다르지 않다.

　의(義)는 어떤 현상의 마땅한 바[宜]로서, 세상을 유지하기 위해서 사람이 따라야 하는 공정하고 올바른 도리이다(위키백과, ko.wikipedia.org). 맹자는 의(義) 역시 인간이 갖추어야 할 사덕 중의 하나로 보고, 자신의 올바르지 않고 선하지 않음을 부끄러워하고 남의 올바르지 않고 선하지 않음을 미워하는 마음[羞惡之心]으로 표현된다(공손추장구 상-6)고 보았다. 맹자는 의를 인간에게 선천적으로 내재되어 있는 선한 본성 중의 하나(고자장구 상-4, 고자장구 상-6)로 보고, 인간이 걸어가야 할 바른 길[正路](이루장구 상-10)이며, 인간 행동의 근거로 삼아야 하는 것(진심장구 상-33)이라 하였다. Eno(2016)는 의를 공정함(rightness)이라고 규정하면서, 장구의 맥락에 따라서는 '꼭 해야 하는 의무(duty)' 또는 '~에 잘 맞아 떨어지는(fitting)'으로의 의미로 사용되었으며, 때로는 '특정 상황에서 도덕적으로 가장 시의적절한 판단과 행동(timeliness)'이라고 보고 있다. 《논어》에서는 이익[利]과 대척점에 있는 가치로서, 사람 간의 이해관계가 발생했을 때 주장이나 양보의 기준이 되는 것(이수정, 2016)이라고 보고 있다. 이러한 견해들을 종합해 보면, 의라고 하는 가치는 특정 상황이나 맥락에서의 옳고 바른 것을 판단하는 기준으로서, 불선한 인간행동이나 불의한 사회현상의 발생을 예방하고 치료하고자 하는 인간에게 내재한 선한 마음이라고 규정할 수 있다. 현대적 용어로는 정의(justice)와 딱 들어맞는다고 할 수는 없으나 많은 부분에서 유사한 점을 지닌 가치 덕목이다.

　맹자는 사회복지실천가에게 인의(仁義)의 가치를 따를 것을 권고함과 아울러 이를 윤리적 선택의 기준으로 활용할 것을 권고하고 있다. 사회복지실천가는 내담자나 지역사회와 원조관계를 맺고 서비스를 제공하는 실천과정에서 직면하는 다양한 딜레마 상황에서 윤리적 선택을 요구받게 된다. 맹자는 개인의 생물적 욕구와 사회규범[禮]이 충돌하는 상황에서는 사회규범을 따르는 것이 바람직하며

(고자장구 하-1), 사회규범과 전문직의 기본가치인 인의가 충돌하는 경우에는 사회규범보다는 전문직의 가치를 우선하는 것이 바람직하다(이루장구 상-17)고 보고 있다. 심지어 자신의 생명과 전문직의 가치가 충돌하는 경우에도 "삶도 내가 원하는 바요 의도 내가 원하는 바이지만, 두 가지를 겸하여 얻을 수 없다면 삶을 버리고 의를 취하겠다."(고자장구 상-10)고 하여, 개인의 생명보다 의(義)의 가치를 더욱 중시하는 윤리적 선택을 할 것을 권고하고 있다. 이처럼 맹자는 사회복지 실천가에게 윤리적 선택을 함에 있어서 소아(小我)가 아닌 대아(大我) 그리고 개인보다는 공공을 먼저 생각할 것을 요구하고 있다(조원일, 2012).

이에 더하여 맹자는 사회복지실천가에게 아무리 어려운 상황이라 하더라도 최소한 전문직의 윤리강령만큼은 엄격히 지킬 것을 권고하고 있다. 맹자는 "하지 않아야 할 것을 하지 않으며, 바라지 말아야 할 것을 바라지 않아야 한다."(진심장구 상-17)고 하였다. 사회복지실천가에게 요구되는 전문직의 윤리원칙(ethical principles)은 '옳고 그름(right or not)에 관한 원칙이자 기준'으로 반드시 지키고 따라야 하며, 이를 어길 경우 도덕적 책임과 법적 책임을 져야 한다. 하지만 책임의 문제를 떠나서 진정으로 인간봉사전문직으로서의 자질과 품위를 유지하기 위해서는 최소한 '하지 말아야 할 일과 바라서는 안 되는 일'만큼은 하지 말아야 할 것이다. 다시 말해 사회복지실천가가 전문직의 윤리강령에 정해진 윤리적 기준과 행동원칙 만큼은 반드시 준수해야 한다.

5. 사회복지실천의 원조관계

사회복지실천이 내담자와 그의 삶의 긍정적 변화라는 본래적 목적을 얻기 위해서는 무엇보다 사회복지실천가와 내담자 간의 촉진적 원조관계 형성이 필수적이다. 이에 대해 Rogers(1957)는 진실성, 무조건적인 긍정적 관심(unconditional positive regard) 또는 비소유적 온화함(nonpossessive warmth), 그리고 감정이입적 이해를 기반으로 형성된 촉진적 원조관계가 내담자의 변화를 일으키는 데 필요충분조건이라고 하였다. 그리고 Biestek(1957)은 개별화, 의도적 감정표현, 통제된 정서적 관여, 수용, 비심판적 태도, 자기결정, 비밀보장을 촉진적 원조관계의 일곱 가지 원칙으로 제시하고 있다.

맹자 역시 직접적으로는 사회복지실천의 원조관계를 언급하지는 않았지만, 촉진적 원조관계 형성의 중요성을 강조하고 있다. 맹자는 《서경》의 예를 들면서 윗사람과의 사회적 교류를 청하는 향견례(享見禮)에 참석하는 자가 윗사람에 대한 진심을 보이지 않으면 그 의식을 치르지 않았다(고자장구 하-5)고 말하면서, 사회적 교류에서 의식이나 절차보다 진심어린 마음이 더욱 중요함을 강조하고 있다. 맹자는 부자간에 서로 선을 행할 것을 권고[責善]하다 보면 둘 사이에 쌓여 있던 정(情)이 멀어지는 부정적 결과를 낳게 되어, 궁극적으로 둘 사이가 멀어지게 된다(이루장구 상-18)고 하였다. 이들 장구는 사회복지실천가와 내담자가 문제해결이나 바람직한 목표 달성에 치중하게 되면, 둘 사이의 마음이 멀어지고 결국 관계가 소원해지게 되어 바람직한 성과를 얻을 수 없다는 의미를 함축하고 있다.

맹자는 사회복지실천가에게 기술보다 관계가 먼저임을 깨우치고 있다. 맹자는 힘으로써 남을 복종시키려 하면 상대방이 진심으로 복종하지 않는 반면 덕으로써 남을 복종시키려 하면 상대방이 마음으로 기뻐하여 진실로 복종한다(공손추장구 상-3)고 하였다. 또한 맹자는 힘에 의한 패도정치(覇道政治)가 아니라 인의(仁義)에 기반을 둔 왕도정치를 행한다면 백성들이 그들을 기다리고 자신의 군주로 삼으려 할 것(등문공장구 하-5)이라고 하였다. 이와 같이 사회복지실천가가 전문적 개입기술과 전략이라는 힘을 앞세워 내담자의 변화를 추구하기보다는 인의의 가치에 기반을 두고 내담자를 진정으로 돕고자 하는 태도를 보일 경우 내담자는 기꺼이 그들의 도움을 받으려는 마음을 갖게 될 것이 분명하다. 그렇게 되면 사회복지실천가와 내담자 사이에 전문적 원조관계가 형성되어, 내담자의 자발적 변화 동기와 노력을 불러일으키는 것이 가능해질 것이다.

사회복지실천가는 원조관계 형성에 있어서 내담자를 사랑하고 공경하는 마음을 가져야 한다. 맹자는 "먹이기만 하고 사랑하지 않으면 돼지로 여겨 대접하는 것이며, 사랑하기만 하고 공경하지 않으면 가축으로 여겨 그를 기르는 것이다."(진심장구 상-37)라고 하였다. 《논어》에서도 사람처럼 개와 말도 봉양을 잘하지만, 사람의 봉양은 공경을 기반으로 할 때만 의미를 지닌다고 지적하고 있다(권중돈, 2015). 사회복지실천가가 내담자와 관계를 맺음에 있어서 사랑하는 마음과 공경하는 마음이 뒷받침되지 않는다면, 그것은 사람으로 대하는 것이 아니라 '대상(object)'으로 대하는 것에 다름 아니다. 그러므로 사회복지실천가는 인간 존엄성의 존중, 즉 인의 가치를 기반으로 촉진적 원조관계를 형성한 이후에 내담자가 필요로 하는 원조를 제공하려는 자세를 가져야 한다.

사회복지실천의 원조관계는 '함께하는 관계'가 되어야 한다. 서양심리학의 인본주의에 근거한 사회복지실천(person-centered practice)에서는 내담자의 잠재력 개발을 촉진하기 위하여 사회복지실천가가 내담자와 평등한 관계를 맺어야 한다(Raskin, 1985)고 보고 있다. 그러나 봉건사회인 전국시대의 신분제도에서는 서로 다른 사회계급 간에 온전한 평등관계를 형성하는 것이 불가능하였으므로, 맹자는 서양의 인본주의가 말한 평등한 관계 대신 '함께 하는 관계'를 강조하고 있다. 맹자는 양나라 혜왕과의 대화(양혜왕장구 상-2), 제나라 선왕과의 대화(양혜왕장구 하-1, 2)에서 왕이 백성들과 즐거움뿐 아니라 우려와 걱정거리를 함께 나눠야 한다는 여민동락(與民同樂)의 자세를 가질 것을 권고하고 있다. 이러한 여민동락의 원칙은 사회복지실천가가 내담자에게(to the client), 그리고 내담자를 위해서(for the client) 뭔가를 베풀기보다는 내담자와 함께(with the client) 하면서, 그들의 미충족 욕구와 생활문제에 귀를 기울이고 그들이 진정으로 필요로 하는 부분을 도와주려는 자세와 연결되는 것이라 할 수 있다.

사회복지실천가는 도움을 필요로 하는 내담자에 대해 양육적 태도(nurturing, 養)를 견지해야 한다. 맹자는 "선(善)으로써 남을 길러준 뒤에야 천하를 복종시킬 수 있다."(이루장구 하-16)고 하여 남을 길러 주는 것이 우선이라고 말하고 있다. 또한 "중도(中道)에 이른 자는 그렇지 못한 사람을 길러주어야 하고, 재능이 뛰어난 자는 그렇지 못한 사람을 길러 주어야 한다."(이루장구 하-7)고 하였다. 이들 장구에 근거해 볼 때, 이미 전문적 역량을 갖춘 사회복지실천가가 내담자의 역량을 키워 주고 사회환경의 요구에 맞춰 잘 살아갈 수 있는 길을 모색할 수 있도록 그를 보살피고 길러 주려는 태도를 가져야 한다.

사회복지실천가는 내담자의 '선한 행동모델'이 되어야 하지만, 때로는 지시적 태도를 보일 필요가 있다. 맹자는 아들을 가르침에 있어서 아버지가 올바른 행실의 모범을 보이지 않더라도 아들은 아버지에게 선한 행동을 하도록 권고해서는 안 된다(이루장구 상-18)고 하였고, 의리에 부합하지 않는 행동은 속히 그만두어야 한다(등문공장구 하-8)고 했다. 사회복지실천가는 항상 자신의 태도나 행동 등을 깊이 성찰하고 잘못된 부분을 고쳐 나가기 위한 노력을 함께 기울여야 한다. 그리고 사회복지실천가는 내담자와 관계를 맺음에 있어서는 '착하고 선한 행동모델'로서의 역할을 충실히 이행하여, 내담자가 보고 자연스럽게 따라할 수 있도록 유도해야 한다. 하지만 사회복지실천가와 내담자의 관계는 혈연관계가 아닌 목적 달성을 위한 계약관계라는 점을 고려하면, 때로는 내담자에게 올바른 행동을 하도록 책선(責善)할 수 있는 지시적 태도를 보일 필요도 있다. 다만, 사회복지실천가가 너무 지나치게 올바른 행동을 요구하게 되면, 서로 간에 형성되어 있던 친화관계(rapport)가 깨질 수 있으므로 지나친 책선은 피하는 것이 좋다.

사회복지실천가는 과유불급(過猶不及)해서는 안 된다. 맹자는 왕이 만나러 오자 담을 넘어 도망가는 위나라 신하 단간목(段干木)의 태도는 지나치게 박절하고 도량이 좁은 행동이며, 왕 앞에서 공손하게 보이기 위해 너무 지나치게 꾸며대는 것도 적절치 않다(등문공장구 하-7)고 했다. 이를 사회복지실천의 원조관계에 적용해서 말해보면, 사회복지실천가가 내담자를 지나치게 도와주는 것은 내담자의 의존성을 높이기에 좋지 않으며, 너무 적게 도와주는 것은 내담자 스스로가 변화하려는 의지를 꺾을 수 있으므로 적절치 않은 태도라고 말할 수 있다. 그러므로 사회복지실천가와 내담자의 원조관계 형성에서는 지나친 것도 모자라는 것도 모두 적절치 않으며, 넘치지도 그렇다고 부족하지도 않게 상황에 걸맞은 중정(中正)의 태도가 가장 바람직하다고 말할 수 있다.

사회복지실천가는 진정으로 내담자를 존중하는 마음과 성실한 태도를 보여야 한다. 맹자는 효자인 증석이 돌아가신 아버지 증자가 좋아했던 대추 열매를 차마 먹지 못한 것(진심장구 하-36)은 증석이 아버지를 진심으로 좋아하는 마음이 있었기 때문이라고 했다. 이런 증석과 같이 사회복지실천가 역시 내담자를 진정으로 존중하는 마음을 실천과정에서 내담자에게 보여 주어야만 촉진적 원조관계를 형성할 수 있을 것이다. 또한 맹자는 "지극히 성실히 하고서 감동시키지 못하는 자는 있지 않으니, 성실하지 못하면 능히 감동시킬 자가 있지 않다."(이루장구 상-12)고 하였다. 마찬가지로 사회복지실천가가 원조관계를 형성함에 있어서, 불성실하다면 내담자는 그가 자신을 도와줄 것이라는 기본적인 믿음조차 갖지 않을 것이므로 촉진적 원조관계의 형성은 불가능하다. 따라서 사회복지실천가가 지극히 성실한 태도를 보일 때 내담자는 마음의 문을 열고 사회복지실천가를 신뢰할 것이고 촉진적 원조관계 형성의 가능성도 높아질 것이다. 어떤 학자는 성(誠)을 "열렬함"이라고 번역(진덕수·정민정, 2016)하고 있는데, 이 번역을 따르면 사회복지실천가가 내담자를 돕고자 하는 열렬한 마음을 보여주고, 내담자를 돕는 데 열성을 다한다면 내담자와의 관계형성은 물론 그의 변화를 반드시 이끌어 낼 수 있을 것이다.

사회복지실천가는 내담자의 성장가능성에 대한 굳건한 믿음을 갖고 지지적 태도를 보여야 한다. 맹자는 사람들이 모두 요순과 같은 성인이 될 수 있느냐는 조나라 군주의 아우인 조교(曹交)의 물음에 모든 사람이 성심을 다해 노력하면 성인이 될 수 있다(고자장구 하-2)고 답하였다. 그리고 순임금이 자신을 그토록 미워한 아버지를 끝까지 믿고 효도를 다함으로써 포악한 아버지마저도 변화시킬 수 있었다(만장장구 상-4)고 말하고 있다. 또한 맹자는 "스스로 해치는 자는 더불어 말할 수 없고, 스스로 버리는 자는 더불어 일할 수 없다."(이루장구 상-10)고 하였다. 사회복지실천가 역시 내담자가 현재보다는 좀 더 좋은 방향으로 변화하고, 성숙한 존재로 성장해갈 수 있다는 믿음을 가질 필요가 있다. 다만, 맹자가 성인이 되기 위해서는 스스로가 성심을 다해 노력해야 한다는 점을 강조했듯이 내담자 스스로가 역부족(力不足)이라고 포기하지 않도록 내담자가 변화와 성장을 추구하려는 동기를 높은 수준에서 유지할 수 있도록 격려하고 지지하는 태도를 견지하는 것이 바람직하다.

사회복지실천가는 내담자의 욕구에 민감하게 반응하는 자세를 가져야 한다. 맹자는 "백성을 얻는 데도 길이 있으니, 그 마음을 얻으면 백성을 얻을 것이다. 마음을 얻는 데도 길이 있으니, 백성이 원하는 바를 위하여 모아주고, 백성이 싫어하는 바를 베풀지 말아야 한다."(이루장구 상-9)고 했다. 사회복지실천가가 지역사회와 내담자의 삶에 변화를 일으키고자 한다면, 지역주민과 내담자의 마음을 먼저 얻어야 하며, 그들의 마음을 얻으려면 그들이 원하는 것을 해주고 그들이 싫어하는 것을 하지 않아야 한다는 것이다. 즉, 사회복지실천가가 지역사회와 내담자의 변화를 도모하기 위해서는 사회복지실천가가 자신들을 진정으로 도와줄 것이라는 신뢰를 구축해야 하며, 그러기 위해서는 내담자나 지역사회의 욕구나 문제에 대해 민감하게 반응할 수 있어야 한다는 것이다.

사회복지실천가는 내담자의 의사소통을 면밀히 관찰하는 지인(知人)의 노력을 기울여야 한다. 맹자는 "그의 말을 들어보고, 그의 눈동자를 관찰한다면 사람들이 어떻게 숨기겠는가?"(이루장구 상-15)라고 하였다. 《논어》 위정편 10장에서도 "그 사람이 행하는 바를 잘 보고[視], 그렇게 하는 이유를 살피며[觀], 그 사람이 편안해 하는 것을 꼼꼼히 들여다보면[察], 그를 정확히 알 수 있다."고 말하고 있다(권중돈, 2015). 이들 장구처럼 사회복지실천가가 내담자의 속마음을 읽고 그에 맞는 공감적 반응을 하기 위해서는 무엇보다 먼저 내담자의 말, 얼굴빛, 눈빛 그리고 행동, 즉 언어적 의사사통과 비언어적 의사소통을 면밀히 관찰해야 한다.

6. 사회복지실천의 원칙과 개입

사회복지실천이란 '인간의 사회적 기능 향상과 사회 정의를 실현하기 위해 개인, 가족, 집단, 지역사회 등을 대상으로 사회복지실천가가 미시적 수준과 거시적 수준에서 통합적으로 실시하는 전문적 원조활동'이다(조학래, 2016). 사회복지실천의 방법을 활용하여 내담자나 지역사회에 개입함에 있어서 사회복지실천가가 준수해야 하는 실천원칙들이 있다. 그동안 한국 사회복지학계와 실천현장에서는 서구 학계에서 제시한 사회복지실천의 원칙들(Kirk, 1999)을 주로 활용했으나, 다음에서는 《맹자》에 나타난 사회복지실천의 원칙들에 대해 살펴보고자 한다.

사회복지실천가는 내담자를 사랑하고 공경하는 마음을 유지해야 한다. 맹자는 "먹이기만 하고 사랑하지 않으면 돼지로 여겨 대접하는 것이며, 사랑하기만 하고 공경하지 않으면 가축으로 여겨 그를 기르는 것이다."(진심장구 상-37)라고 하였고, "한 그릇의 밥과 한 그릇의 국을 얻으면 살고 얻지 못하면 죽더라도 꾸짖으면서 주면 길 가는 사람도 받지 않으며 발로 차서 주면 걸인(乞人)도 좋게 여기지 않는다."(고자장구 상-10)고 하였다. 이들 장구처럼 사회복지실천가가 서비스를 제공함에 있어서 내담자를 사랑하는 마음과 공경하는 마음이 뒷받침되지 않는다면, 그 서비스는 개와 말 그리고 돼지를 기르는 것과 다름없는 행동임을 깊이 새겨야 할 것이다. 따라서 내담자의 인간 존엄성의 존중, 즉 인(仁)의 가치를 원조과정 내내 유지해야 하는 것이 사회복지실천의 기본 원칙이다.

사회복지실천가는 내담자를 감정이입적으로 이해해야 한다. 맹자는 "우왕은 천하에 물에 빠진 자가 있으면 마치 자신이 그를 빠뜨린 것처럼 생각하였고, 후직은 천하에 굶주리는 자가 있으면 마치 자신이 그를 굶주리게 한 것처럼 생각하였다.”(이루장구 하-29)고 하였다. 우왕과 후직은 백성이 물에 빠지고 굶는 것을 자신의 탓으로 여기고, 집에도 들어가지 않고 치수와 농사에 매진한 사람들이다. 사회복지실천가의 도움을 필요로 하는 내담자를 물에 빠진 자나 굶주린 자에 비유한다면, 사회복지실천가는 우왕과 후직처럼 내담자의 힘든 삶이 이어지는 것이 자신의 잘못이라고 인식하고 최선을 다해 그를 도우려는 자세를 보여야 할 것이다. 즉, 사회복지실천가는 내담자의 고통을 공감하고, 이를 개선하기 위해 자신이 할 수 있는 모든 것을 쏟아부어 도와야 한다는 것이다.

사회복지실천에서는 전문지식이나 개입기술보다 원조관계가 우선되어야 한다. 맹자는 “머리를 잘 쓰는 사람을 미워하는 까닭은 작은 지식에 천착하기 때문이다.”(이루장구 하-26)라고 하였다. 이 장구는 사회복지실천가가 자신의 전문지식만 믿고 내담자와 협력적 원조관계를 형성하지 않으면 문제해결은커녕 오히려 문제를 악화시킬 수 있으므로 적절하지 않다는 의미이다. 또한 맹자는 힘[力]으로는 남을 복종시키지 못하며 덕(德)으로 대하면 남이 마음으로 기뻐하여 진정으로 복종할 것(공손추장구 상-3)이라 하였고, 백성을 얻기 위해서는 그 마음을 얻어야 한다(이루장구 상-9)고 하였다. 이때의 힘이 사회복지의 개입기술이라면 덕과 마음은 촉진적 원조관계에 비유할 수 있다. 즉, 사회복지실천에서 촉진적 원조관계가 형성되면 내담자의 자발적 변화 동기와 노력을 통하여 내담자의 전반적 변화를 이끌어 낼 수 있지만, 개입기술만으로는 단순한 문제해결에 머물 가능성이 높다는 의미이다.

사회복지실천가는 잔재주를 부리지 말고 원칙을 준수하여야 한다. 맹자는 대목수(大木手)와 명궁(名弓)은 능력이 모자란 제자를 가르칠 때 원칙을 바꾸지 않는다(진심장구 상-41)고 하였고, “큰 목수가 사람을 가르칠 적에 반드시 자[規矩]를 사용해서 하니, 목수 일을 배우는 자들 역시 반드시 자를 사용한다.”(고자장구 상-20)고 하였고, 자기를 굽히는 자는 남을 바로 세우지 못한다(등문공장구 하-1)고 하였다. 그리고 “군자는 법도대로 행하고 명을 기다릴 뿐이다.”(진심장구 하-33)라고 하였다. 이들 장구는 어떤 일을 함에 있어서는 반드시 따라야 하는 원칙

을 준수해야 하며, 올바른 의리(義理), 즉 원칙을 버리고 남이 이익을 얻도록 도와
주게 되면, 결국에는 그를 제대로 돕지 못하는 결과를 낳게 된다는 의미이다. 사
회복지실천가는 자신이 지닌 작은 지혜[小慧], 나쁘게 말해 꼼수나 잔재주를 부려
내담자가 당장 필요로 하는 것들을 채워 줄 수는 있고 삶의 무게를 조금 덜어 줄
수는 있을 것이다. 그러나 작은 지혜만으로는 내담자 삶의 근본적 변화를 일으키
는데 한계가 있다. 그러므로 조금 늦고, 조금 힘든 과정을 거치더라도 사회복지실
천의 원칙들을 따르는 것이 올바른 선택이다. 즉, 사회복지실천의 원칙을 굳건히
지켜야만 내담자를 제대로 도울 수 있다.

사회복지실천가는 내담자를 돕기 전에 먼저 전문적 역량을 갖추어야 한다. 맹
자는 "행하면서도 밝게 알지 못하며, 익히면서도 살피지 못한다. 그리하여 종신토
록 행하면서도 그 도를 모르는 자가 많은 것이다."(진심장구 상-5)라고 하였다. 사
회복지실천가는 무턱대고 돕는다고 하여 내담자와 사회에 도움이 될 것이라고 생
각해서는 안 된다. 사회복지실천가는 먼저 인간과 세상에 대한 올바른 가치관을
정립하고, 내담자와 사회를 변화시키는 데 필요한 전문지식을 학습하고, 인간과
사회의 문제를 왜 해결해야 하고, 그것을 해결하는 데 어떤 지식과 기술이 필요한
지를 깨닫고 이를 배우고 익힌 후에 내담자를 돕는 실천을 시작해야 한다.

사회복지실천가는 최소한 내담자에게 해(害)를 끼쳐서는 안 된다. 맹자는 천한
장사꾼이 깎아지른 높은 언덕, 즉 농단(壟斷)에 올라가서 주변을 살핀 후에 시장의
이익을 혼자 쓸어가 버리는 행동은 옳지 않다(공손추장구 하-10)고 비판하고 있
다. 사회복지실천가가 내담자를 돕고 세상을 변화시키는 데는 뜻을 두지 않고 사
회적 명성을 얻거나 개인적 이익을 얻는 데 관심을 둔다면, 이는 시장이익을 독점
하는 농단을 부려 남에게 피해를 입히는 천한 장사꾼에 비견될 수 있다. 그러므로
사회복지실천가는 내담자에게 어떠한 해(害)도 끼치지 않기 위해 노력해야 한다.

사회복지실천가는 내담자의 선한 본성을 보존하고 키우기 위한 노력을 기울여
야 한다. 맹자는 인간이 선천적으로 인의예지의 선한 덕성을 지니고 태어났을 뿐
만 아니라 교육과 학습, 자기수양을 통하여 성인의 경지에도 도달할 수 있는 존재
(공손추장구 상-6, 등문공장구 상-1)라고 보고 있다. 그러나 본능적 욕구의 충족에

지나치게 집착하거나, 외부 사물의 유혹에 넘어가거나, 지나친 욕심을 부릴 경우 이러한 본성을 상실하고 삶의 문제에 직면하게 된다(고자장구 상-8)고 본다. 즉, 방심(放心)의 결과로 문제 상황에 직면하게 된다는 것이다. 그러므로 사회복지실천가는 내담자가 잃어버린 마음을 다시 구해서, 즉 구방심(求放心)(고자장구 상-11)하여 선한 마음을 되찾아 보존, 즉 존심(存心)하게 하여 타고난 본성을 기를 수[養性] 있도록 도와야 한다. 다시 말해 내담자의 단점과 문제에 초점을 두고 이를 개선하기 위한 문제해결 위주의 실천보다는 내담자가 가진 선한 본성, 즉 인의예지의 덕목을 회복하고 키워나갈 수 있도록 강점관점에 기반을 둔 실천적 개입이 더욱 바람직하다는 것이다.

사회복지실천가는 내담자의 자발적 변화노력을 이끌어 내야 한다. 맹자는 화(禍)와 복(福)이 모두 자기로부터 나온다(공손추장구 상-4)고 하였고, 같은 선생에게서 바둑을 배워도 배우는 사람의 자세에 따라 바둑 두는 능력이 달라진다(고자장구 상-9)고 하였으며, 모든 사람이 성인이 될 수 있지만 스스로 그런 노력을 기울이지 않는 것이 문제(고자장구 하-2)라고 하였다. 그리고 "우물을 아홉 길을 팠더라도 샘물에 미치지 못하면 오히려 우물을 버리는 것이 된다."(진심장구 상-29), "그만두어서는 안 될 경우에 그만두는 자는 그만두지 못할 것이 없다."(진심장구 상-44)라고도 했다. 이들 장구는 사회복지실천에서 아무리 사회복지실천가가 내담자를 돕는다고 하더라도 내담자 스스로가 변화하고자 하는 동기를 갖고 노력하지 않으면 실질적 변화를 이끌어 낼 수 없다는 말과 상통한다. 한발 더 나아가서 맹자는 스스로 해치는 자[自暴]와는 더불어 말할 수 없고, 스스로 버리는 자[自棄]와는 더불어 일할 수 없다(이루장구 상-10)고 하였다. 그러므로 사회복지실천가는 내담자가 자신은 역부족(力不足)이라며 중도에 변화노력을 멈추거나 자포자기하지 않도록 내담자의 자발적 변화 동기를 유지하고 높이기 위해 지속적 노력을 기울여야 한다.

사회복지실천가는 내담자의 선한 행동모델이 되어야 한다. 맹자는 "남에게서 취하여 선을 행하는 것, 이것은 남이 선을 하도록 도와주는 것이다. 그러므로 군자는 남이 선을 하도록 도와주는 것보다 더 훌륭한 것이 없는 것이다."(공손추장구 상-8)라고 하였고, "문왕과 같은 성군(聖君)을 기다린 뒤에 흥기하는 자는 일반 백성이다."(진심장구 상-10)라고 하였다. 이들 장구처럼 사회복지실천가가 선한 행동모델이 되어 선한 행동을 하는 모습을 먼저 보여준다면, 내담자가 그 선한 행동을 보고 배울 것이므로 내담자의 정적 준거집단(positive reference group)이 될 수 있다. 뿐만 아니라 사회복지실천가는 군자가 하는 바와 같이 내담자의 선한 부분을 찾아내고 그가 선한 행동을 할 수 있도록 도와야 한다.

사회복지실천가는 원조과정이 순탄하게 진행될 것이라고 믿지 말고 장애물을 미리 파악하여 대응하고, 그것도 불가능하면 권도(權道)를 활용해야 한다. 맹자는 순임금이 부모에게 알리지 않고 장가를 간 사례를 들면서 부모의 반대로 인해 결혼을 못하여 후손을 볼 수 없는 더 큰 불효를 저지르는 것을 미리 막기 위해서 그리한 것이니 부모에게 알린 것이나 진배없다(이루장구 상-26)고 말하고 있다. 즉, 어떤 장애물로 인하여 사람이 항상 지켜야 할 도리[常道]를 따를 수 없을 때에는 상황에 맞는 권도(權道)를 따라야 한다는 것이다. 사회복지실천가는 원조과정에서 이런 저런 장애물에 직면하게 되고, 이러지도 저러지도 못하는 딜레마 상황에 직면하는 경우가 있다. 그러므로 사전에 그러한 장애물이나 딜레마 상황을 미리 분석하고, 그에 대처할 수 있는 방안을 미리 마련해두는 것이 좋다. 그럼에도 불구하고 사회복지실천의 기본 원칙을 따를 수 없게 만드는 장애물을 맞닥뜨린 상황에서는 그 상황에 맞게 원칙을 융통성 있게 변경하여 적용하는 이른바 권도를 행할 수 있어야 한다. 다만, 권도를 행하더라도 그것이 남을 돕는다는 사회복지실천의 대원칙에서 어긋나서는 안 되므로 권도의 방법을 선택함에 있어서 신중을 기해야 한다.

사회복지실천가는 내담자의 변화는 쉽지 않으며 고통을 수반한다는 사실을 정확히 인식해야 한다. 맹자는 《서경(書經)》의 말을 인용하여 만일 약을 먹었는데도 명현현상(瞑眩現象)이 없으면, 그 질병은 낫지 않는다(등문공장구 상-1)고 하였다. 이 장구는 어떠한 것이든 변화가 일어나기 위해서는 상당한 고통이 따를 수 있음을 말하고 있다. 즉, 내담자가 현재의 문제를 해결하고 삶의 변화를 일으키기 위해서는 그 변화에 따른 고통을 감내해야 한다는 것이다. 따라서 사회복지실천가는 자신의 개입으로 내담자가 손쉽게 변화를 일으킬 것으로 기대해서는 안 되며, 원조과정이 아무런 퇴보도 없이 원만하게 진행될 것이라고 생각해서는 안 된다. 사회복지실천가는 내담자가 변화를 일으키는 과정에서 겪게 되는 어려움들을 민감하게 인식하고 이를 경감시키기 위한 노력을 기울여야 한다.

사회복지실천가는 내담자의 변화를 인내를 갖고 기다리는 자세를 가져야 한다. 맹자는 "그 나아감이 빠른 자는 그 물러남도 빠르다."(진심장구 상-44)라고 하여, 내담자의 변화가 언제든 원래 상태로 되돌려질 수 있음을 말하고 있다. 또한 맹자는 제나라의 왕에게 왕도정치를 권면하고 이것이 실현 불가능한 일이라는 사실을 알았으면서도 도읍 인근에서 며칠을 기다렸다(공손추장구 하-12). 이 장구는 내담자의 변화를 기다려주는 사회복지실천가의 자세를 함축하고 있다. 즉, 사회복지실천가가 변화의 의지가 없는 내담자라 할지라도, 그의 잠재력과 본성을 믿고 변화가 일어날 때까지 기다려주는 자세를 가져야 한다는 것이다. 사회복지실천가는 내담자에 대한 원조와 개입이 당장 내담자의 변화를 일으킬 것이라고 기대하지 말고, 인내심을 갖고 내담자가 변화를 도모할 수 있도록 기다려주는 자세를 보여줌으로써 내담자의 변화를 더욱 촉진시킬 수 있을 것이다.

사회복지실천가는 근거기반 접근방법(evidence-based practice)을 활용해야 한다. 맹자는 "높은 대(臺)를 만들려면 반드시 언덕을 이용해야 하고, 깊은 연못을 만들려면 반드시 늪지를 이용해야 한다."(이루장구 상-1)고 하여, 뭔가를 이루려면 반드시 그에 필요한 기반을 확보하는 것이 필요하다고 말하고 있다. 그리고 성문 앞에 깊게 수레바퀴 자국이 생긴 것은 앞서 지나간 말들이 걸은 길을 뒤에 오는 말들이 오랫동안 따라 걸었기 때문(진심장구 하-22)이라고 하여, 이미 검증된 개입기술을 활용하라고 권고하고 있다. 이들 장구를 근거로 해볼 때 사회복지실천가가 어떤 개입기술을 활용하여 내담자의 변화를 위한 개입을 하고자 할 때, 자신이 판단하기에 적절할 것이라고 생각되는 것보다는 이미 사회복지실천에서 효과가 입증된 기술을 활용하는 것이 더 바람직하다.

사회복지실천가는 개별화의 원칙에 따라 내담자를 도와야 한다. 맹자는 군자가 가르치는 방법은 사람에 따라 달라야 한다(진심장구 상-40)고 하였고, "물건이 똑같지 않음은 물건의 실정이다."(등문공장구 상-4)라고 하였으며, 적군이 쳐들어 오는 동일한 상황에서 증자와 자사가 자신의 지위에 따라 각기 다르게 행동한 것 을 옳다고 인정한다(이루장구 하-31). 이들 장구는 사회복지실천의 과정에서도 동 일한 문제를 지닌 내담자라고 하더라도, 그들이 처한 상황에 따라 서로 다르게 도 와주어야 한다는 의미를 함축하고 있다. 즉, 사회복지실천가의 개입은 내담자의 처한 상황에 따라 각기 다르게 개별화되어야 한다는 것이다.

사회복지실천가는 내담자 문제의 근원적 원인을 찾아 해결하여야 한다. 맹자 는 근본을 헤아리지 않고, 그 끝만을 가지런히 하는 것은 문제(고자장구 하-1)라고 지적하고 있으며, "지혜로운 자[智者]는 모르는 것이 없어야겠지만 무엇보다 마땅 히 힘써야 하는 일을 먼저 해야 한다."(진심장구 상-46)라고 말하고 있다. 내담자 가 겪는 문제는 다양한 원인들이 복합적으로 작용해서 발생하는 경우가 많다. 그 런데 사회복지실천가가 내담자 문제의 원인은 해결하려 하지 않고 그 문제로 인 해 파생되는 생활상의 고통만을 해결하려 한다면, 이는 근본을 무시하고 말단만 을 다루는 행동에 다름 아니므로 단순한 대증요법(對症療法)에 불과할 뿐 내담자 문제를 해결하는 것과는 거리가 멀다. 따라서 사회복지실천에서는 맹자의 말처 럼 지엽적이고 말단의 것으로 문제를 해결하려 해서는 안 되며, 반드시 문제의 근 본적 원인을 고찰하고 이를 해결하고 제거하기 위한 개입방안을 모색해야 한다.

사회복지실천가는 내담자가 원하는 현실의 구체적 문제를 해결하는 데 집중해 야 한다. 맹자는 "도가 가까운 데 있는데도 먼 곳에서 구하며, 일이 쉬운 데 있는데 도 어려운 데서 찾는다."(이루장구 상-11)라고 하였다. 사회복지실천에서 내담자 의 변화를 도모하기 위하여 역량강화, 성장, 자기실현 등의 이상적 목표를 추구하 기도 한다. 하지만 이들 목표는 매우 추상적이고 어떤 경우에는 내담자의 삶의 장 면들과 연결되지 않는 경우가 많다. 그러므로 사회복지실천가는 내담자가 삶의 과정에서 직면하게 되는 직접적인 어려움이나 미충족 욕구를 먼저 해결하며, 쉽 게 변화할 수 있고 그러면서도 실생활에 보탬이 될 수 있는 구체적인 삶의 변화를 먼저 도모해야 할 것이다. 그리한 후에 이를 바탕으로 단계적으로 높이고 넓혀서 성장이나 자기실현 등의 고원(高遠)한 목표로 나아가는 실천의 방법을 선택해야 한다.

　사회복지실천가는 원조과정에서 문제에 따라 각기 다른 접근법을 활용해야 한다. 맹자는 "천하가 도탄에 빠지면 도(道)로써 구하고 제수가 물에 빠지거든 손으로써 구원하는 것이니, 자네는 손으로 천하를 구하고자 하는가?"(이루장구 상-17)라고 하였다. 즉, 특정 문제를 해결하기 위해 늘 옳은 방법이 존재하는 것은 아니므로, 사회복지실천가는 그 상황에 적합한 문제해결방법을 선택하여 활용해야 한다. 따라서 사회복지실천과정에서 사회복지실천가는 특정 상황이나 문제에 가장 적합한 문제해결방안을 찾기 위해 노력해야 하며, 그러한 노력도 기울이지 않고 이미 검증된 개입방법이므로 아무 문제가 없을 것이라고 단정하여 손쉽게 문제해결방안을 선택해서는 안 된다.

　사회복지실천가는 내담자의 단점에만 집중하지 말고, 강점도 함께 활용하여야 한다. 맹자는 "남의 불선함을 말하다가 후환을 어찌하려는가?"(이루장구 하-9)라고 하였다. 내담자가 도움을 요청하면 사회복지실천가는 먼저 그가 지닌 문제, 단점 그리고 부족한 능력 등과 같은 내담자의 부정적 측면을 먼저 주시하는 경향이 있다. 그러나 내담자는 특정한 부분에서만 부족한 부분이 있을 뿐 모든 면에서 나쁜 점만 가진 것은 아니다. 그러므로 사회복지실천가는 내담자의 단점뿐 아니라 강점과 자원에 대해서도 높은 관심을 보여야 하며, 이를 바탕으로 강점관점(strengths perspective) 실천을 하는 것이 바람직하다.

　사회복지실천가는 내담자를 너무 많이 돕지도 너무 적게 돕지도 말아야 한다. 맹자는 "얼핏 보면 줄 만하고 자세히 보면 주지 말아야 할 경우에 주면 은혜를 손상한다."(이루장구 하-23)고 하였고, 공자는 너무 심하게는 하지 않았다(이루장구 하-10)고 하면서, 지나치게 과한 것도 또 부족한 것도 모두 문제라고 했다. 사회복지실천가가 내담자를 돕고 싶은 마음이 커서 필요 이상의 서비스를 제공할 수도 있고, 반대로 내담자의 문제해결능력을 믿고 다소 못 미치는 듯이 서비스를 제공할 수도 있다. 내담자에게 지나친 서비스를 제공하면 오히려 도움을 받았다는 마음을 갖는 것이 아니라 자신을 불쌍히 여기는 것이라는 오해를 불러일으킬 수 있으며, 더 나아가 내담자의 의존성을 키울 수도 있다. 반대로 너무 부족한 서비스는 내담자의 문제를 적절히 해결하지 못할 수 있다. 즉, 서비스의 과유불급(過猶不及)은 내담자의 자립능력을 훼손할 수도 있고, 내담자의 삶을 더욱 힘들게 할수도 있으므로, 두 경우 모두 적절치 않다. 그러므로 사회복지실천가는 원조과정에서 내담자의 상황과 역량에 맞는 적정 수준의 서비스를 제공하기 위해 노력해야 한다.

사회복지실천가는 자신의 원조와 개입이 갖는 단점과 한계를 명백하게 인식하여야 한다. 맹자는 치수(治水) 사업에 능했던 우왕보다 자신이 치수를 더 잘한다고 자랑하는 백규(白圭)에 대해 나라 안의 치수사업은 잘했을지 모르지만 그로 인해 다른 나라가 물난리를 겪는 피해를 입히게 되었으니 치수사업을 잘못한 것이라고 비판한다(고자장구 하-11). 사회복지실천가는 자신의 개입이 내담자에게 이런 저런 긍정적 효과가 있을 것이라고 믿어버리는 경향이 있다. 그러나 백규의 치수사업처럼 의도치 않았던 부정적 결과나 부작용이 있을 수 있다. 따라서 사회복지실천가는 내담자를 돕기 위해 사용하는 개입방법이 갖는 긍정적 효과뿐 아니라 부정적 효과까지도 고려한 후에 그 개입방법을 활용해야 한다.

사회복지실천에서는 내담자로 하여금 즉각 문제를 중단하게 하는 개입도 필요하다. 맹자는 "만일 의리에 맞지 않는다는 것을 안다면, 속히 그만두어야 할 것이니 어찌 내년을 기다리겠는가?"(등문공장구 하-8)라고 하였다. 사회복지실천가는 내담자의 문제해결을 도울 때 일반적으로 단계적 접근을 통한 해결을 도모한다. 그러나 그 문제가 내담자의 옳지 않은 태도나 행동에 의해 유발된 것이고 내담자역시도 이를 인식하고 있다면, 단계적 해결보다는 일시에 그만두게 하는 것이 바람직할 수 있다. 왜냐하면 내담자가 자신의 잘못된 태도나 행동을 점진적으로 고치겠다고 말하는 것은 그 문제에 대한 자신의 책임을 회피하고 노력해도 힘이 부족하여[力不足] 도저히 고치거나 그만둘 수가 없다는 핑계를 댈 가능성과 연결되어 있기 때문이다. 그러므로 내담자의 태도나 행동이 사회규범에 명백히 어긋나는 경우에는 점진적이고 단계적인 해결보다는 즉시 일거(一擧)에 그만두게 하는 것이 더 바람직할 수 있다.

사회복지실천가는 사정단계에서 직접 관찰한 결과를 기반으로 판단하여야 한다. 맹자의 제자가 온 나라 사람이 불효자라고 칭하는 광장(匡章)이라는 인물과 교제하는 이유를 묻자, 맹자는 자신이 직접 확인해보니 불효한 것을 뉘우치고 다른 어떤 사람의 부양도 받지 않는 등의 개과천선(改過遷善)의 자세를 보이고 있으므로 교제를 하고 있다고 답한다(이루장구 하-30). 사회복지실천가가 어떤 내담자를 사정(assessment)할 때 다른 사람들이 이러저러한 사람이라고 말하는 평가에 흔들리지 말고, 자신의 눈으로 직접 내담자를 살피고 그에 따라 전문적 판단을 내려야 한다.

사회복지실천가는 내담자의 언행(言行)을 면밀히 관찰하여 그의 마음을 이해해야 한다. 맹자는 한 사람의 말을 들어보고, 그의 눈동자를 관찰한다면 그를 이해할 수 있다(이루장구 상-15)고 하였고, "한 그릇의 밥과 한 사발의 국을 대하는 순간에도 속마음이 얼굴빛에 나타난다."(진심장구 하-11)라고 하였다. 사회복지실천가가 내담자의 속마음을 이해하지 못하면 그를 제대로 도와줄 수 없으므로, 지인(知人)을 위한 노력을 경주해야 한다. 그런데 사람의 마음이라는 것이 결국은 눈빛, 말투 등의 언어적 또는 비언어적 의사소통을 통해 표현되므로, 사회복지실천가는 의사소통 방식을 관찰하게 되면 내담자의 마음을 이해할 수 있게 될 것이다. 특히 사회복지실천의 원조과정에서 언어적 의사소통 못지않게 비언어적 의사소통의 이해가 내담자 이해에 필수적이므로, 비언어적 의사소통을 면밀히 관찰하는 자세를 가져야 한다.

사회복지실천가는 자신의 언어적 의사소통에도 관심을 기울이고 조심해야 한다. 맹자는 "사람들이 말을 함부로 하는 것은 꾸짖음을 받지 않았기 때문이다."(이루장구 상-22)라고 하였다. 사회복지실천가에게 있어 말, 즉 언어적 의사소통은 핵심적 원조 도구이다. 사회복지실천가의 입에서 나오는 말이 내담자를 돕는 말이 될 수도 있으나 오히려 해를 끼치는 말이 되어 내담자에게 상처를 남길 수도 있다. 그러므로 '입이 화복(禍福)의 근원'이라는 말처럼, 사회복지실천가는 늘 자신의 말을 조심해야 한다. 사회복지실천가 스스로 자신의 언어습관을 살피고, 수퍼바이저의 지도감독이나 동료들의 조언을 통해 언어적 의사소통 방식을 가다듬어야만 내담자를 돕는 과정에서 언어적 의사소통으로 인한 폐해(弊害)를 막고 줄일 수 있다.

사회복지실천가는 저항적이거나 거부적인 비자발적 내담자에게도 최선을 다해야 한다. 맹자는 순임금이 자신을 무척이나 괴롭힌 아버지 고수를 지극정성을 다해 섬김으로써 결국 포악한 아버지도 변화시켰다는 사례(이루장구 상-28, 만장장구 상-4)를 제시하고 있다. 사회복지실천가가 내담자를 도울 때 개입에 저항하거나 도움 자체를 거부하기도 하고, 감정을 상하게 하는 일을 당하기도 한다. 그럴 때 사회복지실천가는 내담자 돕는 일을 중단하고자 하는 마음이 들 수 있다. 그러나 자신을 죽이려했던 부모에게 효를 다했던 순임금처럼, 어려운 순간에도 돕고자 하는 마음을 잃지 않고 정성을 다해 돕다보면 내담자 스스로 변화되는 순간을 볼 수 있게 될 것이다.

사회복지실천가는 때로는 내담자를 수고롭게 할 수 있어야 한다. 맹자는 "편안하게 해주는 방법으로써 백성을 부리면 비록 수고롭더라도 백성이 원망하지 않으며, 살려주는 방법으로써 백성을 죽이면 비록 죽더라도 죽이는 자를 원망하지 않는다."(진심장구 상-12)라고 하였다. 사회복지실천가는 가능하면 내담자를 힘들지 않게 하고 그와 그의 삶을 변화시켜 주고 싶을 것이다. 그러나 사회복지실천가가 자신을 진정으로 도와주고자 한다는 신뢰를 갖게 되면, 내담자는 아무리 힘들고 어려운 일이라도 견디고 변화를 일으키고자 할 것이다. 그러므로 사회복지실천가는 원조과정에서 필요하다면 내담자를 힘들고 수고롭게 하는 개입도 고려해야 한다.

사회복지실천가는 편향된 개입을 지양(止揚)해야 한다. 맹자는 "한쪽을 잡는 것을 미워하는 까닭은 도를 해치기 때문이니, 하나를 들고 백 가지를 폐하는 것이다."(진심장구 상-26)라고 하여, 특정 부분에 편향된 관점이나 개입의 폐단을 말하고 있다. 사회복지실천에서 내담자의 문제를 해결하기 위해 내담자 내부에서 원인을 찾을 수도 있고, 외부의 사회환경적 요인에서 그 원인을 찾아 해결할 수도 있다. 그러나 대부분의 문제는 이들 두 가지 요인이 복합적으로 작용하여 발생하는 바, 개인의 변화나 환경의 변화 중 어느 하나만을 도모하게 되면 문제해결에 실패할 위험성이 높다. 그러므로 사회복지실천가는 내담자 문제를 해결하기 위해 어느 하나의 원인만 고려하는 편중된 개입을 해서는 안 된다.

사회복지실천가는 사후서비스에도 소홀함이 없어야 한다. 맹자는 살아 있는 부모를 봉양하는 것은 큰 일이라 할 수 없고, 부모의 장례와 제례까지 잘 치러야 큰 일이 된다(이루장구 하-13)고 하였다. 이 장구는 사회복지실천의 관점에서 보면, 계약기간 동안에 내담자의 변화에 충분한 서비스를 제공하는 것도 중요하지만, 서비스의 종결과 미래계획 수립까지 이루어지고 더 나아가 사후서비스 방안에 대한 논의와 실행까지 이루어져야만 사회복지실천의 원조과정이 완결된다는 것과 일치한다. 그러므로 서비스 제공 단계뿐 아니라 서비스 종결 그리고 사후서비스의 단계에 이르기까지 전체 원조과정을 훌륭하게 수행해야만 진정한 사회복지실천이 이루어졌다고 말할 수 있는 것이다.

7. 사회복지조직의 관리 운영

조직은 특정 목적을 달성하기 위한 사회적 집합체이며, 사회복지조직은 인간봉사조직 중의 하나이다. 사회복지조직은 도덕적 가치를 지닌 인간을 대상으로 하여 서비스를 제공하도록 사회적 위임을 받은 조직이기 때문에, 조직 활동에 있어서 반드시 도덕적 정당성을 확보해야만 생존과 유지가 가능하다(권중돈, 2014). 《맹자》 속에는 인의의 도덕적 가치를 중시하는 인본주의와 인문주의 사상이 풍부하게 담겨 있고(蔡仁厚, 1994), 인간봉사조직인 사회복지조직의 관리운영과 조직 관리자의 리더십에 관한 다양한 지혜들이 담겨 있는데, 이를 살펴보면 다음과 같다.

1) 조직의 사명과 혁신

맹자는 사회복지조직은 지역중심주의와 애민(愛民)정신에 깊숙이 뿌리를 내리고 내담자와 지역주민의 삶의 질을 증진하는 데 헌신하여야 하며, 이를 방해하는 조직 내의 병폐를 혁신하기 위해 지속적인 노력을 기울일 것을 권고하고 있다. 이에 대해 좀 더 상세히 살펴보면 다음과 같다.

사회복지조직은 지역중심주의와 애민정신에 깊이 뿌리를 내려야 한다. 맹자는 작은 나라인 등나라의 문공이 주변 강대국인 조나라와 제나라 중 어디를 섬겨야 국운을 보전할 수 있느냐고 묻자, 애민정책을 펴서 백성의 신뢰를 얻는다면 나라를 보존할 수 있을 것이라는 답을 내놓는다(양혜왕장구 하-13). 그리고 강대국 제나라가 성을 쌓기 시작하자 등나라 문공이 대응방안에 대해 자문을 구해왔는데,

이에 맹자는 "선을 행하기를 힘쓸 뿐입니다."(양혜왕장구 하-14)라고 하면서, 우선 백성을 보살피는 데 헌신하라고 답한다. 현재 사회복지조직은 대부분 지방자치단체로부터 수탁운영을 하고 있으므로, 수탁기한이 다가오면 재수탁 가능성에 대한 우려가 현실로 다가올 것이다. 이러한 위기의 결과는 다른 어떤 요인이 아니라 조직이 지역주민이나 내담자, 이용자를 위한 사업을 얼마나 적극적으로 추진했는가에 달려 있다. 만약 사회복지조직이 본래의 사명과 목적인 지역사회 변화와 지역주민을 섬기는 일에 소홀했다면, 그들은 다들 수수방관할 것이며 조직은 그것으로 생명을 다할 수밖에 없을 것이다.

　사회복지조직은 지역주민의 삶을 향상시키는 데 목적을 두어야 한다. 맹자는 《서경》에 기록되어 있는 은나라 탕왕이 자기 나라를 정복하여 자신들을 학정에서 구제해줄 것을 기대한 백성들의 사례를 들면서, 제나라 선왕에게 연나라를 정복하기보다는 인정을 베풀어 백성들을 보살피는 데 매진할 것을 권고하였다(양혜왕장구 하-11). 어떤 지역에 사회복지조직이 운영된다고 하면, 주민들은 자신들의 삶이 긍정적 방향으로 개선될 것이라고 기대할 것이다. 주민의 기대처럼 사회복지조직이 지역주민의 삶을 긍정적으로 변화시키는 데 헌신을 다한다면, 주민들은 그 조직을 성원하고 지지할 것이다. 만약 그와 반대되는 방향으로 조직이 운영된다면 그 조직을 기피하고 오히려 그 동네에서 쫓아내려 할 것이다. 그러므로 사회복지조직의 성패는 조직규모나 자원, 사회적 명성이 아니라 지역주민의 삶의 질을 고양시키는 데 기여한 정도, 즉 조직의 본래적 사명과 목적을 성취하는 정도에 달려 있다고 해도 과언이 아니다.

　사회복지조직은 혁신(innovation)을 두려워해서는 안 된다. 맹자는 신하들이 백성은 힘들게 하면서 군주만 잘 섬기는 잘못된 행동을 비판(고자장구 하-8)하면서, "지금의 도를 따라가서 지금의 그릇된 풍속을 바꾸지 않는다면, 그에게 천하를 준다고 하더라도 하루아침도 지킬 수 없을 것이다."(고자장구 하-9)라고 하여 잘못된 관습을 바꾸지 않으면 파멸의 길로 접어들 것이라고 경고하고 있다. 사회복지조직이 본연의 사명보다 조직 자체나 조직성원의 성장 발전에만 관심을 두는 잘못된 운영방식을 변화시키지 않고 지속한다면, 이 조직에 아무리 많은 인적 자원과 물적 자원을 투입하더라도 그 조직은 위축되고 소멸되어갈 것이 분명하다. 사회복지조직이 이러한 쇠퇴의 길로 접어들지 않기 위해서는 조직의 사업과 운영 실태를 냉철하게 분석하여 섬김의 사명을 다하는 데 부족함이나 잘못된 부분이 없는지를 진단하고, 혹시라도 사명 이행에 장애를 유발하는 잘못된 경영방식이 있다면, 이를 과감히 폐지하거나 변경하는 혁신의 길 이외에는 다른 길이 없다.

2) 사업관리

맹자는 사회복지조직의 사업 또는 프로그램을 관리함에 있어서는 수급권자와 지역주민의 의견을 최우선적으로 반영하고, 사업추진과정의 오류와 실패를 반면교사(反面敎師)로 삼아 사업의 질적 개선방안을 모색하라고 권고하고 있다.

사회복지조직의 관리자는 조직의 운영방향과 사업을 결정할 때 수급권자와 지역주민의 의견을 가장 우선적으로 고려해야 한다. 맹자는 제나라 선왕이 연나라를 정복하려 하자 "취해서 연나라 백성들이 기뻐하거든 취하소서. 취해서 연나라 백성들이 기뻐하지 않거든 취하지 마소서."(양혜왕장구 하-10)라고 조언한다. 조직의 정책이나 사업은 장단점을 모두 갖고 있으므로, 사회복지조직의 관리자는 각 대안의 장단과 실현가능성, 기대효과 등을 면밀히 분석하여, 그 중에 가장 적절하고 실현가능한 대안을 선택해야 한다. 이때 맹자의 권면처럼 가장 중요하게 고려해야 할 요인은 바로 정책이나 사업에 대한 수급권자나 이용자의 견해이다. 수급권자나 이용자가 반대한다면 그 정책이나 사업은 기대한 성과를 거두기 어려울 것이므로 그것을 선택해서는 안 된다. 만약 그 반대의 경우라면 그 정책과 사업을 선택하여 적극적으로 추진하는 것이 바람직하다.

사회복지조직 관리자는 오류와 실패를 반면교사로 삼아야 한다. 맹자는 "제후들은 그것이 자신들에게 해가 된다고 싫어하여 그 전적(典籍)을 다 없애 버렸다."(만장장구 하-2)라고 하여, 제후국 왕들의 행동을 비판하고 있다. 사회복지조직에서 발간한 보고서들은 조직이 이룬 긍정적 성과에 대한 내용들로 가득 채워져 있는 경우가 많다. 조직이 그런 성과를 거두는 과정에서 다소간의 오류를 범했을 것이 분명한데, 자신들의 오류는 숨기고 드러내지 않으려 한다. 이런 관습적 행동이 지속되게 되면, 뒤를 잇는 후배 사회복지실천가는 같은 오류를 반복하고 더 나아가 확대·재생산하게 될 것이다. 이런 오류의 확대·재생산을 막고 조직의 발전을 도모하기 위해서 사회복지조직은 긍정적 성과와 함께 서비스나 프로그램 실행 과정에서 겪은 장애물이나 오류, 그리고 부정적 결과들을 숨기지 말고 드러내어, 다시는 같은 실수를 범하지 않을 수 있는 방법을 찾아나가야 한다.

3) 인사관리

맹자는 사회복지조직의 인사관리와 관련하여 인격적으로 성숙하면서도 전문역량을 고루 갖춘 인재를 등용하여 적재적소에 배치하고, 직위에 따른 업무분장 및 권한과 책임의 배분을 확실히 하며, 수평적 인간관계를 맺을 수 있는 조직분위기를 조성하고, 공의(公義)를 따르되 사은(私恩)도 잊지 말아야 하며, 체계적인 수퍼비전을 통해 조직성원의 전문역량을 길러야 한다고 권고하고 있다.

사회복지조직 운영의 핵심은 전문역량과 인격적 품위를 갖춘 인재를 등용하는 것이다. 맹자는 "뛰어난 사람을 좋아하기만 하고 등용하지 않으며, 또 제대로 대우하여 모실 줄 모른다면 뛰어난 사람을 좋아한다고 말할 수 있겠는가?"(만장장구 하-6)라고 하였고, "현자(賢者)를 높이고 재능이 있는 자를 부려서 준걸(俊傑)들이 지위에 있으면 천하의 선비가 모두 기뻐하여 그 조정에서 벼슬하기를 원할 것이다."(공손추장구 상-5)라고 하였고, "천하를 남에게 주기는 쉽고, 천하를 위하여 인재를 얻기는 어려운 것이다."(등문공장구 상-4)라고 하였다. 사회복지조직 핵심 업무는 사람이 사람을 돕는 대인서비스이므로, 유능한 인재를 등용하는 것이 조직을 성공적으로 운영하는 데 있어 필수적 조건이 된다. '사람이 일의 중심이다.'라는 말도 이와 관련되어 있다. 그러므로 조직의 관리자가 지인(知人)의 혜안(慧眼)을 갖춰서, 인격적으로 성숙하고 전문적 역량을 갖춘 인재를 등용하고, 그를 적재적소에 배치하여 업무를 수행하게 하고, 그에 걸맞은 처우를 하는 탁월한 용인술을 갖추어야 한다. 만약 조직의 관리자가 그런 능력을 갖추지 못하여 인격과 전문역량을 두루 갖춘 인재를 등용해서 쓸 수 없다면, 공자의 말처럼 광자(狂者, 뜻은 높은데 그 뜻을 행동으로 실천에 옮기지 못하는 자)나 견자(狷者, 지식은 다소 부족하지만 지조와 절개가 굳센 자)를 중용하여 그들을 길러 써야 할 것이다. 그러나 시류(時流)에 동화되고 세상에 영합하여 사람들에게 아첨하여 좋은 사람이라는 평판을 듣는 자인 향원(鄕原)과 같은 사람은 사회복지조직에 걸맞은 특성을 갖추지 못한 자이므로, 등용하는 것은 바람직하지 않다(권중돈, 2015).

사회복지조직의 관리자는 직위에 따른 업무분장 및 권한과 책임의 배분을 확실히 해야 한다. 맹자가 제나라의 객경(客卿)이 되어 등나라에 사신으로 파견되었으나 제나라 왕이 자신이 총애하는 대부 왕환을 부사(副使)로 임명하여 그로 하여금 실질적인 사신 업무를 담당하게 함으로써 맹자는 빈껍데기뿐인 사신 자리만 가지게 된 경우가 있었다(공손추장구 하-6). 사회복지조직에서 공식적 지위를 맡은 직원과 실질적 업무권한을 가진 직원이 다른 경우가 있을 수 있다. 이렇게 되면 양자 간에 업무갈등을 넘어 인간관계상에도 갈등을 일으켜 조직의 내적 결속력을 저해하게 되고, 조직은 인적 자원을 낭비하는 결과를 얻게 된다. 그러므로 사회복지조직의 관리자는 조직성원에게 직위에 걸맞은 업무를 배정하고 그에 따른 권한과 책임도 명확하게 부과하는 것이 바람직하다.

사회복지조직 관리자는 수평적 인간관계를 맺을 수 있는 조직분위기를 조성하기 위해 노력해야 한다. 맹자는 "나이가 많고 적음을 따지지 말고, 귀천을 따지지 말고, 그 사람의 형제를 따지지 말고, 벗을 삼아야 한다. 벗한다는 것은 그 사람의 덕을 벗하는 것이니, 이것저것 따져서는 안 된다."(만장장구 하-3)고 하였다. 유학에서 벗[朋友]이란 단순한 친구가 아니라 뜻을 함께 하는 동역자(同役者)의 의미를 지닌다. 사회복지조직은 관료조직만큼은 아니지만 나름의 명확한 위계질서가 있고, 조직성원은 그런 질서를 존중하는 선에서 인간관계를 맺는다. 그러므로 조직성원의 연령이나 서열은 진정한 동역자로서의 관계를 맺는 데 때로는 장애물로 작용할 수 있다. 사회복지조직에 몸담은 사람이면 누구나 사람을 돕고 세상을 변화시키는 공통의 덕목 또는 가치를 추구하는 사람들이므로, 조직의 관리자는 맹자의 말을 따라 직원들이 연령, 직위와 직분을 뛰어 넘어 진정한 동역자로서의 벗이 될 수 있는 조직분위기를 형성해야 한다.

사회복지조직의 관리자는 공의(公義)를 지키면서도 때로는 사은(私恩)을 베푸는 방식으로 문제 직원을 관리할 필요가 있다. 맹자는 순임금이 동생인 상(象)을 제후에 봉했지만, 백성들에 대한 학정을 우려하여 정사를 다른 관료에게 맡기고 상은 세금만 받을 수 있게 하여 경제적으로 곤란하지 않게 해준 사례(만장장구 상-3)를 들어, 성인(聖人)의 인사관리방법을 알려주고 있다. 어느 조직이든 포악한 순임금 동생 상과 같이 문제를 일으키고 조직에는 보탬이 안 되는 조직성원이 있을 수 있다. 사회복지조직에서 맡겨진 책무는 이행하지 않지만 그렇다고 취업규칙이나 법을 어기지도 않는 사회복지실천가가 바로 그런 사람이다. 조직 관리자는 이런 문제 성원을 어떻게 처우할 것인가가 고민거리일 것이다. 이때 순임금이 동생 상을 처우한 방식을 참고하면 도움이 될 것이다. 문제를 일으키는 사회복지실천가에게 내담자나 지역주민에게 피해가 가지 않는 업무를 배정하고, 그의 일자리를 빼앗지 않고 정해진 급여는 지급하는 방법이 바로 그것이다. 이 방법은 최선의 인사관리방법이라 할 수는 없다. 그러나 법이나 규칙을 어기지 않았으므로 사회복지실천가를 징계할 수 있는 방법이 없는 상황에서 내담자나 지역주민에게 피해를 입히지 않도록 업무배치를 함으로써 공의를 지키는 한편, 일자리를 뺏어 경제적 빈곤을 초래하지 않고 언젠가 올곧은 사회복지실천가로 되돌아올 수 있는 여지를 주는 사사로운 은혜를 베푸는 차선(次善)의 방책은 될 수 있다.

사회복지조직은 수퍼비전 체계를 잘 갖추어야 한다. 맹자는 "노련한 목수나 수레 만드는 장인은 남에게 원리와 방법을 전해줄 수 있어도, 그를 뛰어난 기교를 가진 경지에 이르게 할 수는 없다."(진심장구 하-5)고 하였고, "길을 감은 누가 혹 시켜서이며 멈춤은 혹 저지해서이다. 그러나 가고 멈춤은 사람이 시킬 수 있는 것이 아니다."(양혜왕장구 하-16)라고 하였다. 한국사회복지사 윤리강령에 의하면, 사회복지사는 수퍼바이저의 전문적 지도와 조언을 존중해야 하며, 수퍼바이저는 사회복지사의 전문적 업무수행을 도와야 한다고 규정되어 있다(한국사회복지사협회, www.welfare.net). 즉, 사회복지실천가는 수퍼비전을 통해 자신의 전문역량을 개발하고, 수퍼바이저는 교육적 수퍼비전, 지지적 수퍼비전, 그리고 행정적 수퍼비전을 통해 사회복지실천가가 전문역량을 강화할 수 있도록 도와야 한다. 그런데 《맹자》의 장구에서 보듯이, 수퍼바이저는 사회복지실천가에게 사회복지전문직의 전문적 원조활동과 관련된 기본 방향과 원리, 그리고 방법을 제시할 수는 있지만, 사회복지실천가가 스스로 노력하지 않는 한 그의 전문적 역량을 길러줄 수 없다. 그러므로 사회복지조직의 관리자는 조직 내에 합리적인 수퍼비전 체계를 구축하여, 실무자들이 수퍼비전에 근거하여 자발적으로 전문적 역량을 향상시켜 나갈 수 있도록 도와야 한다.

3) 재정관리

맹자는 사회복지조직의 재정관리와 관련하여 절용애인(節用愛人)하되 사업 우선순위에 따라 합리적으로 재정을 배분할 것을 권고하고 있다. 맹자는 사회제도가 완비된 상황에서 무조건 조세를 낮추는 것은 바람직하지 않다(고자장구 하-10)고 하였고, "정사가 바로 행해지지 않으면 나라의 재용이 모자라게 된다."(진심장구 하-12)라고 하였다. 그리고 맹자가 모친상을 당했을 때 장례가 너무 아름답지 않느냐는 비판을 받자, 법률과 제도에 적합하고 재정을 낭비하지 않는 선에서 모친의 장례를 아름답게 치른다면 그것은 예법에 어긋나지 않으니 자신도 그렇게 하겠다고 답변한다(공손추장구 하-7).

사회복지조직이 조세에 의해 운영되는 경우가 대부분이므로, 조직에서는 최소한의 비용으로 최대한의 성과를 얻으려고 하는 경우가 많고, 또 그렇게 하는 것이 옳다는 인식을 가진 조직 관리자들이 많다보니 절약을 재정관리의 첫 번째 원칙이라 믿는 경우가 많다. 물론 국민의 혈세로 운영되는 인간봉사조직이니만큼 재정을 절약하여 사람을 섬기는 데 써야 하는 것[節用愛人]은 당연하지만, 절약만이 능사는 아니다. 그러므로 사회복지조직에서 지역사회나 내담자의 복지 증진에 직접 연결된 중요한 사업에는 적극적으로 재정을 투입하고, 조직의 1차적 목표와 다소 거리가 있는 사업이나 조직운영에 투입되는 재정은 절약하는 방법이 더욱 합리적인 재정관리 방안이라 할 수 있다.

4) 의사소통과 의사결정

맹자는 사회복지조직 내에 의사소통 체계를 확립하되 부정적 의사소통을 최소화할 수 있는 방안을 마련하고, 공식적 의사결정구조를 튼튼히 하고, 조직의 관리자는 공사의 의사소통 통로를 통하여 다양한 의견을 수렴하되 자신이 내린 의사결정에 대해서는 스스로 책임지는 자세를 가져야 한다고 권고하고 있다.

사회복지조직은 조직 내에 의사소통 체계를 확립하고, 부정적 의사소통을 최소화할 수 있는 조치를 강구해야 한다. 맹자는 "말에 실상이 없는 것은 좋은 징조라고 할 수 없다."(이루장구 하-17)라고 하면서, 부정적 의사소통이 현자(賢者)의 등용을 방해한다고 지적하고 있다. 허황된 낭설, 비방, 거짓 등이 포함된 말, 즉 부정적 의사소통은 결국 조직성원 간의 결속력을 저하시키게 되고, 더 나아가서는 조직의 성과 창출에도 오히려 해를 입히는 결과를 낳게 된다. 그러므로 사회복지조직의 모든 성원이 부정적 의사소통을 자제하여야 할 것이며, 조직의 관리자는 조직 내에 건전한 의사소통 구조를 만들어냄과 동시에 조직성원을 두고 떠도는 부정적 의사소통의 진위(眞僞)를 가려서, 진실하고 역량 있는 인재가 묻혀 지내게 만드는 일이 없도록 해야 할 것이다.

사회복지조직은 내부에 공식적 의사결정 구조를 확립해야 한다. 맹자는 "자네가 그 선비(士)를 좋아하여 왕에게 아뢰지 않고 그대의 직위와 봉록을 그에게 사사로이 주고, 그 선비 또한 왕명이 없이 사사로이 그대에게서 받는다면 가하겠는가?"(공손추장구 하-8)라고 하였다. 사회복지조직에서 어떤 조직성원이 자신이 전문가라고 하더라도 내담자나 지역사회의 문제에 대한 개인적 판단에 의거하여 서비스를 결정하고 제공하는 것은 바람직하지 않다. 이는 사회복지조직의 공적 의사결정 절차를 와해시키는 것이다. 따라서 준(準) 공공기관의 성격을 지닌 사회복지조직은 사업, 인사, 재정 등 모든 영역에서 공식적 의사소통 통로와 의사결정 체계를 확립해야 하며, 조직성원은 이를 준수해야 한다.

사회복지조직의 관리자는 공사(公私)의 의사소통 통로를 통하여 다양한 의견을 구하되 결정은 스스로의 힘으로 하고 그 결정에 따르는 책임을 져야 한다. 맹자는 제나라 선왕이 인재 등용하는 방법에 대해 묻자, 신하를 비롯한 다양한 사람의 의견을 들어보는 것이 도움이 되지만 결국에는 자신의 눈으로 그 사람의 됨됨이와 능력을 확인하고 난 연후에 스스로 결정해야 한다(양혜왕장구 하-7)고 답하고 있다. 사회복지조직의 관리자 역시 인사문제뿐 아니라 조직의 사업 및 운영과 관련된 모든 직무에서 여러 의견을 두루 구하되 자신이 직접 사실 여부를 확인한 후에 최종 결정을 내리는 방법으로 조직을 이끌어간다면, 그는 조직성원으로부터 윗사람으로서 그리고 맹자가 말하듯 조직의 부모로서 존중받을 것이다.

5) 리더십

맹자는 사회복지조직의 관리자는 인의(仁義)의 가치와 덕(德)으로 조직을 이끌어야 하며, 조직 내의 지위나 그에 따르는 작은 권세보다는 조직의 사명을 우선시하고, 자신의 지위에 따르는 역할과 책임을 명확히 인식하고, 민주적 리더십과 섬김의 리더십을 발휘할 것을 권고하고 있다. 그리고 사회복지조직의 관리자는 주변에 복지와 조직 운영 철학을 공유할 수 있는 선한 부하직원을 많이 두고, 부하직원을 예로써 대하고 그들의 간언을 귀담아 듣고 그들에게서도 배우려는 자세를 가져야 하며, 자기계발과 수련에 소홀해서는 안 된다고 권고하고 있다.

사회복지조직의 관리자는 인의의 가치와 덕으로 조직을 이끌어야 한다. 맹자는 《논어》 안연편의 장구를 인용하여 "군자의 덕은 바람이요, 소인의 덕은 풀이니, 풀 위에 바람이 가해지면 풀은 반드시 그리로 기울기 마련이다."(등문공 상-2)라고 하였고, "군주가 인(仁)해지면 인하지 않음이 없고, 군주가 의로워지면 의롭지 않음이 없고, 군주가 바른 마음을 갖게 되면 바른 마음을 갖지 않을 수가 없을 것이니, 한 번 군주의 마음을 바로잡게 되면 나라가 안정된다."(이루장구 상-20)라고 하였다. 조직 관리자가 인의의 가치와 덕을 바탕으로 조직을 이끌게 되면, 아랫사람은 그 가치관과 덕을 본받으려 할 것이다. 그 결과로 조직 전체가 덕으로 교화되게 되고, 조직의 내부 결속력이 높아지고 서로 협력하여 공공선을 이루려 할 것이다. 그러므로 조직의 관리자가 먼저 바람직한 사회복지조직의 성원으로서 가져야 할 태도와 행동의 모범을 보이게 되면, 굳이 아랫사람에게 뭔가를 요구하지 않아도 윗사람을 본받아 닮아가게 될 것이다.

사회복지조직의 관리자는 인작(人爵)보다 천작(天爵)의 사명을 성실히 이행하여야 한다. 맹자는 "하늘이 내려주는 벼슬[天爵]이 있고 사람이 내려주는 벼슬[人爵]이라는 게 있다. 인의와 충신을 행하고, 선을 즐거워하며, 게으르지 않는 것이 하늘이 내려주는 벼슬이고, 공(公), 경(卿), 대부(大夫)는 사람이 내려주는 벼슬이다. 옛 사람은 하늘이 내려주는 벼슬을 닦으면 사람이 내려주는 벼슬이 따라왔다. 지금 사람들은 하늘이 내려주는 벼슬을 닦아서 사람이 내려주는 벼슬을 요구하고, 이미 사람이 내려주는 벼슬을 얻고 나면 하늘이 내려주는 벼슬을 버리니, 이것은 의혹됨이 심한 것이다. 끝내는 반드시 사람이 내려주는 벼슬마저 잃을 뿐이다." (고자장구 상-16)라고 하였다. 그리고 맹자는 "만일 선을 좋아하면 온 세상 사람들이 천리(千里)를 멀다하지 않고 찾아와 선한 일을 말해주고, 만일 선을 좋아하지 않으면 사람들이 말하기를 '잘난 체 함을 내가 이미 안다.'고 할 것이다."(고자장구 하-13)라고 하였다. 사회복지조직이 하늘로부터 부여받은 천작, 즉 사명을 간단히 표현하면 사람을 받들고 섬기는 것이다. 조직의 관리자가 이런 사명을 성실히 이행하려 한다면, 조직 외부에서도 그를 도와주려 할 것이고, 조직 내에서도 높은 지위에 오를 수 있을 것이다. 맹자의 지적처럼 오늘날에는 사회복지전문직의 사명보다는 인작, 즉 높은 지위에 오르는 데 관심을 두는 일이 많아지고 있다. 정치인이나 비즈니스맨이라면 모를까 사회복지조직의 성원이라면 그래서는 안 된다. 특히 사회복지조직의 관리자는 더더욱 그래서는 안 될 것이다. 자리가 높아질수록 사회복지전문직에게 요구되는 덕목을 갈고 닦아 그 덕목을 확충해 나가는 것이 사회복지조직에 몸담은 사람이 걸어가야 할 바른 길이다.

사회복지조직의 관리자는 지위와 역할에 대한 명확한 자기인식을 가져야 한다. 맹자는 다른 사람이 주어진 역할을 다하지 못하는 경우에 엄격하게 책임을 추궁하겠다고 하면서도, 자신이 정치를 잘못하고 있는 점에 대해서는 책임을 회피하는 제나라 선왕을 비판한다(양혜왕장구 하-6). 제나라 선왕처럼 사회복지조직의 관리자가 부하 직원의 직무 불이행에 대해서는 엄격하면서도 자신의 직무와 역할 수행에 대해서는 관대하다면, 아랫사람은 조직을 떠나고, 조직은 본래의 사명과 목적을 달성할 수 없게 될 것이다. 사회복지조직의 관리자는 제나라 선왕과는 반대로 자신의 직무 수행에 대해 지속적으로 성찰하고 자기 자신에게 엄격하면서, 자신에게 부족한 부분을 채워나가려는 노력을 지속적으로 기울여야 할 것이다.

사회복지조직의 관리자는 지위에 따르는 작은 권세를 누리려 하지 말아야 한다. 맹자는 "옛날 어진 왕들은 선을 좋아하여 자신의 권세를 잊었으니, 옛날 어진 선비라고 해서 어찌 유독 그렇지 않았겠는가?(진심장구 상-8)"라고 하였다. 사회복지조직의 관리자든 실무자든 누구든 간에 그들의 최고 관심사는 내담자와 지역사회여야 하며, 남을 돕는 일을 하면서 주인 행세를 하려 해서는 안 되며, 섬김의 종으로서의 역할을 성실히 수행할 수 있어야 한다. 이와 같이 사회복지조직의 최고관리자부터 일선 실무자에 이르기까지 모든 조직성원이 섬김의 사명 이행에 충실하고 그 외의 것들에는 관심조차 기울이지 않을 때만이 진정한 사회복지조직으로서의 정체성을 유지할 수 있고 조직의 사명을 성공적으로 이행해 나갈 수 있다.

사회복지조직 관리자는 민주적인 섬김의 리더십을 발휘해야 한다. 맹자는 제나라 선왕이 목수가 나무를 잘 다루지 못한다고 비판하자, "사람이 어려서 배우는 것은 장성해서 그것을 행하고자 함이니, 왕께서 우선 네가 배운 것을 버리고 나를 따르라고 하신다면 어떻게 해야겠습니까?"(양혜왕장구 하-9)라고 반문한다. 제나라 선왕과 마찬가지로 사회복지조직의 관리자가 아랫사람에게 네가 배운 것을 버리고, 내가 요구하고 시키는 대로만 하라고 한다면, 사회복지실천가는 딜레마에 빠질 것이 분명하다. 자신만이 옳다고 생각하고 조직성원의 욕구나 능력을 무시하는 독불장군식 리더십, 즉 Ronald Lippitt와 Ralph K. White(1960)의 권위적 리더십(authoritative leadership)은 조직의 공동체 의식을 약화시키고 더 나아가 조직의 목표성취를 불가능하게 만들 것이다. 그러므로 사회복지조직의 관리자는 권위적 리더십을 탈피하여 조직 구성원들을 존중하는 맹자가 말한 섬김의 리더십(servant leadership)(秦楡, 2006), 그리고 그들을 의사결정과정에 직접 참여시키는 민주적 리더십(democratic leadership)을 발휘하는 것이 더욱 바람직할 것이다.

사회복지조직의 관리자는 주변을 복지와 조직 운영 철학을 공유할 수 있는 선한 부하직원으로 채우는 것이 좋다. 맹자는 왕이 아무리 선한 정치를 하고 싶어도 주변에 선한 선비가 있는가 선하지 않은 선비가 있느냐에 따라 왕도정치를 할 수도 있고, 패도정치를 할 수 있다고 말하면서, 한 명의 선한 자로는 왕의 선한 정치를 이끌어낼 수 없다고 지적하고 있다(등문공장구 하-6). 사회복지조직에서 관리자가 자신의 조직운영 철학을 구현할 수 있느냐는 주변의 부하직원이 어떤 사회복지와 조직운영에 관한 철학을 갖고 있는가에 따라 달라진다. 따라서 사회복지조직의 관리자는 인간봉사전문직의 사명과 부합하는 조직운영 철학을 갖춤과 동시에 이를 실현하기 위해서는 다수의 조직성원과 그의 조직운영 철학을 공유해야만 한다.

사회복지조직의 관리자는 공손한 생활태도를 갖추고 부하 직원을 예(禮)로써 대해야 한다. 맹자는 "어진 군주는 반드시 공손하고 검소하여 아랫사람을 예로 대한다."(등문공장구 상-3)라고 하였고, 신하는 군주가 자신을 대하는 방식 그대로 군주를 대한다(이루장구 하-3)고 하였으며, 조정의 신하를 알려고 한다면 그가 아랫사람을 어떻게 대하는지를 보아야 한다(만장장구 상-8)고 하였다. 사회복지조직 구성원 간의 관계는 의(義)로 맺어진 관계로, 상대방이 의리에서 벗어나는 행동을 하게 되면 관계가 손상당할 수밖에 없다. 조직의 관리자는 공손한 태도와 검소한 생활을 하고 아랫사람을 예로써 대우하게 되면, 아랫사람은 그에게 충성을 다할 것이 분명하다. 그리고 윗사람이 인륜을 지키면 아랫사람들은 서로를 자기 몸처럼 아끼고 사랑하는 친밀한 관계를 형성할 것이므로, 조직의 화합과 결속력이 높아질 것이 분명하고, 이를 밑거름으로 조직은 소기의 성과와 목표를 충분히 달성할 수 있게 될 것이다.

사회복지조직의 관리자는 아랫사람의 간언(諫言)에 귀를 기울이고 자신을 바로잡아야 한다. 맹자는 "군주가 잘못이 있으면 간하고 반복하여도 듣지 않으면 떠나는 것이다."(만장장구 하-9)라고 하여, 군주와 신하의 관계를 설명하고 있다. 사회복지조직의 관리자도 인간인 이상 약간의 잘잘못은 할 수 있다. 그러므로 조직 관리자는 부하직원이 자신에게 간언할 수 있는 개방적 통로를 마련해야 하며, 그 간언을 수용하여 자신의 부족한 부분을 바로잡고 채워나가는 노력을 기울여야 한다. 그렇지 않으면 조직 관리자 주변에는 그를 이용해서 개인적 이익을 추구하려는 모리배(謀利輩)와 아첨꾼들로 들끓게 될 것이고, 결국 관리자 자신도 몰락의 길을 걷게 될 것이니 조심하지 않을 수 없을 것이다.

사회복지조직의 관리자는 부하 직원에게서도 배우려는 자세를 가져야 한다. 맹자는 "지금 천하가 영토가 비슷하고 정치상황도 비슷해서 서로 뛰어나지 못함은 다른 것이 없다. 자기가 가르칠 수 있는 사람을 신하로 삼기를 좋아하고, 자기가 가르침을 받을 수 있는 사람을 신하로 삼기를 좋아하지 않기 때문이다."(공손추장구 하-2)라고 하였다. 사회복지조직의 관리자 중에서도 조직 내의 직위를 이용하여 아랫사람을 가르치고 함부로 대하는 경향을 갖고 있는 경우가 있다. 이럴 경우 조직이 더욱 발전하고 좋은 성과를 거두는 데는 한계를 보일 것이다. 따라서 조직의 관리자는 자신이 배울만한 점이 있는 전문적 역량과 덕성을 갖춘 부하 직원을 찾아가 모셔오고, 아랫사람에게 묻는 것을 부끄러워하지 않는 자세, 즉 불치하문(不恥下問)의 자세로 그와 상의하고 협력하여 조직의 대업을 이루어나가는 것이 바람직하다.

사회복지조직의 관리자는 자기성찰과 자기수련을 소홀히 하지 말아야 한다. 맹자는 "오직 인자(仁者)만이 높은 지위에 있어야 하는 것이니, 불인(不仁)하면서 높은 지위에 있으면 이는 그 폐해를 여러 사람에게 끼치는 것이다."(이루장구 상-1)라고 하였고, "나 자신이 도를 행하지 못하면 내 처자에게도 행해질 수 없고, 사람을 부릴 때 도로써 하지 않는다면 내 처자에게도 행해지지 않는다."(진심장구 하-9)라고 하였다. 사회복지조직의 관리자라면 조직 사명 이행에 솔선수범하고, 올바른 도리로써 아랫사람을 부리는 것이 올바른 인사관리방법이고 올바른 리더십이다. 그러므로 사회복지조직의 높은 자리에 앉은 자들은 자신을 갈고 닦아 섬김의 사명을 이행하는 데 한 치의 부족함이 없도록 노력해야 하며, 맹자의 말처럼 최소한 여러 사람에게 해를 끼치는 사람이 되어서는 안 될 것이다.

8. 사회복지실천가의 자질과 태도

한국사회복지사협회(www.welfare.net)의 사회복지사 선서문 첫 조항에 포함된 사회복지사의 신념인 인간존엄성은 맹자가 말한 인(仁)의 가치에 다름 아니며 사회정의는 의(義)에 해당한다고 말할 수 있다. 그리고 사회복지사가 모든 사람이 인간다운 삶을 누릴 수 있도록 돕는다는 것은 맹자의 천명(天命)사상과 인본주의에 입각한 위민(爲民) 또는 안민(安民)사상과 연결되어 있다. 이처럼 《맹자》에는 사회복지실천가의 사명, 정체성, 자질과 조건 등에 대한 다양한 함의가 담겨져 있는데, 이에 대해 살펴보면 다음과 같다.

1) 사회복지실천가의 사명

유학에서는 사람과 세상의 모든 일이 하늘의 이치[天理]에 따라 움직이며, 그 하늘이 사람에게 내린 명령을 천명(天命)이라 하며, 이런 천명은 백성의 마음을 통해 현실세계에 그 모습을 드러낸다(만장장구 상-5)고 보고 있다. 이런 유학에서의 천명은 사회복지조직과 사회복지실천가에게 부여된 사명(mission)에 해당하며, 사회복지실천가는 백성, 즉 사회성원으로부터 자신들을 대신하여 하늘이 부여한 사명을 이행해달라고 위임(委任)받은 전문직이다.

맹자는 "하늘이 이 백성을 낳은 이유는 먼저 알게 된 사람으로 하여금 뒤에 알게 될 사람을 깨우치며, 먼저 깨우친 자로 하여금 뒤늦게 깨우치는 사람을 깨우치는 데 있다."(만장장구 상-7)라고 하였다. 이 장구에서 사회복지실천가는 남을 돕고 세상을 변화시키는 데 있어 먼저 알게 된 사람에 해당한다. 그러므로 사회복지실천가로서의 직업을 자신이 원하고 노력해서 얻은 것이라 생각하지만, 사실은 하늘의 사명을 받은 것에 다름 아니다. 실제로 직업을 의미하는 "vocation"은 "신의 부르심"을 뜻하는 라틴어 "vocare"에서 유래된 것으로, 사회복지실천가로서의 직업이 하늘이 부여해준 것이라는 의미를 담고 있다. 그러므로 사회복지실천가로서의 직업을 갖게 되었다는 것은 사람을 사랑하고 섬기며 세상을 더 좋은 곳으로 바꾸라는 하늘의 명을 받아들인 것에 다름 아니다.

또한 사회복지실천가로서의 지위를 갖게 된 것은 국민들이 자신들보다는 사회복지실천가가 사람을 돕고 세상을 바꾸는 일을 더 잘할 수 있다고 믿고 그 지위를 위임(sanction)해 준 자리이다. 그러므로 국민이 위임한 사람과 세상을 받들고 섬기는 지위에 걸맞은 역할을 제대로 수행하지 못할 경우, 국민들은 더 이상 그에게 위임했던 사회복지와 관련된 일들을 모두 거두어 갈 것이 분명하다.

이처럼 사회복지실천가라는 직업은 하늘이 뜻한 바가 있어서 부여한 것이고, 그 지위는 국민들의 위임에 의해 부여된 것이다. 맹자가 "명이 아닌 것이 없으니, 그 바른 명[正命]을 순리대로 받아들여야 한다."(진심장구 상-2)라고 했고, "천명을 따르면 살고 거스르면 죽는다."(이루장구 상-7)라고 하였다. 이들 장구처럼 사회복지실천가가 사람을 돕고 세상을 변화시키는 사명을 적극적으로 이행하지 않는다면, 그 존재가치 자체가 없어질 것이 분명하다. 그러므로 사람을 사랑으로 돕고, 세상을 사람살기에 좋은 세상으로 변화시키는 직업적 사명을 이행하는 데 한치의 빈틈이 있어서는 안 될 것이다. 그리고 맹자가 천하를 태평하게 만들려는 하늘의 명령[天命]을 다른 누구에게도 미루지 않고 본인이 감당하겠다고 선언(공손추장구 하-13, 만장장구 상-7)하였고, "덕(德)에 힘쓰는 자는 세상이 아무리 혼란스러워도 흔들리지 않는다."(진심장구 하-10)라고 하였다. 그러므로 사회복지실천가 역시 사회복지전문직에 부여된 사명을 다른 사람이 아닌 자기 자신이 기꺼이 감당하려는 굳은 의지를 가져야 한다.

사회복지실천가가 자신에게 부여된 사명을 이행하기 위해서는 먼저 자신의 선한 본성을 잘 보존하고 확충하여야 한다. 맹자는 "그 마음을 다하는 자는 그 본성을 알게 되고, 그 본성을 알면 하늘을 알게 된다. 그 마음을 보존하여 그 본성을 기름은 하늘을 섬기는 것이오."(진심장구 상-1)라고 했다. 세상의 부귀영화를 탐하는 욕심을 줄이고, 사물의 유혹에 넘어가지 않고, 자기 혼자 잘되려는 이기적 태도를 버려서 마음을 잘 보존[存心]하여 타고난 선한 본성, 즉 인의예지의 사덕 (四德)을 길러서[養性] 하늘이 부여한 사명을 명확히 인식해야 한다. 그리고 사회 복지전문직에 몸담은 뜻[志]을 돈독히 하고 마음을 바르게 다잡아 마음이 흐트러지는 일이 없도록 노력하여야 한다. 이렇게 《대학》에서 말하는 격물치지 성의정심(格物致知 誠意正心)하여 자신을 갈고 닦으면[修身], 바로 하늘이 자신에게 부여한 명령, 즉 전문직의 사명을 보다 잘 이행할 수 있게 될 것이다.

2) 사회복지실천가의 정체성

사회복지실천가는 자신에게 부여된 사명을 감당하려는 굳은 의지와 함께 사회 복지전문직 종사자로서의 정체성(正體性)을 지켜가기 위한 노력을 경주해야 한다. 다학제 간의 융합과 통섭이 대세를 이루고 있는 지금의 학문적 조류(Wilson, 1998; 최재천, 2015)를 감안할 때, 특정 학문분야의 이론만으로 인간과 세상을 이해하고 변화시킨다는 생각은 한계를 지닐 수밖에 없다. 그렇다고 하여도 사회복지 실천가가 사회복지전문직의 고유한 방법론들은 버려두고 다른 학문분야의 대안적 방법들에만 의지하는 것은 바람직하지 않다. 만약 그런 현상이 지속되면 사회복지는 인간봉사전문직으로서의 정체성에 심각한 위협을 받게 될 것이다. 맹자 역시 유학의 정통성을 확보하기 위하여, 위아주의(爲我主義)를 주창한 양주(楊朱)와 겸애사상(兼愛思想)을 주창한 묵자(墨子)의 사상과 치열한 사상적 논쟁을 벌이는 역할을 자임(自任)하고 있다(등문공장구 하-9, 진심장구 하-26). 이런 맹자처럼 다른 학설을 사설(邪說)이라 규정하고 투쟁(王邦雄, 曾昭旭, 楊祖漢, 1989)할 것까지는 없다고 하더라도, 사회복지실천가라면 사회복지전문직의 고유한 방법들을 적극적으로 활용하고 이를 지키고 발전시켜 나가려는 노력을 기울이는 것이 바람직하다.

사회복지실천가가 전문직의 정체성을 유지하기 위해서는 사회복지실천과 사회복지정책이라는 두 가지 방법 중 어느 하나에도 소홀히 해서는 안 된다. 그런데 최근 사회복지실천현장에서는 내담자를 대상으로 한 직접적 실천(direct practice)은 하지 않고 그들 주변에서 서비스를 관리하는 간접적 실천(indirect practice)에만 집중하는 경향이 강하다. 이런 사회복지실천현장의 동향은 전문직의 정체성에 혼란을 초래할 것이므로, 무엇보다도 먼저 내담자를 직접 만나서 돕는 사회복지실천이 강화되어야 할 것이다. 그리고 사회복지실천가들이 사람을 돕는 데는 집중하는 반면 세상을 변화시키는 활동에는 참여하지 않는 경향들을 볼 수 있다. 이에 대해 맹자는 세상을 등지고 청렴하게 살아가는 진중자(陳仲子)의 자세를 바람직하지 않다고 비판(등문공장구 하-10)하면서, 세상을 등지는 것 보다는 불의(不義)한 세상을 변화시키기 위한 적극적 사회참여가 더욱 의미 있다고 보고 있다. 사회복지실천가의 사명은 개인의 안녕과 사회의 안녕을 동시에 도모하는 것이므로, 사람을 돕는 일뿐 아니라 세상을 사람 살만한 곳으로 변화시키는 사회행동 등에도 적극적으로 참여하여야 한다.

3) 사회복지실천가가 갖추어야 할 자질

사회복지실천가가 갖추어야 할 자질을 간략히 표현하면, '차가운 머리, 뜨거운 가슴 그리고 움직이는 손과 발', 즉 지식(knowledge), 가치(value) 그리고 기술(skill)이다(권중돈, 2014). 이를 《맹자》에서 사용하는 개념으로 변환해 보면 인의예지(仁義禮智)의 사덕(四德)에 해당한다. 맹자가 모든 인간이 하늘로부터 타고난 선한 본성이라고 한 사덕(공손추장구 상-6) 중에서 인의(仁義)는 사람 사랑과 올바른 세상에 대한 마음 속 가치이므로 사회복지전문직의 가치에 해당한다. 예(禮)는 인의의 가치를 현실생활에서 실천하는 방법을 의미하므로 기술에 해당하며, 지(智)는 세상과 사람에 대한 이해를 의미하므로 지식에 해당한다고 볼 수 있다. 이러한 《맹자》에 내포되어 있는 사회복지실천가가 갖추어야 할 자질에 대해서 살펴보면 다음과 같다.

사회복지실천가는 대인의 자질을 갖춰야 한다. 맹자는 먼저 대체(大體), 즉 큰 것[心志]을 세운다면 소체(小體), 즉 작은 것[耳目]이 그것을 빼앗지 못한다(고자장구 상-15)고 하였고, "나는 자신을 굽히고서 남을 바로 잡았다는 자는 들어보지 못하였다."(만장장구 상-7)라고 하였다. 사회복지실천가 역시 사람이기에 본능적 욕구에 끌릴 수 있지만, 그렇게 되면 자신만을 위하는 작은 사람[小人]이 될 것이다. 반대로 사회복지실천가가 남을 돕고 세상을 바꾸고자 하는 마음의 뜻[心志], 즉 전문직의 사명감과 정체성을 굳건히 하고, 어떻게 하면 남을 잘 도울 수 있고 어떤 방법으로 더 좋은 세상을 만들 수 있을까를 끊임없이 생각한다면 사회복지실천가로서의 사명을 잘 이행할 수 있게 된다. 그러므로 사회복지실천가는 인간 사랑과 세상에 헌신하고자 하는 마음의 뜻을 굳건히 세워, 외부의 유혹에 흔들리지 않아야 할 것이며, 남을 돕고 세상을 변화시켜야 하는 사명을 어떻게 하면 잘 이행할 수 있을지를 늘 생각하고 깊이 고민해야 한다.

사회복지실천가는 인의(仁義)의 가치를 갖추어야 한다. 맹자는 "사람들은 모두 차마 하지 못하는 바가 있으니 할 수 있는 데까지 도달하면 인(仁)이요, 사람들은 모두 하지 않아야 하는 바가 있으니 할 수 있는 데까지 도달하면 의(義)이다."(진심장구 하-31)라고 하였다. 사회복지실천가는 최소한 '차마 사람으로 그것도 인간 봉사전문직으로서, 하지 말아야 하고, 하지 않아야 할 것'을 해서는 안 된다. 사회복지실천가는 이런 소극적 가치관에서 한걸음 더 나아가서 사람으로서 그리고 전문직 종사자로서 반드시 해야 할 일들, 즉 사람을 사랑하고 세상에 헌신하는 일을 끝까지 해내려고 하는 보다 적극적인 인의(仁義)의 가치관을 갖추어야 할 것이다.

사회복지실천가는 전문지식을 함양하여야 한다. 맹자는 "사람이 어려서 배우는 것은 장성해서 그것을 행하고자 함이다."(공손추장구 상-9)라고 했다. 이 장구를 근거로 해볼 때, 사회복지실천가는 사회복지 교육과정을 통해 인간과 세상을 이해하는 데 필요한 기초지식(foundation knowledge)뿐 아니라 사회복지실천과 정책에 필요한 실천지식(practice knowledge)을 사전에 깊고 넓게 축적해 두어야 한다.

사회복지실천가는 "된 사람"의 자질을 갖춰야 한다. 맹자는 "사람은 반드시 스스로 업신여긴 뒤에 남이 그를 업신여긴다."(이루장구 상-8)라고 하였다. 사회복지실천가가 내담자나 지역주민으로부터 손가락질 당할만한 잘못된 태도를 갖거나 비합리적 행동을 하게 되면, 내담자나 주민들은 그를 믿고 그의 도움을 받으려 하지 않을 것이다. 그러므로 사회복지실천가는 사회복지의 본질적 가치를 마음 깊이 새기고, 윤리강령이 요구하는 바를 굳게 지켜 따름으로써, 남들로부터 '인간적으로 괜찮은 사람'이라는 칭찬을 받을 수 있어야 할 것이며, 적어도 손가락질 당할 행동을 해서는 안 될 것이다.

사회복지실천가는 호연지기(浩然之氣)의 기상을 지녀야 한다. 맹자는 "그 의지를 잘 잡고도 또 그 기를 포악히 하지 말라. 나는 호연지기를 잘 기르노라."(공손추 상-2)라고 하였다. 이 장구에 따르면 사회복지실천가는 사람과 세상을 섬기고자 하는 의지를 굳건히 하되, 기를 잘 길러[養氣] 호연지기의 기상을 갖춰야 한다. 이때 호연지기는 천지간에 가득한 바른 기운, 즉 호연정기(浩然正氣)로서, 왕성한 원기를 말하는 장기(壯氣), 호탕한 기운을 말하는 호기(豪氣), 뛰어난 기상을 말하는 일기(逸氣), 그리고 맑은 기운을 말하는 청기(淸氣)를 포괄한 개념이며, 간사하고 사악한 기운, 즉 사기(邪氣)와 반대되는 기운이다(秦楡, 2006).

사회복지실천가는 대장부(大丈夫)의 자질을 갖추어야 한다. 맹자는 "자기를 굽힌 자가 남을 곧게 세우는 경우는 있지 않다."(등문공장구 하-1)라고 하였고, "부와 명예가 마음을 방탕하게 하지 못하며, 빈곤함과 천함이 지조를 바꾸지 못하며, 위압과 무력도 그 뜻을 굽힐 수 없는 것을 대장부라 이른다."(등문공 하-2)라고 하였다. 이들 장구는 사회복지실천가는 부와 명예, 지위, 외부의 압력에도 굴복하지 않고 세상과 타협하지 말아야 하며, 인간봉사전문직의 사명과 가치, 그리고 실천원칙을 굳건히 지켜나가야 한다는 의미를 함축하고 있다.

사회복지실천가는 부동심(不動心)을 지녀야 한다. 맹자는 "나는 40세에 부동심을 하였노라."(공손추장구 상-1)고 하였다. 부동심은 공자의 불혹(不惑)과 유사한 개념으로, 마음이 동요되지 않는 상태를 말한다. 사회복지실천가는 명예, 지위, 부귀 등의 세상의 유혹에 마음이 흔들리지 않고, 사람을 돕고 세상을 변화시키는 본연의 사명을 이행하는 데 충실해야 한다.

　사회복지실천가는 진실성과 일치성을 갖추어야 한다. 맹자는 "남의 불선함을 말하다가 후환을 어찌하려는가?"(이루장구 하-9)라고 하였고, 공자는 말과 얼굴빛을 꾸며서 하는[巧言令色] 사람을 싫어한다고 하였다. 남을 돕는 사람이 남을 험담하고, 남에게 거짓을 일삼고, 순간의 위기를 모면하기 위해 꾸며댄다면, 사회복지실천가는 내담자의 신뢰를 얻지 못할 것이다. 그러므로 사회복지실천가의 언행은 진실되고 일관성이 있어야 한다.

　사회복지실천가는 타인과 화합할 수 있는 자질을 갖추어야 한다. 맹자는 류하혜(柳下惠)를 화합하는 성인이라고 평가(만장장구 하-1)하고 있다. 사회복지실천가는 사람을 도와야 하므로 타인과 원만하고 조화로운 인간관계를 맺을 수 있어야 하고, 세상을 변화시켜야 하므로 다양한 계층의 사람들과 교류할 수밖에 없으므로 조화로운 관계를 맺을 수 있는 능력을 반드시 갖추어야 한다.

　사회복지실천가는 책임감이 있어야 한다. 맹자는 이윤(伊尹)을 책임감이 있는 성인(聖人)으로 평가(만장장구 하-1)하고 있다. 사회복지실천가가 사람을 돕는 일에 책임감을 갖고 끝까지 그 일을 행하지 못한다면, 이는 사람을 돕는 것이 아니라 사람을 해치는 것이다. 사회복지실천가가 세상을 변화시키는 일을 끝까지 책임감을 갖고 이행하지 못한다면, 이는 전문직의 사회적 책임을 유기하는 것에 다름 아니다. 그러므로 사회복지실천가는 모든 일에 책임감을 가지고 임해야 하며, 혹시라도 저지를 수 있는 자신의 잘못에 대한 법적 책임은 물론 도덕적 책임도 짊어질 수 있어야 한다.

　사회복지실천가는 성실하여야 한다. 맹자는 "군자가 성실하지 않으면 어찌 무슨 일인들 다잡아서 할 수 있겠는가?"(고자장구 하-12)라고 하였다. 사회복지실천가가 아무리 올바른 가치관과 높은 수준의 지식과 기술을 갖추었다고 하더라도 성실함[誠]이 뒷받침되지 않으면, 내담자, 지역사회 또는 조직의 믿음을 얻지 못할 것이고 그리되면 사회복지실천가 자신이 맡은 일을 제대로 해낼 수 없게 된다. 성실함의 또 다른 표현은 열렬함이니, 사회복지실천가는 자신의 모든 일을 열렬히 해내려는 마음을 가질 필요가 있다.

　사회복지실천가는 시련을 견뎌내는 강인한 정신력을 갖추어야 한다. 맹자는

"하늘이 장차 이 사람에게 큰 일을 내리려 할 때는 반드시 먼저 사람의 마음을 힘들게 하고, 그의 육체를 고달프게 하고, 그의 배를 굶주리게 하고, 그 몸을 곤궁하게 만들고, 하는 일마다 어긋나고 뒤엉키게 하였다. 이는 그의 마음을 분발하게 하고 타고난 본성을 강인하게 만들어, 그 능하지 못한 부분을 키워주기 위함이다."(고자장구 하-15)라고 하였다. 맹자가 "사람 중에 덕의 지혜와 기술의 지혜를 가지고 있는 자는 항상 어려움 속에 있다."(진심장구 상-18)라고 하였듯이, 사회복지실천가가 사람을 사랑으로 섬기고, 세상을 살기 좋은 곳으로 바꾸는 일은 결코 쉬운 일이 아니다. 사람과 세상은 쉽사리 바뀌지 않기에, 사회복지실천가가 미리 연단(鍊鍛)이 되어 있지 않으면 역부족(力不足)을 핑계로 그들의 변화를 중도에 포기해버릴 것이다. 맹자가 "덕에 힘쓰는 자는 세상이 아무리 어지러워도 흔들리지 않는다."(진심장구 하-10)라고 하였듯이, 사회복지실천가는 인간봉사전문직으로서의 굳은 심지와 함께 갖은 고통과 노고를 견뎌내면서 이를 오히려 자기 연단과 발전의 기회로 활용하려는 강인한 정신력을 갖추어야 한다.

　사회복지실천가는 욕심이 적어야 한다. 맹자는 "마음을 수양함은 욕심을 적게 하는 것[寡慾] 보다 더 좋은 것이 없다."(진심장구 하-35)라고 하였다. 사회복지실천가가 섬김의 사명을 이행하기 위해서는 전문직의 가치를 마음에 잘 보존하고 있어야 한다. 사회복지실천가 역시 사람인 관계로 본능적 욕구와 사사로운 욕심이 없을 수는 없지만, 이러한 본능과 욕심을 최대한 적게 만들기 위해 절제해야 할 것이다. 그렇지 않고 본능과 욕심에 마음을 빼앗기게 되면 섬기는 자로서의 선한 마음을 보존하지 못할 것이며, 그에게 맡겨진 사명과 역할을 이행하지 못할 것이 분명하다. 그러므로 맹자의 권고대로 사회복지실천가는 사사로운 욕심을 최대한 적게 하여 마음 속 선한 본성을 굳건히 보존해야 한다.

　사회복지실천가는 청렴해야 한다. 맹자는 "어찌 군자로서 재물에 농락당할 자가 있겠는가?"(공손추장구 하-3)라고 하였고, 취하지 말아야 할 것을 취하면 청렴이 손상된다(이루장구 하-23)고 하였다. 또한 "진주나 옥을 보배처럼 여기는 제후에게는 재앙이 반드시 그 몸에 미치게 된다."(진심장구 하-28)라고도 하였다. 사회복지실천가 역시 생활인이므로 삶을 꾸려가는 데 적정 수준의 재물이 필요한 것은 사실이며, 지금의 사회복지실천가에 대한 처우는 열악한 편이라고 할 수 있다. 생활에 필요한 물질적 자원과 벌어들이는 물질적 자원의 격차로 인하여 사회복지실천가가 물질의 유혹에 빠질 위험성이 없지 않다. 그럼에도 불구하고 사회복지실천가는 섬김의 사명을 부여받은 인간봉사전문직이므로, 맹자의 말처럼 물질의 유혹에 넘어가거나 또 농락당해서는 안 될 것이다.

사회복지실천가는 최소한 악한 마음만은 갖지 말아야 한다. 맹자는 "군주의 악을 조장하는 것은 그 죄가 작고, 군주의 악을 미리 유도하는 것은 그 죄가 크다."(고자장구 하-7)고 하였다. 사회복지실천가라면 스스로 악한 마음을 가져서는 안 되고 더 나아가 악행을 저질러서도 안 된다. 뿐만 아니라 사회복지조직에서 같이 일을 하는 동역자들의 잘못된 가치관이나 언행에 대해 충간(忠諫)하여 바로잡아야 한다. 그렇지 않다면 그들의 악한 마음과 악행을 조장하고 유도하는 것에 다름 아니다.

4) 사회복지실천가의 자세와 태도

사회복지실천가는 자신의 지위에 걸맞은 역할을 수행해야 한다. 맹자는 "군주가 되고자 한다면 군주의 도리를 다할 것이요, 신하가 되고자 한다면 신하의 도리를 다해야 한다."(이루장구 상-2)라고 하였고, "지위가 낮으면서 말을 높게 하는 것은 죄다."(만장장구 하-5)라고 하였다. 이들 장구는 공자의 정명론(正名論)과 동일한 의미를 지니고 있다. 사회복지실천가 역시 자신의 지위에 걸맞은 섬김의 역할을 충실히 이행해야 하며, 자신의 자리를 벗어나는 언행과 일을 해서는 안 된다. 뿐만 아니라 "조정에서는 남의 자리를 지나서 서로 말을 하지 않으며, 서열을 뛰어 넘어 서로 읍하지 않는다."(이루장구 하-27)라는 장구처럼 조직생활과 일상생활에서 자신의 지위에 걸맞은 행동거지 또한 갖추어야 한다.

사회복지실천가는 자신의 일을 수행함에 있어 한 치의 빈틈이 있어서는 안 된다. 맹자는 우왕(禹王)이 치수사업을 한 8년 동안 세 번이나 자기 집 문 앞을 지나면서도 들어가지 못하였다(등문공장구 상-4)고 하면서, 우왕을 사적인 인연보다

공적인 일을 우선시한 모델로 제시하고 있다. 일과 가정의 양립을 중시하는 현대사회에서 우임금과 똑같이 행동하라는 의미는 아니지만, 그만큼 자신이 맡은 바 지위에 걸맞은 역할을 수행하는 데 있어서 한 치의 빈틈도 보이지 않으려는 직업인으로서의 자세와 업무태도는 본받아야 할 부분임에 분명하다.

사회복지실천가는 폭넓게 배우고[博學], 스스로 터득하기 위해 노력하고 수퍼비전을 통해 전문역량을 길러야 한다. 맹자는 "군자는 스스로 체득하려고 한다."(이루장구 하-14)라고 하였고, "대인은 자기를 바로잡으면서 남을 바로잡는 자이다."(진심장구 상-19)라고 하였다. 먼저 사회복지실천가는 교육과정에서 배운 바에 대해 마음을 집중하고 생각에 생각을 거듭하여 스스로 깨닫기 위해 노력해야 한다. 그러나 스스로 체득(體得)하는 데는 많은 에너지가 소모되므로, 조직 내에 지식이 높고 실천경험이 풍부한 관리자의 수퍼비전을 통해 자신의 부족한 전문역량을 보완하고 기르기 위한 노력도 동시에 기울일 필요가 있다.

사회복지실천가는 늘 '처음처럼'의 자세를 유지해야 한다. 맹자는 "대인은 순진무구한 어린아이의 마음[赤子之心]을 잃지 않는 자이다."(이루장구 하-12)라고 하였고, "그 마음을 잃어버리고 찾을 줄을 모르니, 애처롭다."(고자장구 상-11)라고 하였다. 사회복지실천가는 순수하고 거짓이 없는 어린아이의 순수한 마음, 즉 선한 본성을 타고 태어났으므로, 어떤 상황에서도 남을 받들고 섬기고자 하는 그 첫 마음을 잃어서는 안 되며, 늘 처음처럼의 자세로 내담자를 돕고 세상을 변화시키는 데 헌신해야 한다.

사회복지실천가는 끝까지 최선을 다하는 자세를 유지해야 한다. 맹자는 "우물을 아홉 길을 팠더라도 샘물에 미치지 못하면 오히려 우물을 버리는 것이 된다."(진심장구 상-29)라고 하였다. 사회복지실천가가 내담자를 도와서 그의 삶의 조건이 긍정적으로 변화하지 않는 상황에서 도움을 멈추게 되면, 이는 내담자를 포기해 버리는 것과 같다. 그러므로 내담자의 상황이 아무리 열악하고, 내담자가 원조과정에 저항하거나 거부하고, 심지어는 내담자가 앞으로 개선될 기미가 보이지 않더라도, 사회복지실천가는 힘이 부족하여[力不足] 더 이상은 안 되겠다며 내담자의 변화를 중도에 포기해서는 안 된다.

사회복지실천가는 출처(出處)를 확실히 해야 한다. 맹자는 "천리 길을 와서 왕을 알현한 것은 내가 하고자 한 것이니, 뜻이 맞지 않으므로 떠나감이 어찌 나의 원하는 바이겠는가?"(공손추장구 하-12)라고 하였고, "뜻을 얻으면 백성과 함께 도를 행하고, 뜻을 얻지 못하면 홀로 그 도를 행한다."(등문공 하-2)라고 하였다. 그리고 "군주가 잘못이 있으면 간(諫)하고 반복하여도 듣지 않으면 떠나는 것이다."(만장장구 하-9)라고 하였다. 사회복지실천가는 본연의 사명과 목적을 달성하기 위해 노력하는 사회복지조직에서는 헌신하여야 한다. 반대로 그렇지 않은 사회복지조직에는 몸담아서는 안 되며, 물러나서 앞으로 더 큰 일을 이루기 위해 자신을 갈고 닦는 수신(修身)의 노력을 기울이는 것이 바람직하다.

사회복지실천가는 공손한 태도를 지녀야 한다. 맹자는 "공손한 사람은 남을 업신여기지 않는다."(이루장구 상-16)라고 하였다. 사회복지의 핵심가치인 인간존엄성 존중의 가치를 표현하는 방법은 다양하지만, 가장 우선되어야 할 것은 사람을 업신여기지 않고 공손히 대하는 것이다. 그러므로 사회복지실천가는 공경[敬]하는 마음을 갖고, 언행은 공손[恭]해야 할 것이다.

사회복지실천가는 칭찬과 비난에 일희일비(一喜一悲)하지 말아야 한다. 맹자는 "예상하지 못한 칭찬을 받는 일도 있고, 완전하기를 구하다가 비방을 받는 일도 있다."(이루장구 상-21)라고 하였다. 인간봉사전문직인 사회복지실천가는 남들이 자신을 알아주지 않음을 걱정하지 말고, 자신이 남을 알지 못함을 걱정해야 한다(권중돈, 2015). 그리고 최선의 노력을 기울임에도 불구하고 남들의 비난을 받는 일도 있고, 칭찬받을만한 일을 하지도 않았는데도 오히려 칭찬을 받는 일이 있다. 이처럼 남들의 칭찬이나 비난은 모두 사실에 입각한 것이 아닐 수 있으므로, 이런 일로 일희일비(一喜一悲)하거나 교만해지거나 좌절해서는 안 되며, 자신에게 맡겨진 직무를 묵묵히 수행하는 것이 바람직한 태도이다.

사회복지실천가는 늘 말을 조심해야 한다. 맹자는 "말에 실상이 없는 것은 좋은 징조라고 할 수 없다."(이루장구 하-17)라고 하였고, "사람들이 말을 함부로 하는 것은 꾸짖음을 받지 않았기 때문이다."(이루장구 상-22)라고 하였다. 입[口]이 화복이 드나드는 문[禍福之門]이라는 말이 있듯이, 사회복지실천가의 입에서 나오는 말이 내담자를 돕는 말이 될 수도 있으나 오히려 해를 끼치는 말이 되어 내담자에게 상처를 남길 수도 있다. 그러므로 사회복지실천가는 늘 자신의 말을 조심해야 하고, 수퍼바이저의 지도감독이나 동료들의 조언을 통해 언어적 의사소통 방식을 가다듬어야 한다.

사회복지실천가는 부끄러워할 줄 알아야 한다. 맹자는 "명성이 실제보다 지나침을 군자는 부끄러워하는 것이다."(이루장구 하-18)라고 하였고, "사람이 부끄러움이 없어서는 안 되니, 부끄러워할 줄 모르는 것을 부끄러워한다면 치욕스러운 일이 없을 것이다."(진심장구 상-6)라고 하였다. 사회복지실천가가 어떤 역할을 잘 수행하면 외부나 타인으로부터 명성을 얻을 수 있지만, 그 명성이 자신의 실제 역량이나 업적에 비해 지나친 것일 경우에는 그것이 오히려 부끄러운 일이라는 것을 알아야 한다. 그러므로 사회복지실천가는 얻은 명성에 자만하지 말고, 남을 돕는 사명을 충실히 이행하는 데 더 많은 관심과 노력을 기울일 필요가 있다.

사회복지실천가는 최소한 하지 말아야 할 것을 해서는 안 된다. 맹자는 "사람이 하지 않는 바가 있은 후에야 훌륭한 일을 할 수 있는 것이다."(이루장구 하-8)라고 하였다. 사회복지실천가가 하지 말아야 할 일로는 사사로운 욕심을 부리거나, 내담자를 돕는 일보다 개인적 일에 먼저 관심을 기울이거나, 불의하고 무례한 행동을 하거나, 자신의 전문역량이 모자람에도 여가생활을 먼저 생각하는 것 등이다. 사회복지실천가가 해야 할 일과 하지 말아야 할 일 중에 무엇이 우선인지를 논하는 것이 의미가 없을지 모르지만, 맹자는 분명 사회복지실천가에게 하지 말아야 할 행동을 하지 않은 것이 전문적 실천을 잘하는 선결조건이라 말하고 있다.

사회복지실천가는 사사로운 인연에 얽매여서는 안 된다. 맹자는 위나라 유공사(庾公 斯)의 사례를 들면서, 공무(公務)에 사사로운 인연이나 은혜를 대입하는 것을 적절치 않다고 지적(이루장구 하-24)하고 있다. 사회복지실천가 역시도 내담자를 돕거나 지역사회에 개입할 때, 즉 공적 업무를 수행함에 있어서 이전의 사사로운 인연이나 관계로 인해 영향을 받아서는 안 된다.

사회복지실천가가 도움을 받는 사람에게 감사받으려 하는 것은 좋지 않다. 맹자는 순임금의 효행 사례를 들어 자식은 효도를 다할 뿐 부모의 사랑을 얻으려 하지 않는다(만장장구 상-1)고 하였다. 이런 순임금의 사례는 사회복지실천가가 내담자를 돕기 위해 온 힘을 기울였으되 내담자가 전혀 감사하는 마음이 없는 경우에 비유할 수 있다. 이때 사회복지실천가 역시 인간인 관계로 내담자에 대해 서운한 마음을 가질 수도 있으며, 돕고자 하는 동기와 의지가 줄어들 수도 있을 것이다. 그러나 내담자가 도움을 받은 것에 대해 감사하는 것은 그의 몫인 것이고, 사회복지실천가가 가져야 하는 자세는 묵묵히 사회복지실천가로서의 자신의 지위에 걸맞은 역할을 다하는 것 뿐이다.

사회복지실천가는 세상의 부귀를 탐해서는 안 된다. 맹자는 "나는 자네[樂正子]가 옛 도를 배우고서 먹고 마시는 것에 쓰리라고는 생각하지 못하였네."(이루장구 상-25)라며 제자를 질책하였다. 또한 "지금 사람 중에 부귀와 영달을 구하는 자들은 그 처첩이 부끄러워 할 것이다."(이루장구 하-33)라고 하였고, "그 도(道)를 따르지 않고 벼슬하는 것을 미워하였다."(등문공장구 하-3)라고 하였다. 그리고 "큰 부잣집을 덤으로 주겠다고 하는 데도 스스로 대수롭지 않게 여긴다면 이는 남들보다 아주 많이 뛰어난 자이다."(진심장구 상-11)라고 하였다. 사회복지실천가 역시 사람이고 노동자이므로, 높은 지위에 오르고 싶은 것은 인지상정이다. 그러나 사회복지실천가는 높은 자리에 오르기 위해서 일을 하는 것은 아니며, 사회복지실천가의 올바른 도(道)는 내담자와 지역사회를 섬기는 것이다. 내담자와 지역사회를 위해 헌신하지 않으면서, 높은 자리만 구한다면 그것은 사회복지실천가가 지녀야 할 태도가 아니다. 《논어》 위령공편 31장에서 "군자는 도를 도모하지 밥을 도모하지 않는다."고 했듯이 사회복지실천가는 자신에게 주어진 섬김의 사역에 최선의 노력을 기울여야 할 것이다.

사회복지실천가는 잘난 체하지 말아야 한다. 맹자는 "잘난 체하는 음성과 얼굴빛이 사람을 천리 밖에서 막는다."(고자장구 하-13)라고 하였다. 사회복지실천가가 내담자를 섬기고 사회를 변화시키는 사명을 이행하는 선한 일을 하기 위해 최선의 노력을 기울이면, 사회성원 누구든 그를 도우려 할 것이다. 그러나 사회복지실천가가 자신이 선한 일을 하고 있다고 우쭐대고 작은 선한 일도 떠벌리고 다닌다면, 사람들은 '제 할 일을 하고 있는데 자랑까지 한다.'며 그에게서 등을 돌릴 것이다.

사회복지실천가는 개과천선(改過遷善)의 태도를 지녀야 한다. 맹자는 "만일 의리에 맞지 않는다는 것을 안다면, 속히 그만두어야 할 것이니 어찌 내년을 기다리겠는가?"(등문공장구 하-8)라고 하였고, "옛날의 군자는 허물이 있으면 고쳤는데, 지금의 군자는 허물이 있으면 그것을 지속하는구나. 또 더 나아가 변명을 하는구나."(공손추장구 하-9)라고 하였다. 사회복지실천가도 사람인 이상 잘못을 할 수는 있다. 그러나 자신의 태도나 행동이 전문직의 윤리나 사회규범과 어긋나는 잘못된 것을 알았다면, 그것을 단박에 고치는 자세가 필요하다. 이런 저런 핑계를 대면서, 잘못된 행동을 고치지 않는 것은 인간봉사전문직 종사자의 올바른 태도가 아니다.

사회복지실천가는 윗세대의 지혜를 본받고 전문직 발전에 기여하려는 자세를 가져야 한다. 맹자는 "왕다운 왕의 행적이 끊어지자 《시》가 없어졌으며, 《시》가 없어진 뒤에 《춘추》가 나왔다."(이루장구 하-21)라고 하여, 후대의 왕들이 공자가 편찬한 《춘추》에 실린 바르고 바르지 못한 왕의 모델을 본받아서 자신을 바로 잡아야 한다고 말하고 있다. 사회복지실천가 역시 선배 사회복지실천가들이 쌓아 놓은 전문적 지식과 기술들을 보고 배우기 위해 노력하고, 그들이 범했던 실수나 오류를 반면교사로 삼아 자신을 바로 잡아가는 노력을 소홀히 하지 말아야 한다. 그리고 사회복지실천가들은 선배 사회복지실천가의 유풍(遺風)을 이어받고 발전시켜서 후대에 물려주어야 할 전문직으로서의 책임 이행에 한 치의 소홀함도 없어야 할 것이다.

5) 자기성찰과 수신(修身)

맹자는 "천하의 근본은 나라에 있고, 나라의 근본은 집에 있고, 집의 근본은 자신에게 있는 것이다."(이루장구 상-5)라고 하였으며, "자신을 지키는 것이 지킴의 근본이다."(이루장구 상-19)라고 하였고, "산속 오솔길은 잠시만 사용하지 않아도 잡초가 뒤덮어 버린다."(진심장구 하-21)고 하여, 사람을 돕고 세상을 변화시키는 일의 출발지점은 바로 자신을 되돌아보는 자아성찰과 자신을 갈고 닦는 수신(修身)에 있다고 강조하고 있다.

이와 같이 자아성찰과 수신이 중요함에도 불구하고 맹자는 사람들의 병폐는 자기 밭은 버려두고 남의 밭을 김매는 것(진심장구 하–32)이고, 남의 스승이 되기를 좋아하는 것(이루장구 상–23)이라고 하였다. 또한 맹자는 "자기 몸에 대해서는 기르는 방법을 알지 못한다."(고자장구 상–13)라고 하여, 자기 자신을 갈고 닦는 것[切磋琢磨], 즉 수신(修身)에는 미숙함을 지적하고 있다. 이러한 맹자의 비판은 남을 돕고 가르치는 데는 능숙하지만 자신을 갈고 닦는 일을 소홀히 하고 있는 사회복지실천가들이 귀담아 들어야 할 것이다.

사회복지실천가가 자신 이외의 다른 도구나 수단을 갖고 사람을 돕는 것이 아니므로, 자신을 갈고 닦지 않으면 남을 돕는 일 역시 미숙해질 수밖에 없다. 그러므로 사회복지실천가들이 자기계발(自己啓發)을 위한 노력을 기울이지 않으면, 성장보다는 퇴보의 길을 걷게 될 것이 분명하다. 그러므로 사회복지실천가는 자기성찰과 수신을 위한 끊임없는 노력을 기울여야 하는데, 맹자가 권면하는 자기성찰과 수신의 방법과 내용은 다음과 같다.

맹자는 사회복지실천가들이 ① 내면의 밝은 덕(明德)을 함양하고(진심장구 하–20), ② 사람 사랑의 가치, 즉 인(仁)의 마음과 세상에 헌신하고자 하는 의(義)를 갈고 닦아 익숙하게 만들어야 하며(고자장구 상–19, 진심장구 상–4), ③ 문제를 사정하고 해결방안을 계획하고 실천하는 데 필요한 지식을 갈고 닦되(진심장구 상–5) 기존의 지식을 비판적 관점에서 수용하고(진심장구 하–3), ④ 사람을 공경하는 마음을 살피고 예(禮)에 따라 행동해야 하며(이루장구 상–4), ⑤ 사회적 지위와 명성을 얻기보다 타고난 선한 본성을 보전하기 위해 노력하고(고자장구 상–16, 이루장구 하–18), ⑥ 궁벽(窮僻)한 상황에서도 지조를 지키고 섬김의 도리를 벗어나지 말아야 하며(진심장구 상–9), ⑦ 스스로 배우고 익혀서 전문기술을 체득해야 하며(진심장구 하–5), ⑧ 자신의 잘못을 성찰하고 잘못의 원인을 자신에게서 찾으며(양혜왕장구 하–6, 공손추장구 상–7) 그 잘못을 바로 고치려고 하는 과즉물탄개(過則勿憚改)의 자세를 길러야 하며(이루장구 상–24), ⑨ 선한 동역자와 벗하여 자신이 부족한 부분을 채워가고(만장장구 하-8), ⑩ 다양한 환란에 굴복하지 않고 오히려 자기 연단의 기회로 활용하고(고자장구 하-15), ⑪ 욕심을 적게 하려는[寡欲] 자세를 갖출 것(진심장구 하-35) 등을 요청하고 있다.

제2부

《맹자》의 사회복지 주석

1. 양혜왕장구 상(梁惠王章句 上)

1-1

> 양혜왕이 말했다. "노인께서 천리를 멀다고 여기지 않고 오셨으니, 또한 장차 내 나라를 이롭게 함이 있겠습니까?" 맹자가 대답하였다. "왕은 하필 이익을 말씀하십니까? 인의가 있을 뿐입니다." (王曰 叟 不遠千里 왕왈 수 불원천리 而來하시니 亦將有以利吾國乎잇가 孟子對曰 王은 何必曰利잇고 이래 역장유이리오국호 맹자대왈 왕 하필왈리 亦有仁義而已矣니이다. 양혜왕장구 상-1) 역유인의이이의

◈ 다리 놓기 1)

맹자가 대량(大梁)에 도읍을 둔 양나라에 이르러 혜왕을 만났다. 양혜왕은 현인(賢人)으로 불리는 맹자로부터 부국강병(富國强兵)을 위한 방안을 얻어 들을 수 있을 것이라고 기대하고, 장차 자기 나라에 이로움을 줄 수 있는지를 질문하였다. 이에 맹자는 왕이 하필 부국강병의 이로움을 질문하느냐고 반문하면서, 오직 인의(仁義)가 있을 뿐이라고 대답한다.

약육강식의 전국시대에는 모든 나라가 부국강병을 통한 패권주의(覇權主義)에

---

1) 이 책에서는 각 장구의 구절 중에서 사회복지적 함의가 높은 일부 구절만을 취사선택하였으므로, 독자들에게 각 장구의 전체 내용을 제대로 전달하지 못하는 문제가 있을 수 있다. 이런 한계를 보완하고 독자들의 이해를 돕기 위해, 이 책에서 생략된 장구의 전반적인 내용을 축약하여 주석, 즉 다리 놓기의 첫 문단에서 부연 설명하고 있는 경우가 있음을 미리 밝혀둔다.

관심을 기울이고 있었다. 맹자는 패권주의의 이로움을 추구하면 결국 나라가 혼란스러워지고 위태로워질 것이므로, 인의를 바탕으로 한 왕도정치(王道政治)를 실시할 것을 양나라 혜왕에게 권면하고 있다.

맹자가 말한 인의는 곧 사회복지의 핵심 가치이다. 인(仁)은 사람 사랑의 원리이며, 의(義)는 일 또는 현상의 마땅한 바[宜]이다. 사회복지는 사람 사랑과 사회정의라는 가치를 기반으로 할 때만 진정한 의미를 갖는다. 다시 말해 사회복지는 사람 사랑의 정신에 기반을 두고 사람의 삶의 형편이 나아질 수 있도록 도움과 동시에 사람이 살아가기에 적절하지 못한 정의롭지 않은 세상을 올곧은 세상으로 바로잡아 나가는 사회제도이다. 그러므로 인의에 기반을 두지 않은 사회복지는 존재하지도 않을 뿐 아니라 존재할 가치조차 지니지 못한다.

그런데 양나라 혜왕은 오직 부국강병을 통하여 영토를 확장하고 천하의 패권(覇權)을 손에 쥐려는 이익에만 관심이 있었다. 만약 사회복지실천가가 양나라 혜왕처럼 자신의 이익에만 관심이 있다면, 그는 국민의 삶의 질을 높이고 살기 좋은 세상을 만드는 데 헌신하기보다는 자신의 부귀영달을 지향하게 될 것이다. 그 결과로 자신의 도움을 필요로 하는 내담자의 삶의 굴곡을 바르게 펴기보다는 자신의 개인적 안녕만을 추구하게 될 것이고, 세상의 불의에는 눈을 감아버릴 것이 분명하다. 남을 돕고 세상을 바꾸어야 하는 사회복지실천가가 자신에게 이로운 것에만 관심이 있다면, 사회복지는 일그러진 모습이 될 것이고 국민들에게 아무런 의미도 지니지 못하는 사회제도로 전락하고 말 것이다. 그러므로 맹자가 양나라 혜왕에게 "하필 이익을 말씀하십니까?"라고 한 말은 사회복지실천가의 자기성찰을 촉구하는 반문(反問)이며, "오직 인의가 있을 뿐입니다."는 사람 사랑과 사회정의라는 가치를 굳건히 지켜나가라는 강력한 권면의 말임에 분명하다.

1-2

> 맹자가 양혜왕을 만났을 때, 왕이 연못가에 있었는데, 큰 기러기와 큰 사슴을 돌아보고 말했다. "현자도 또한 이것을 즐거워합니까?" 맹자가 대답했다. "현자인 뒤에야 이것을 즐거워할 수 있으니, 어질지 못한 자는 비록

이것을 가지고 있더라도 즐거워하지 못합니다." …… 문왕이 백성의 힘을
이용하여 누각[臺]을 만들고 연못[沼]을 만들었으나, 백성들이 그것을 기뻐
하고 즐거워하여 그 대를 이르기를 신령스러운 누각[靈臺]이라 하고, 그 연
못을 일러 신령스러운 연못[靈沼]이라 하여, 문왕이 암수 사슴과 물고기와
자라를 소유함을 즐거워하였으니, 옛사람들은 백성과 더불어 함께 즐겼
습니다. 이 때문에 능히 즐길 수 있었던 것입니다. (孟子見梁惠王하신
대 王이 立於沼上이러니 顧鴻雁麋鹿曰 賢者도 亦樂此乎잇가 孟子
對曰 賢者而後에 樂此니 不賢者는 雖有此나 不樂也니이다 …… 文
王이 以民力爲臺爲沼하시나 而民이 歡樂之하여 謂其臺曰靈臺라 하
고 謂其沼曰靈沼라 하여 樂其有麋鹿魚鼈하니 古之人이 與民偕樂
이라 故로 能樂也니이다. 양혜왕장구 상-2)

◆ 다리 놓기

　양나라 혜왕이 누각과 연못을 현자도 즐기느냐고 묻자, 맹자는 현자가 된 이후
에 즐길 수 있다고 답하며, 주나라 문왕이 백성들의 힘을 빌려 누각과 연못을 만
들었지만 백성들과 함께 그것을 즐겼다는 옛 사례를 들어 깨우치고 있다. 즉, 아
무리 크고 화려한 누각과 연못을 갖고 있더라도 백성들과 함께 즐기지 않고 왕 혼
자서 즐거움을 만끽한다면, 그것은 도리에 어긋난 일이며 백성의 원망을 살 것이
므로, 백성들과 함께 즐길 때 진정한 즐거움을 누릴 수 있다는 것이다.

　이 장구는 여민동락(與民同樂), 즉 왕이 백성과 더불어 즐기는 것의 중요성을
일깨워 주고 있다. 우리 사회를 특징짓는 현상 중의 하나는 바로 양극화이다. 사회
복지는 이러한 양극화를 완화하고, 세상 사람 모두가 고루 행복하게 사는 세상을
만드는 것이 목표이다. 즉, 사회복지는 국민 모두가 함께 참여하여 모두가 행복한
세상을 만들고, 양극화로 인하여 사회적 배제와 소외를 경험하는 국민들이 없는
세상을 만들어가야 하는 것이다. 그런데 여전히 세상은 부와 권력을 가진 자들이

살기에 편한 세상으로 나아가고 있고, 이를 갖지 못한 사람들이 살기 어려운 곳으로 변해가고 있다면, 사회복지는 이러한 사회현상을 바로잡기 위해 노력해야 한다.

사회복지가 사회변화를 위한 노력을 기울임에 있어서 많이 아는 자, 가진 자, 있는 자가 세상의 변화를 주도하고 그 변화의 결실을 나머지 사람들이 누리도록 혜택을 베푸는 것이 아니다. 사회복지는 세상 사람 모두에게 사회변화를 일으키기 위한 노력의 과정에 동참할 수 있는 기회를 부여하고, 사회변화의 결실을 함께 향유하도록 해야 하는 점이다. 다시 말해, 사회복지실천가가 전문가라고 자부하여 자신이 알고 있는 전문지식과 일치하는 방향으로 세상 변화를 추구하는 것이 아니라 모든 국민의 참여와 그들과의 소통을 통하여 사회변화의 방향을 모색하고, 함께 그 과정과 결과를 공유하는 것이 바람직한 사회복지실천의 방법인 것이다.

1-3

양혜왕이 말했다. "과인은 나라에 대하여 마음을 다하고 있습니다. 하내 지방에 흉년이 들면 그 백성을 하동지방으로 이주시키고 그 곡식을 하내 지방으로 옮겨가며, 하동지방에 흉년이 들면 역시 그렇게 하고 있습니다. 이웃 나라의 정사를 살펴보건대 과인처럼 마음을 쓰는 자가 없는데도 이웃 나라의 백성들이 더 적어지지 않으며, 과인의 백성들이 더 많아지지 않는 것은 어째서입니까?" …… "곡식과 물고기와 자라를 이루 다 먹을 수 없으며, 목재를 이루 다 쓸 수 없으면 이는 백성으로 하여금 산 사람을 봉양하고 죽은 사람을 장례 치르도록 하는데 유감이 없게 하는 것이니, 산 사람을 봉양하고 죽은 사람을 장례 치르는데 유감이 없게 하는 것이야말로 왕도의 시작입니다." (梁惠王曰 寡人之於國也에 盡心焉耳矣
양 혜 왕 왈 과 인 지 어 국 야　　진 심 언 이 의
로니 河內凶이어든 則移其民於河東하고 移其粟於河內하며 河東凶
　　하 내 흉　　　　즉 이 기 민 어 하 동　　이 기 속 어 하 내　　하 동 흉
이어든 亦然하노니 察鄰國之政컨대 無如寡人之用心者로되 鄰國之
　　　　역 연　　　　찰 린 국 지 정　　무 여 과 인 지 용 심 자　　린 국 지
民이 不加少하며 寡人之民이 不加多는 何也잇고 …… 穀與漁鼈을
민　　불 가 소　　과 인 지 민　　불 가 다　　하 야　　　　곡 여 어 별

不可勝食하며 林木을 不可勝用이면 是는 使民養生喪死에 無憾也
불 가 승 식　　　임 목　　불 가 승 용　　　시　　사 민 양 생 상 사　　무 감 야

니 養生喪死에 無憾이 王道之始也니이다. 양혜왕장구 상-3)
　　양 생 상 사　　무 감　　왕 도 지 시 야

🔶 다리 놓기

　　양나라 혜왕은 흉년이 든 지역의 백성을 다른 지역으로 옮기고 그 지역을 떠나지 못하는 노약자를 위해서는 곡식을 가져다주는 구휼(救恤)을 행하는데도 나라의 백성이 늘지 않는 이유를 맹자에게 묻는다. 이에 맹자는 양나라 혜왕에게 백성들이 농사에 전념할 수 있게 하고 어로와 벌목을 적절히 통제함으로써 백성들에게 곡식과 물고기, 목재를 다 먹고 쓰지 못할 정도로 풍부하게 공급하여, 산 사람을 잘 봉양하고 죽은 자를 후하게 장사지내도록 하여 생활에 아쉬움이 없도록 하는 왕도정치를 행할 것을 권면한다.

　　지금의 사회복지적 관점에서 보면 양나라 혜왕은 곤궁한 시기에 사회적 보호를 필요로 하는 국민들을 대상으로 최소한의 복지급여를 제공하는 잔여적이고 선별적인 복지를 실시하고 있는 것이다. 이에 반하여 맹자가 권고한 사회복지는 국민들이 평상시 생업에 전념하도록 돕고 사회경제제도를 적절히 통제하여 모든 국민들이 적정 수준의 삶을 영위할 수 있도록 돕는 보편적이고 제도적인 복지를 권면하고 있다. 굶고, 병들고, 전쟁터에서 죽어가는 사람이 즐비했던 전국시대라는 시대상황을 고려한다면 양나라 혜왕의 잔여적이고 선별적인 복지제도가 더 적합했을 수도 있다. 그러나 맹자는 이 장구에서만큼은 모든 국민이 적정 수준의 삶을 영위할 수 있도록 함으로써 삶의 문제가 발생하지 않도록 사전에 예방하는 보편적이고 제도적인 복지가 더욱 바람직하다는 점을 역설하고 있다.

　　이러한 맹자의 주장을 근거로 해볼 때, 전국시대보다 사회경제적으로 안정된 지금의 시대에 어떤 복지이념을 선택해야 하는지는 자명해진다. 지금 이 시대에는 사회적 보호를 필요로 하는 소수의 의존적 국민을 대상으로 한 잔여적인 선별적 복지가 아닌 모든 국민을 대상으로 그들에게 적정 수준의 삶을 보장할 수 있는 보편적인 제도적 복지가 더욱 바람직하다.

1-4

(맹자가 말했다) "푸줏간에는 살진 고기가 있고 마구간에는 살찐 말들이 있으면서 백성들은 굶주린 기색이 있고 들에 굶어죽은 시체가 있다면 이것은 짐승을 몰아서 사람을 잡아먹게 한 것입니다 …… 어찌하여 백성들로 하여금 굶주려 죽게 한단 말입니까?" (庖有肥肉하며 廐有肥馬요 民有飢色하며 野有餓莩면 此는 率獸而食人也니이다 …… 如之何其使斯民飢而死也리잇고. 양혜왕장구 상-4)

◈ 다리 놓기

맹자는 양나라 혜왕에게 칼이나 몽둥이로 사람을 죽이나 정치를 잘못하여 사람을 죽이나 마찬가지라고 말한다. 이어서 앞에 인용한 장구에서 보듯이 백성들은 임금의 푸줏간을 살진 고기로 그리고 마구간을 살찐 말들로 가득 채우기 위해 가혹한 세금을 내지만 정작 자신들은 밥조차 굶는 처지에 내몰리게 되고, 급기야는 굶어 죽은 백성들의 시체가 들판에 뒹구는 지경에 이르게 된 점에 대해 혜왕을 질타하고 있다. 즉, 백성의 부모라 불리는 군주가 되어서 잘못된 정치로 백성을 굶어 죽게 만드는 것은 왕 노릇을 제대로 못하는 것이라고 강하게 비판하고 있다.

지금 시대에도 밥을 굶는 사람이 없지는 않지만 전국시대처럼 굶어서 죽는 사람이 즐비하지는 않으므로, 백성이 밥을 굶는 것은 지금의 국민 빈곤문제로 치환하여 논의하는 것이 적절할 것이다. 양나라 혜왕이 살진 고기와 살찐 말들을 소유하고 경제적으로 윤택한 삶을 누린 것과 마찬가지로, 우리나라는 세계 경제대국의 반열에 올라선 지가 오래되었다. 그런데 사회복지 부문에 대한 공적 재정 투입은 선진국에 비하여 매우 낮은 것이 현실이며, 빈곤계층을 보호하는 데 1차적 목적을 둔 국민기초생활보장제도의 급여는 최저생계를 유지하기도 쉽지 않은 수준으로 매우 낮은 편이다.

이와 같이 국가의 경제적 부의 규모는 날로 커지지만 대부분의 부를 상위 몇 퍼센트의 부호와 기업들이 차지하고, 국민들에게 그 부가 적절히 분배되지 않음으로써, 국민 중에는 절대빈곤에 허덕이고 상대적 빈곤으로 인한 박탈감에 짓눌린 사람들이 많이 있다. 정치의 기본이 국민의 생명과 생활을 보장하는 것이라면, 지금부터라도 부의 편중 문제 해결과 적절한 분배에 관심을 더 기울여 나가는 것이 옳다. 그렇게 하지 못한다면 백성을 굶어 죽게 만드는 양나라 혜왕 시절의 정치와 별반 다를 것이 없다.

1-5

맹자가 대답하였다. "땅이 사방 백리만 되어도 왕 노릇을 할 수 있습니다. 왕께서 만일 인정을 백성에게 베풀어 형벌을 줄이고 세금을 적게 거둔다면, 백성들이 깊이 밭 갈고 잘 김매고 장성한 사람들이 한가한 날에 효제와 충신을 닦아서 집에 들어가서는 부모와 형제를 섬기며 나가서는 어른과 윗사람을 섬길 것이니." (孟子對曰 地方百里而可以王이니이다
王如施仁政於民하사 省刑罰하시며 薄稅斂하시면 深耕易耨하고 壯
者以暇日로 修其孝悌忠信하여 入以事其父兄하며 出以事其長上
하리니. 양혜왕장구 상-5)

◈ 다리 놓기

천하의 패권을 쥐기 위하여 백성들에게 가혹한 정치를 행하고 있는 양혜왕에게 맹자는 어진 정치[仁政]를 베풀 것을 권면하고 있다. 그리고 인정의 구체적인 방법은 형벌을 줄이고, 세금을 적게 거두고, 백성들이 생업에 종사하고 인격적 성장을 도모할 수 있는 기회를 제공하는 것이라고 말하고 있다.

이때 백성들이 생업에 종사하게 만드는 것은 백성의 경제적 삶을 안정시킨다는 의미이고, 부모형제와 이웃의 어른과 윗사람을 섬길 줄 아는 도덕을 함양한다는 것은 인격적 성숙과 안정된 정서생활을 도모한다는 것이다. 이처럼 인정을 통하여 경제적으로 그리고 정서적으로 안정된 삶을 영위하도록 돕는다는 것은 사회복지가 추구하는 목표이기도 하다. 사회복지의 '복(福)'은 물질적 풍요를 보장한

다는 의미를 지니고 있고, '지(祉)'는 정서적으로 안정된 삶을 보장한다는 의미를 지니고 있으므로, 인정의 목표와 사회복지의 목표는 서로 일맥상통한다.

1-6

> 만일 사람 죽이기를 좋아하지 않는 자가 있다면 천하의 백성들이 모두 목을 늘이고 바라볼 것입니다. (如有不嗜殺人者면 則天下之民이 皆引
> 領而望之矣리니. 양혜왕장구 상-6)

◈ 다리 놓기

전국시대에는 전쟁과 혹독하고 포악한 정치[虐政]로 인하여 백성들을 죽이는 일이 허다했다. 이런 시대적 상황에서 맹자는 천하를 통일할 수 있는 방안을 묻는 양나라 양왕(梁襄王)에게 백성들의 생명을 존중하면 천하의 백성들이 목을 길게 빼고 그 군주를 우러러보고 그 나라로 돌아올 것이므로 천하를 통일할 수 있을 것이라고 답한다.

사회복지는 사람의 삶의 문제를 다루므로, 사회복지의 최고 가치는 생명 존중이다. 그러므로 사회복지에서는 그 어떤 가치와 목표 중에서 국민의 생명을 존중하는 것을 최우선으로 여겨야 한다.

1-7

> 제나라 선왕이 말했다. "놓아 주어라. 내가 두려워 벌벌 떨면서 죄 없이 사지에 나아가는 것을 차마 볼 수가 없다." …… "내 노인을 노인으로 섬겨서 남의 노인에게까지 미치며, 내 어린이를 어린이로 사랑해서 남의 어린이에게까지 미친다면, 천하를 손바닥에 놓고 움직일 수 있습니다. 《시경》에 이르기를 '자기 아내에게 모범이 되어서 형제에 이르러 집과 나라를 다스린다.' 하였으니, 이 마음을 들어서 저기에 가할 뿐임을 말한 것입니다. 그러므로 은혜를 미루면 족히 사해를 보호할 수 있고, 은혜를 미루

지 않으면 처자도 보호할 수 없을 것입니다." …… "백성으로 말하면, 일정한 생업이 없으면 일정한 마음이 없어지는 것입니다. 만일 일정한 마음이 없어진다면 방탕과 사치에 빠져들어 못할 짓이 없을 것이니, 죄에 빠져들고 난 후에 따라가서 그들을 형벌로 다스린다면 이는 백성을 그물질하는 것입니다." (王曰 舍之하라 吾不忍其觳觫若無罪而就死地하노라 …… 老吾老하여 以及人之老하며 幼吾幼하여 以及人之幼면 天下를 可運於掌이니 詩云 刑于寡妻하여 至于兄弟하여 以御于家邦이라 하니 言擧斯心하여 加諸彼而已라 故로 推恩이면 足以保四海요 不推恩이면 無以保妻子니 …… 若民 則無恒產이면 因無恒心이니 苟無恒心이면 放辟邪侈를 無不爲已니 及陷於罪然後에 從而刑之면 是는 罔民也라. 양혜왕장구 상-7)

❖ 다리 놓기

　이 장은 곡속장(觳觫章)으로 불리고 있다. 제나라 선왕은 새로 만든 종의 틈을 메우기 위한 희생양으로 쓸 소가 죄도 없이 벌벌 떨면서 사지(死地)로 끌려가는 모습을 보고, 차마 볼 수가 없으니 소를 놓아 주고 양으로 바꾸라고 명령한다. 이때 제나라 선왕의 마음은 차마 하지 못하는 마음, 즉 불인지심(不忍之心)이며, 죄 없이 희생당하는 소에 대한 측은지심(惻隱之心)이다. 불인지심과 측은지심은 인(仁)이 표현된 단서이다. 따라서 사회복지실천가 역시도 내담자의 형편을 알고도 차마 모른 척하지 않는 불인지심과 그를 측은히 여기는 마음, 즉 인의 마음을 가져야 할 것이다.

　보수적 복지이념을 따르는 자는 경제성장을 통하여 분배의 파이(pie)를 키워야 하며, 그 경제성장의 낙수효과(trickle-down effect)를 통하여 복지를 증진시켜야 한다고 말하고 있다. 즉, 위에서 아래, 가진 자에게서 없는 자에게로의 분배를 말한다. 그러나 《맹자》에서는 위에서 보는 바와 같이 자신의 노부모, 어린이를 사랑으로 돌보고, 그 마음으로 이웃의 노인과 어린이를 돌보고, 아내에게서 형제에게로, 가정에서 나라로 미루어 나가야 한다고 말하고 있다. 즉, 사회복지는 가까운 곳에서 먼 곳으로 미루어 나가는 물결효과(ripple effect)를 추구하는 것이 바람직하다고 권하고 있다.

국민이 일정한 생업을 갖지 못하면 경제적으로 어려움에 직면하게 되고, 동시에 마음의 불안과 혼란이 가중되어 방탕과 사치를 일삼게 되고, 결국에는 죄악에 빠져들게 된다고 맹자는 말한다. 그러므로 사회복지의 목표는 국민으로 하여금 일정한 생업을 갖도록 하여 경제적으로 안정된 생활을 유지하게 하고, 정서적으로 안정된 마음을 가질 수 있도록 돕는 데 두어야 한다. 즉, 사회복지의 목표는 국민들이 항산(恒産)과 항심(恒心) 두 가지 모두를 갖게 하는 것이다. 그러나 만약 이 두 가지 중 어느 하나라도 갖추지 못하여 삶에 어려움과 혼란이 발생하면, 법이나 형벌로 다스리는 것이 아니라 그들을 사랑으로 보살피는 보민정신(保民精神)으로 복지급여와 서비스를 제공하는 사후서비스라도 제공하여야 한다.

2. 양혜왕장구 하(梁惠王章句 下)

2-1

지금 왕이 이곳에서 음악을 타시면, 백성들이 왕의 종소리, 북소리와 피리소리를 듣고는 모두 흔쾌하게 기뻐하는 기색이 있으면서 서로 말하기를 "우리 왕께서 행여 질병이 없으신가, 어떻게 음악을 타시는가?"하며 …… 백성과 더불어 함께 즐거워하시기 때문입니다. 지금 왕께서 백성과 더불어 함께 즐거워 하신다면, 왕 노릇 하실 것입니다. (今王이 鼓樂
금 왕   고 악

於此어시든 百姓이 聞王의 鍾鼓之聲과 管籥之音하고 擧欣欣然有
어차   백성 문왕 종고지성   관약지음   거흔흔연유

喜色而相告曰 吾王이 庶幾無疾病與아 何以能鼓樂也오 하며 ……
희색이상고왈 오왕   서기무질병여   하이능고악야

此는 無他라 與民同樂也니이다. 今王이 與百姓同樂하시면 則王矣
차 무타   여민동락야   금왕   여백성동락   즉왕의

시리이다. 양혜왕장구 하-1)

◈ 다리 놓기

맹자가 제나라 선왕(宣王)을 만나, 왕이 혼자서 음악을 즐기면 백성들이 머리를 아파하고 얼굴을 찌푸리며 자신들은 곤궁하게 살고 있는데 왕은 어찌 혼자서 음악을 즐기고 사냥을 즐기느냐며 불만을 갖게 될 것이라고 말한다. 연이어 백성들과 함께 음악을 즐기면 백성들은 왕의 안위를 걱정하고 왕을 따르게 될 것이므로, 왕 노릇을 제대로 할 수 있다고 권면하고 있다. 즉, 맹자는 조화로운 관계를 맺도록 하는 음악을 백성들과 함께 즐긴다면 왕의 그 선한 마음이 어진 정치[仁政]로
인 정

연결되어 나라가 잘 다스려질 것이라고 왕에게 권면하고 있다.

사회복지(社會福祉)라는 용어는 원래 '사람들이 어울려 살면서, 물질적으로 풍요롭고 정신적으로 안정된 삶'을 살 수 있도록 돕는 사회제도라는 의미를 담고 있다. 그러므로 특정 계층만이 안정된 삶을 누리는 것은 사회복지의 기본 이념에 반하는 것이며, 사회복지는 모두가 한 데 어울려 잘 살 수 있는 사회를 지향해야 한다. 그러므로 맹자의 여민동락(與民同樂)에 대한 권면은 사회복지의 이념을 한마디로 압축하여 표현한 말이다. 지배계층부터 일반 시민에 이르는 모든 사회성원이 단지 음악이나 사냥만이 아니라 모든 삶의 영역에서 함께 어울려 누리고 나누는 것이 바로 사회복지의 기본 이념인 것이다.

하지만 여민동락이라는 구절에서 말하는 '같이 누림'이라는 것이 성취되기 위해서는 바로 국민의 참여 기회가 보장되어야 한다. 그러므로 여민동락은 국민의 참여 기회를 최대한 보장하고, 이를 바탕으로 모든 삶의 영역에서 함께 나누고 누리는 사회복지를 이루어가야 한다는 의미를 함축하고 있다.

2-2

(선왕이 말했다.) "과인의 동산은 넓이가 40리로되, 백성들이 오히려 크다고 하는 것은 무엇 때문입니까?" 맹자가 말했다. "문왕의 동산은 넓이가 70리인데, 꼴 베고 나무하는 자들이 그리로 가며, 꿩과 토끼를 잡는 자들이 그리로 가서 백성과 더불어 함께 하셨으니, 백성들이 작다고 여기는 것이 당연하지 않겠습니까?" (曰 寡人之囿는 方四十里로되 民이 猶以爲大는 何也잇고 曰 文王之囿이 方七十里에 芻蕘者往焉하며 雉兎者往焉하여 與民同之하시니 民以爲小이 不亦宜乎잇가. 양혜왕장구하-2)

🪢 다리 놓기

제나라 선왕의 동산은 70리나 되는 주나라 문왕보다 작은 40리에 불과하다. 그런데도 제나라 백성이 왕의 동산이 크다고 말하는 것은 그 동산에서 백성이 사냥을 하면 살인죄로 다스리므로 백성들이 그 동산을 자신들을 죽이는 함정으로 여기고 있기 때문이다. 반면에 주나라 백성이 문왕의 동산이 작다고 한 것은 백성들이 그 동산에서 풀 베고, 사냥할 수 있도록 하는 등 왕과 백성이 동산을 함께 공유했기 때문이다.

이 장은 양혜왕장구 상편 2장과 양혜왕장구 하편 1장에서와 같이 정치든 복지든 여민동락(與民同樂)이 중요하다는 점을 다시 강조하고 있다. 사회복지는 국민 모두가 함께 참여하여 모두가 행복한 세상을 만들고, 양극화로 인하여 사회적 배제와 소외를 경험하는 국민이 없는 세상을 만들어 가야 하는 것이다. 사회복지가 사회변화를 위한 노력을 기울임에 있어서 반드시 준수해야 할 원칙은 세상 사람 모두가 함께 사회변화를 위한 노력의 과정에 동참할 수 있는 기회를 부여하고, 그 결실을 함께 향유하도록 해야 하는 점이다.

2-3

(제나라 선왕이 말했다.) "과인이 부족한 점이 있으니 과인은 용(勇)을 좋아합니다." 맹자가 대답하였다. "왕은 청컨대 작은 용을 좋아하지 마소서 …… 이것은 필부의 용으로서 한 사람을 상대하는 것이니, 왕은 청컨대 용을 크게 하소서 …… 지금 왕께서 또한 한번 노하시어 천하의 백성을 편안히 하신다면 백성들은 행여 왕께서 용을 좋아하지 않을까 두려워할 것입니다." (寡人이 有疾하니 寡人은 好勇하노이다 對曰 王請無好小勇하소서 …… 此는 匹夫之勇이라 敵一人者也니 王請大之하소서 …… 今王이 亦一怒而安天下之民하시면 民이 惟恐王之不好勇也하리이다. 양혜왕장구 하-3)

◈ 다리 놓기

이 장에서 제나라 선왕은 맹자에게 외교 전략을 묻고 있다. 맹자는 오직 인자

(仁者)만이 마음이 너그럽고 사사로움이 없으므로 대소와 강약을 따지지 않고 작은 나라를 사랑으로 감쌀 수 있다고 말하고, 오직 지자(智者)만이 의리(義理)에 밝고 시국상황을 정확히 알기 때문에 큰 나라를 잘 섬길 수 있다고 말한다. 이에 제나라 선왕이 자신은 용맹함을 좋아하는 문제가 있다고 말하자, 맹자는 선왕의 용맹은 작은 이익을 취하기 위한 작은 용맹[小勇]으로서 적절치 않으며 백성과 나라를 위하는 큰 용기[大勇]를 가질 것을 권면한다. 즉, 문왕이 침략하는 무리를 막아서 주나라를 보호하고, 무왕이 백성을 핍박하는 주왕(紂王)을 죽여 백성들을 편안케 한 것이 대용이라며, 작은 이익을 얻기 위한 작은 용맹보다는 백성들의 안녕을 위한 큰 용기를 쓸 것을 권면하고 있다.

맹자는 이 장에서 정치의 목적이 다른 나라를 정복하여 땅을 넓히는 것이 아니라 도탄에 빠진 백성을 구제하여 그들의 안정되고 행복한 삶을 보호하는 것이라고 말하고 있다. 즉, 정치의 최종 목적은 백성의 복지 증진에 있다는 것이다. 그러므로 한 나라의 지도자는 자신의 높은 지위에 따른 이익을 탐하는 것이 아니라 그 지위가 요구하는 올바른 길[義理]을 밝히 알고, 백성의 평안한 삶을 보장하는 데 최선의 노력을 기울여야 한다.

2-4

백성의 즐거움을 즐거워하는 자는 백성들 또한 그 군주의 즐거움을 즐거워할 것이고, 백성의 근심을 근심하는 자는 백성들 또한 그 군주의 근심을 근심합니다. 즐거워하기를 온 천하로써 하며, 근심하기를 온 천하로써 하고, 이렇게 하고도 왕 노릇하지 못하는 자는 있지 않습니다. (樂民之樂者는 民亦樂其樂하고 憂民之憂者는 民亦憂其憂하나니 樂以天下하며 憂以天下하고 然而不王者이 未之有也니이다. 양혜왕장구 하-4)

❖ 다리 놓기

백성들이 군주를 포함한 지도자들이 누리는 즐거움을 누리지 못하면 윗사람을 비난한다. 백성의 즐거움을 같이 즐기고 백성의 걱정거리를 함께 걱정하게 되면, 백성들 또한 군주와 지도자들의 즐거움과 걱정거리를 함께 한다. 이처럼 같은 세상을 살아가는 윗사람과 아랫사람이 서로의 즐거움과 걱정거리를 공유하는 사회, 즉 하나로 통합된 사회가 바로 사회복지가 지향하는 가장 바람직한 사회임에 분명하다. 그렇지 못하고 사회계층에 따라 즐거움과 걱정거리가 서로 다르다면 사회성원이 느끼는 행복지수는 낮을 수밖에 없을 것이다. 군주에서부터 백성에 이르기까지 모두가 삶의 즐거움과 걱정거리를 함께 한다면, 소통의 길이 열리고 통합의 길 또한 열릴 것이 분명하다. 결국 사회복지의 목표를 이루기 위해서는 여민동락의 방법을 취해야 하는 것이다.

2-5

늙었으면서 아내가 없는 것을 홀아비라 하고, 늙었으면서 남편이 없는 것을 과부라 하고, 늙었으면서 자식이 없는 것을 독거노인이라 하고, 어리면서 부모가 없는 것을 고아라 하니, 이 네 사람은 천하의 곤궁한 백성으로서 하소연 할 곳이 없는 자들입니다. 문왕은 선정을 펴고 인을 베푸시되 반드시 이 네 사람을 먼저 하였습니다. 《시경》에 이르기를 '부자들은 괜찮거니와 이 곤궁한 이가 가엾다.'고 하였습니다. (老而無妻曰鰥이요
노 이 무 처 왈 환

老而無夫曰寡요 老而無子曰獨이요 幼而無父曰孤니 此四者는 天
노 이 무 부 왈 과　　노 이 무 자 왈 독　　유 이 무 부 왈 고　　차 사 자　천

下之窮民而無告者어늘 文王이 發政施仁하사되 必先斯四者하시니
하 지 궁 민 이 무 고 자　　문 왕　발 정 시 인　　필 선 사 사 자

詩云 哿矣富人이어니와 哀此煢獨이라하니이다. 양혜왕장구 하-5)
시 운 가 의 부 인　　애 차 경 독

🔷 다리 놓기

맹자는 제나라 선왕이 재물을 좋아하고 여색(女色)을 좋아한다고 말하자, 그것은 모든 사람이 갖고 있다고 말하며, 그것을 사사로운 욕심을 채우기 위해서가 아니라 천리(天理)에 따라 인정을 베풀고 왕도정치를 행하는 데 쓸 것을 권면하고 있다. 이에 이어 위에 인용한 구절은 전통사회에서 사회적 보호를 가장 필요로 하

는 이른바 사궁(四窮) 집단에 대해 논의한 것이다.

　군주가 아무리 재물을 좋아하더라도, 주나라 문왕이 농민에게는 1/9의 세금을 거두고, 벼슬아치들의 후손에게 녹봉을 주어 인재로 양성하였고, 상인들이 장사를 할 수 있도록 시장을 관리감독만하고 세금을 징수하지 않았으며, 백성들이 저수지의 물고기를 잡는 것을 금지하지는 않았으며, 죄인을 벌하되 연좌제를 시행하지는 않는 등 백성의 삶의 편의를 도모하는 왕도정치를 펼친 것처럼만 한다면, 누구든 선정을 펼칠 수 있다고 맹자는 말하고 있다.

　이어서 맹자는 부자들보다는 백성들 중에서 곤궁하고 어느 누구에게도 삶의 어려움을 하소연할 곳도 없는 사궁집단을 가장 먼저 보살펴야 한다는 점을 강조하고 있다. 사궁을 먼저 보살피라고 권면하는 맹자의 말을 보면 맹자가 선별적이고 잔여적 복지를 강조하고 있는 듯하지만, 그 이전의 문왕의 어진 정치[仁政]에 대한 설명은 오히려 보편적이고 제도적인 복지를 베풀 것을 강조하고 있다. 이를 종합하면, 보편적인 관점에서 다양한 사회제도를 통해 백성들 모두의 삶을 편안하게 하기 위해 노력해야 하지만, 재정이 부족하다면 가장 궁핍한 계층인 사궁을 우선적으로 선별하여 그들의 곤궁함과 의지할 곳 없음을 먼저 보살펴야 한다고 말하고 있다. 즉, 사회복지가 보편적이고 제도적 복지이념을 따르되 제한된 자원 내에서 배분의 우선순위를 결정함에 있어서는 의존적 계층에 대한 복지조치를 먼저 취해야 한다는 것을 말하고 있다.

🔵 **2-6**

맹자가 말했다. "형법을 관장하는 재판관인 사사(士師)가 부하 관원인 향사와 수사를 다스리지 못하면 어떻게 하시겠습니까?" 제나라 선왕이 말했다. "그만두게 하겠습니다." 맹자가 말했다. "국경의 안이 다스려지지 않으면 어떻게 하겠습니까?" 이에 왕이 좌우를 돌아보고 다른 말을 하였다. (曰 士師不能治士어든 則如之何잇고 王曰 已之니이다 曰 四鏡
왈 사사불능치사　　　즉여지하　　　왕왈 이지　　　왈 사경

之內不治어든 則如之何잇고 王이 顧左右而言他하시다. 양혜왕장구
지 내 불 치   즉 여 지 하   왕   고 좌 우 이 언 타
하-6)

◈ 다리 놓기

제나라 선왕은 친구의 처자를 보살피지 않는 친구와 아랫사람을 다스리지 못
하는 벼슬아치는 절교하거나 관직에서 파면하겠다고 말하면서도, 자신의 책무인
정치가 제대로 되지 않았을 경우에 어떻게 하겠느냐는 질문에 자신을 성찰하지도
않고 아랫사람에게 물어보는 것이 부끄러워 묻지도 않고 딴소리로 응대한다.

나라의 최고 권력자이면서도 자신의 잘못을 성찰하지도 않고, 정치의 올바른
길에 대해 신하들에게 지혜를 구하지도 않는 제나라 선왕의 모습은 사회복지조직
의 최고관리자에게 그대로 적용될 수 있다. 사회복지조직에서 각자가 맡은 바 직
책을 성실히 수행하면 그 조직은 적절하게 운영되고 목표도 달성할 수 있다. 그러
나 윗사람이 아랫사람의 직무 불이행에 대해서는 엄격하면서도 자신의 직무 수행
에 대해서는 관대하다면, 아랫사람은 그를 떠나게 될 것이 분명하고, 조직은 본래
의 사명을 이행하지도 목적을 달성할 수도 없게 될 것이다. 따라서 사회복지조직
의 최고관리자는 자신의 직무 수행에 대해 지속적으로 성찰하고 자신의 역량을
개발하며, 부족한 부분은 아랫사람으로부터 지혜를 구해서 채워가는 노력을 기울
이는 것이 바람직할 것이다.

2-7

좌우의 신하들이 모두 그를 어질다고 말하더라도 승인하지 말고, 여러 대
부들이 모두 어질다고 말하더라도 승인하지 말고, 나라 사람들이 모두 어
질다고 말한 뒤에 살펴보아서 어짊을 본 뒤에 등용하며, 좌우의 신하들이
모두 불가하다고 말하더라도 듣지 말며, 여러 대부들이 모두 불가하다고
말하더라도 듣지 말고, 나라 사람이 모두 불가하다고 말한 뒤에 살펴
보아서 불가한 점을 발견한 뒤에 버려야 합니다. (左右皆曰賢이라도 未
                                           좌 우 개 왈 현   미

可也하며 諸大夫皆曰賢이라도 未可也하고 國人皆曰賢然後에 察之
하여 見賢焉然後에 用之하며 左右皆曰不可라도 勿聽하며 諸大夫皆
曰不可라도 勿聽하고 國人皆曰不可然後에 察之하여 見不可焉然
後에 去之하며. 양혜왕장구 하-7)

◈ 다리 놓기

 사회복지조직에서 인재를 등용하고, 조직에 보탬이 되지 않은 자를 내치는 것
은 성공적 조직 운영의 필수 조건이지만, 최고관리자가 인재를 알아볼 수 있는 혜
안을 갖고 있지 않다면 매우 어려운 일이다. 제나라 선왕 역시 누가 인재이고, 누
가 버려야 할 신하인지를 구분하기 힘들다고 말하자, 맹자가 위와 같은 인사관리
의 원칙을 제시하고 있다. 조직의 최고관리자는 주변의 직원뿐 아니라 여러 사람
들의 의견을 구해야 하지만, 그들의 찬반 의견을 참고는 하더라도 결국 자신의 눈
으로 그 사람의 됨됨이와 능력을 확인하고 난 연후에 등용과 사직 여부를 결정해
야 한다. 이와 같은 인사문제뿐 아니라 조직의 사업과 운영과 관련된 모든 직무에
서 여러 의견을 두루 구하되 자신이 직접 사실 여부를 확인한 후에 최종 결정을
내리는 방법으로 조직을 이끌어 간다면, 조직 관리자는 조직성원으로부터 윗사람
으로 그리고 맹자가 말하듯 조직의 부모로서 존중받을 것이다.

2-8

 제나라 선왕이 말했다. "신하가 임금을 시해함이 가합니까?" 맹자가 말했
다. "인(仁)을 해치는 자를 적(賊)이라 이르고 의(義)를 해치는 자를 잔(殘)
이라 이르고, 잔적(殘賊)한 사람을 일부(一夫)라 이르니, 일부인 주(紂)를
베었다는 말은 들었고 군주를 시해했다는 말은 듣지 못하였습니다." (曰
臣弑其君이 可乎잇가 曰 賊仁者를 謂之賊이요 賊義者를 謂之殘이
요 殘賊之人을 謂之一夫니 聞誅一夫紂矣요 未聞弑君也니이다. 양

혜왕장구 하-8)

◈ 다리 놓기

　은나라 탕왕은 하나라의 마지막 임금 걸왕(傑王)을 유배시켜 감금하였고, 주나라 무왕은 은나라 마지막 임금 주왕(紂王)을 징벌하였는데, 제나라 선왕이 맹자에게 이와 같이 신하가 군주를 시해하는 것이 가능하냐고 묻는다. 이에 맹자는 군주가 인의(仁義)를 버리고 주지육림(酒池肉林)을 만들어 향락에 빠져들어 군주로서 해야 할 일을 전혀 하지 않아서 백성들의 민심이 떠나고 심지어 친척들로부터도 신임을 얻지 못하면, 그는 군주가 아니라 일개의 필부(匹夫)에 지나지 않으므로 내쫓아도 된다고 말한다.

　사회복지조직에서 최고관리자가 조직의 본래 목적인 내담자를 섬기고 지역사회를 변화시키는 데는 관심이 없고 개인의 사리사욕을 채우는 데만 열중한다면, 그는 조직의 최고관리자로서의 자격이 없는 사람이므로, 아랫사람들이 올바른 길[仁義]을 걷고 있다면 그를 내쳐도 된다. 만약 아랫사람이 조직이나 내담자, 지역사회를 위하는 올바른 길을 가지 않고 조금이라도 사심이 있다면 그것은 모반에 해당하며 자신의 영달을 추구하는 행위가 될 것이므로 비난의 대상이 될 것이고 조직에서 내쳐야 하는 근거가 될 것이다. 사회복지조직은 국민들로부터 복지를 위임받아 대행하는 조직이다. 그러므로 최고관리자든 아니면 일선실무자든 사회복지조직의 사명과 목적을 성취하는 데 뜻을 두지 않고, 자신의 사사로운 욕심을 충족시키거나 영달을 추구하는 행동을 한다면 그들이 누가 되었든 국민들은 위임을 거두어들일 것이고 그들을 조직에서 내칠 것이 분명하다.

2-9

사람이 어려서 배우는 것은 장성해서 그것을 행하고자 함이니, 왕께서 우선 네가 배운 것을 버리고 나를 따르라고 하신다면 어떻게 해야겠습니까?
(夫人이 幼而學之는 壯而欲行之니 王曰 姑舍汝所學하고 而從我라
　부인　유이학지　　장이욕행지　왕왈　고사여소학　　이종아

하시면 則何如하니잇고. 양혜왕장구 하-9)
　　　즉 하 여

❖ 다리 놓기

　예비 사회복지실천가가 사회복지 정책과 실천의 방법을 배우는 것은 장차 현장에 나가서 내담자를 돕고 세상을 변화시키는 데 활용하고자 함이다. 그런데 사회복지조직의 관리자가 네가 배운 것을 내려놓고, 내가 요구하고 시키는 대로 하라고 한다면, 사회복지실천가는 딜레마에 빠질 것이 분명하다. 물론 사회복지조직의 관리자에 올랐다면, 현장 경험도 풍부할 것이고 실천지혜로 쌓아 놓은 것도 많을 것이다. 그러나 자신만이 옳다는 식의 막무가내식 조직운영이나 용인술을 쓴다면, 그것은 옳지 않다. 넓게 배우고 깊이 생각하고 널리 지혜와 의견을 구한 후에 내담자의 삶에 보탬이 되고 아름다운 세상을 만들어 가는 데 도움이 되는 적절한 정책과 실천의 방안을 찾는 것이 올바른 사회복지조직 운영의 방법이다. 자신만이 옳다고 생각하고 조직성원의 욕구나 관계는 무시하는 독불장군 리더십, 즉 Ronald Lippitt와 Ralph K. White가 말한 권위적 리더십(authoritative leadership)은 조직의 공동체 의식을 약화시키고 종국에는 조직의 목표성취를 불가능하게 만들 것이 분명하다. 사회복지조직의 관리자는 권위적 리더십을 탈피하여 조직 구성원들을 의사결정과정에 직접 참여시키는 민주적 리더십(democratic leadership)을 발휘하는 것이 더욱 바람직하다.

2-10

취해서 연나라 백성들이 기뻐하거든 취하소서 …… 취해서 연나라 백성들이 기뻐하지 않거든 취하지 마소서. (取之而燕民悅이어든 則取之하
　　　　　　　　　　　　　　　　　　　　취 지 이 연 민 열　　　즉 취 지
소서 …… 取之而燕民不悅이어든 則勿取하소서. 양혜왕장구 하-10)
　　　취 지 이 연 민 불 열　　　즉 물 취

❖ 다리 놓기

　연나라가 혼란할 때 정복해야 한다는 주장과 정벌하지 말아야 한다는 주장이

팽팽하게 맞서자, 제나라 선왕이 맹자에게 연나라의 정벌이 타당한지를 묻는다. 이에 맹자는 정벌하려는 연나라 백성들이 정벌을 기뻐하면 취하고, 그렇지 않으면 취하지 말라고 권면한다.

어떤 사회복지 정책이나 사업이든 분명 장점과 단점을 지니고 있다. 그러므로 여러 대안들의 장단과 실현가능성, 기대효과 등을 면밀히 분석하여, 그 중에 가장 적절하고 실현가능한 대안을 선택해야 한다. 그런데 이를 판단하여 결정하기가 쉬운 일이 아니다. 이때 맹자의 권면처럼 가장 중요하게 고려해야 할 요인은 바로 정책이나 사업에 대한 수급자나 이용자의 견해이다. 수급자나 이용자가 반대한다면 그 정책이나 사업은 기대한 성과를 거두기 어려울 것이므로 그것을 선택해서는 안 된다. 만약 그 반대의 경우라면 그 정책과 사업을 선택하여 적극적으로 추진하는 것이 바람직하다. 즉, 사회복지정책과 실천의 방안을 선택하고 결정함에 있어서 가장 중요하게 고려해야 할 요인은 정책과 실천 대상의 관점과 견해이다.

2-11

《서경》에 이르기를 우리 임금님을 기다리노니, 임금님이 오시니 소생하게 되겠지 하였습니다. (書曰 徯我后하다소니 后來하시니 其蘇라하니
　　　　　　　　　　 서왈 혜아후　　　　　후래　　　　　기소
이다. 양혜왕장구 하-11)

다리 놓기

《서경》에 탕왕이 처음에 갈(葛) 나라를 정벌하자 사방의 오랑캐나라 백성들이 자신의 나라를 먼저 정벌하지 않는 것을 원망하며, 자신의 나라를 정벌해주기를 기대한다. 그리고 곧 탕왕이 자신의 나라를 정벌하게 되면, 도탄에 빠진 자신들을 구제하여 다시 소생할 수 있게 될 것이라고 기대하고 있었다. 이 장구는 맹자가 제나라 선왕에게 연나라를 정벌하더라도 백성들을 도탄에서 건져내고 그들의 안위를 보호한다면 다시 제나라에 반기를 드는 일은 없을 것이니 인정을 베풀라고 권면하는 장면에서 인용된 《서경》의 글귀이다.

사회복지조직이 위치한 지역사회 주민들의 삶은 학정에 시달리는 백성들처럼

도탄에 빠져 있다고 단정지어 말하기는 어렵지만, 삶이 힘든 상황에 처해 있다는 것은 사실에 가깝다. 그러므로 지역주민은 사회복지조직이 자신들의 삶의 형편을 펴줄 것을 기대하고 있음이 분명하다. 기대대로 사회복지조직이 지역사회와 주민의 삶을 긍정적으로 변화시키는 데 기여한다면 주민들은 그 조직을 지지할 것이다. 그러나 만약 그와 반대되는 방향으로 조직이 운영된다면 그 조직을 기피하고 오히려 그 동네에서 쫓아내려 할 것이다. 그러므로 사회복지조직의 성패는 조직규모나 가진 자원이 아니라 '지역주민의 삶의 질을 고양시키는 데 어느 정도 기여하는가?'라는 조직의 본래적 사명과 목적을 성취하는 정도에 달려 있다고 해도 과언이 아닐 것이다.

2-12

군주께서 인정을 행하시면 이 백성들이 그 윗사람을 친애해서 윗사람을 위해 죽을 것입니다. (君行仁政하시면 斯民이 親其上하여 死其長矣리이다. 양혜왕장구 하-12)

❖ 다리 놓기

추나라 목공이 노나라와의 전투에서 중간관리 서른 세 명이 죽었는데도 백성들이 그들을 구하지 않았다며 백성을 탓한다. 이에 맹자는 백성들이 굶어 죽고 있는데도 관리들이 그 실상을 왕에게 보고하지 않고 군주의 창고만 가득 채우려 했으니 백성들이 그들을 구하려 하지 않았다고 말하면서, 목공에게 인정(仁政)을 베풀 것을 권면하고 있다.

일반 국민의 삶이 어려운 데도 국가에서 그들의 삶의 문제를 해결하기 위한 복지정책을 추진하지 않는다면, 국민들은 국가에 등을 돌릴 것이다. 그러나 그와 반대로 국민의 삶을 여유롭게 하기 위해 적극적 복지정책을 추진한다면 국민들은 국가를 신뢰할 것이며, 국가를 위해 헌신할 것이다. 따라서 국가의 흥망은 바로 국민의 삶의 질 향상을 위한 복지정책의 추진 의지에 달려 있다고 말할 수 있다.

한편 이 장구는 조직의 중간관리자의 직무수행과 관련지어 해석해 볼 수 있다.

조직의 중간관리자의 고유 직무는 지역주민과 내담자의 문제와 욕구를 파악하여 이를 해결하기 위한 사업을 개발하도록 최고관리자에게 건의를 하는 것이다. 만약 그 직무를 성실히 수행한다면 조직 이용자들은 그들을 믿고 따르겠지만, 그 반대의 경우에는 그 관리자를 그 자리에서 내려오게 하기 위한 노력을 할 것이 분명하며, 그가 조직을 떠난다고 해서 아쉬워할 사람은 없을 것이다.

> ### 2-13
>
> 해자를 깊이 파고 성을 높이 쌓아 백성과 더불어 지켜서 백성이 목숨을 바치고 떠나가지 않는다면 이것은 해볼 만한 일입니다. (鑿斯池也하며
> 착 사 지 야
> 築斯城也하여 與民守之하여 效死而民弗去면 則是可爲也니이다.
> 축 사 성 야　　　여 민 수 지　　　효 사 이 민 불 거　　　즉 시 가 위 야
> 양혜왕장구 하-13)

🔶 다리 놓기

등(滕)나라 문공이 주변의 강대국인 조나라와 제나라 중 어디를 섬겨야 국운을 보전할 수 있느냐고 묻자, 맹자는 애민정책을 펴서 백성의 신뢰를 얻는다면 나라를 보존할 수 있을 것이라는 답을 내놓는다. 현재 사회복지조직은 대부분 지방자치단체로부터 위탁운영을 하고 있다. 위탁기한이 다가왔을 때 주변의 대형 법인이나 지자체의 단체장과 연결고리가 있는 법인이 수탁을 탐내는 위기에 직면했을 때 이에 대처하는 방법은 조직이 지역주민이나 내담자, 이용자를 위한 사업을 얼마나 적극적으로 추진했는가가 중요한 요인으로 작용할 것이다. 즉, 지역주민과 이용자들을 위한 사업을 추진하는 데 헌신하였다면, 그들이 앞장서 위탁을 철회하지 못하도록 압력집단으로 활동해 줄 것이다. 그러나 만일 사회복지조직이 본래의 사명과 목적인 주민을 섬기는 일에 소홀했다면, 다들 수수방관할 것이며 조직은 그것으로 생명을 다할 수밖에 없을 것이다.

> ### 2-14
>
> 군주께서 저들에게 어찌하시겠습니까? 선을 행하기를 힘쓸 뿐입니다.

> (君如彼에 何哉리오 彊爲善而已矣니이다. 양혜왕장구 하-14)
> 군 여 피   하 재   강 위 선 이 이 의

다리 놓기

 등나라 문공이 주변의 강대국인 제나라가 성을 쌓자 자기 나라를 핍박할 것을 두려워하는 것을 보고, 맹자는 어쩔 수 없는 상황에서는 선을 행하여 후세에 천명을 얻는 방법을 선택하라고 조언하고 있다. 이 장구는 앞의 양혜왕장구 하편 13장과 이어지는 맥락이다. 조직의 생존이 위기에 처했을 때 주변 상황을 극복하기가 쉽지 않다면 바로 조직의 사명과 목적 성취를 위한 최선의 노력을 기울이는 것이 답이 될 수 있다는 것이다. 즉, 조직의 위기를 쉽게 극복할 수 있는 요행수를 찾는 것이 답이 아니고 조직이 본래의 목적에 충실하는 것이 그 답이라는 것이다. 어쩔 수 없을 때 사회복지조직의 바람직한 위기관리 방법은 주민과 이용자를 위한 선한 행동에 나서는 것이다.

2-15

> 옛적에 태왕이 빈(邠) 땅에 거주하실 적에 적인이 침략하자 …… 주옥으로 섬겨도 화를 면치 못하였습니다 …… 내 장차 이 곳을 떠나겠다고 하고 빈 땅을 떠나시고 …… 혹자는 말하기를 대대로 지켜오는 것이라 자신이 마음대로 할 수 있는 것이 아니니 목숨을 바치고 떠나지 말라고 하나니, 군주께서는 이 두 가지 중에서 선택하소서. (昔者에 太王이 居邠하실새
> 석 자   태 왕   거 빈
> 狄人이 侵之어늘 …… 事之以珠玉이라도 不得免焉하여 …… 我將去
> 적 인   침 지   사 지 이 주 옥   부 득 면 언   아 장 거
> 之호리라하시고 去邠하시고 …… 或曰 世守也라 非身之所能爲也니
> 지   거 빈   혹 왈 세 수 야   비 신 지 소 능 위 야
> 效死勿去라하나니 君請擇於斯二者하소서. 양혜왕장구 하-15)
> 효 사 물 거   군 청 택 어 사 이 자

다리 놓기

 등나라 문공이 주변의 강대국을 섬기더라도 화를 면치 못하게 되었으니 어쩌

면 좋으냐고 질문한다. 이에 맹자는 태왕의 사례를 들어 섬겨도 화를 면할 수 없다면 그 곳을 떠나는 것이 옳을 수 있다고 말하고 동시에 대대로 물려받은 땅을 버리는 것은 도의에 어긋나니 죽음으로써 그곳을 지키는 방법이 있다고 말하면서, 문공에게 취사선택을 할 것을 권하고 있다.

　조직을 운영하다 보면 이러지도 저러지도 못하는 위기에 직면하는 경우가 있다. 이때 대처하는 방법은 맹자가 말하는 사생결단하고 대응하거나, 위기를 잠시 피해 가는 방법이 있을 수 있다. 의리로 보면 사생결단의 대책이 옳을 수 있으나 그렇게 되면 후일을 기약할 수 없고, 후일을 위해 오늘의 위기를 피하게 되면 살기 위해 의리를 버리는 딜레마에 직면하게 된다. 현실적으로는 후일을 기약하는 방법이 좋을지 모르지만, 이 역시도 옳은 방법이 될 수는 없다. 이런 상황이야말로 최고관리자의 위기관리 능력이 빛을 발휘해야 하는 시점인 것이다.

2-16

길을 감은 누가 혹 시켜서이며 멈춤은 혹 저지해서이다. 그러나 가고 멈춤은 사람이 시킬 수 있는 것이 아니다. (行或使之며 止或尼之나 行止
　　　　　　　　　　　　　　　　　　　　　행 혹 사 지　　지 혹 닐 지　　행 지
는 非人所能也라. 양혜왕장구 하—16)
　비 인 소 능 야

◈ 다리 놓기

　노나라 평공이 맹자를 접견하는 것을 신하가 막아서 찾아오지 못했다는 사실을 제자가 알리자, 맹자는 가고 오는 것은 사람이 아니라 천명이 정하는 것이라고 답한다. 이 장구는 조직 관리자의 출처(出處)와 관련성을 지닌다. 리더의 출처는 상황을 고려하여 결정되는 것이지 사람의 뜻만으로 결정되는 것이 아니라는 것이다. 그러므로 리더는 나아가고 물러남을 결정함에 있어서 본인의 의지만으로 결정하기보다는 그때의 상황을 면밀히 살펴서, 시운(時運)이 성하면 나아가고, 시운이 다하면 물러나는 것이 바람직하다.

3. 공손추장구 상(公孫丑章句 上)

3-1

백성들이 학정에 시달림이 지금보다 더 심한 적이 있지 않았으니, 굶주린 자에게 밥이 되기가 쉽고, 목마른 자에게 음료가 되기는 쉬운 것이다 …… 지금의 때를 당하여 만승의 나라가 인정을 행한다면, 백성들의 기뻐함이 거꾸로 매달린 것을 풀어준 것과 같은 것이다. 그러므로 일은 옛사람의 반만 하고 효과는 반드시 옛사람의 배가 되는 것은 오직 지금만이 그러할 것이다. (民之憔悴於虐政이 未有甚於此時者也하니 飢者에 易爲食이며 渴者에 易爲飮이니라 …… 當今之時하여 萬乘之國이 行仁政이면 民之悅之이 猶解倒懸也리니 故로 事半古之人이요 功必倍之는 惟此時爲然하니라. 공손추장구 상-1)

다리 놓기

맹자가 제나라 사람인 제자 공손추의 질문에 대답하면서, 제나라와 같이 큰 나라의 왕이 인정을 행하지 않아 백성들의 삶이 도탄에 빠져 있다고 말하면서 왕이 인정을 행하면 그 효과가 배가 될 것이라고 말하고 있다. 고대의 사회복지는 바로 왕의 인정에 의존한 구제와 자선이 그 특징이다. 따라서 왕이 인정을 행하면 백성들의 삶의 형편이 크게 개선되고, 학정을 일삼으면 삶이 거꾸로 매달린 것과 같이 고통스러워지는 것이다. 이에 맹자는 제나라의 백성들이 학정으로 삶이 피폐해진 상황에서 왕이 인정을 베풀기는 옛날보다 훨씬 쉽고, 그 효과는 배가 될 것이라고 권고하고 있다.

국민들의 삶의 형편이 팍팍해졌을 때 이를 개선하기 위한 시의적절한 사회복지정책을 펼친다면, 국민의 욕구가 그만큼 강하기 때문에 정책형성과 실행에 탄력을 받을 뿐 아니라 그 효과는 배가 될 수 있다. 그러므로 절박한 삶의 순간에 이루어지는 사회복지정책의 급여는 목마른 자에게는 물이고, 굶주린 자에게는 음식이나 진배없을 것이다. 그러므로 모든 사회복지정책은 그 시의성을 잃어서는 안 된다.

3-2

맹자가 말했다. "아니다. 나는 40세에 부동심(마음이 동요하지 않음)을 하였노라 …… 의지(意志)는 기의 장수요, 기는 몸에 차 있는 것이니, 의지가 최고요 기가 그 다음이다. 그러므로 말하기를 '그 의지를 잘 잡고도 또 그 기를 포악히 하지 말라.'고 한 것이다." …… 맹자가 말했다. "나는 말을 알며, 나는 호연지기를 잘 기르노라." (孟子曰 否라 我는 四十에 不動心호라 …… 夫志는 氣之帥也요 氣는 體之充也니 夫志至焉이요 氣次焉이라 故로 曰 持其志오도 無暴其氣라 하니라 …… 曰 我는 知言하며 我는 善養吾浩然之氣하노라. 공손추장구 상-2)

다리 놓기

제자 공손추가 맹자에게 제나라의 높은 벼슬에 오른다면 마음이 동요될 것 같으냐고 묻자, 맹자는 마음이 동요되지 않을 것이라 답한다. 즉, 공자가 40세를 불혹(不惑)이라 하였듯이, 세상의 높은 지위와 이익에 마음이 흔들리지 않을 것이라고 말한 것이다. 그리고 의지가 신체에 꽉 차 있는 기를 움직이는 장수라고 하면서, 설령 의지를 굳건히 잡더라도 기를 해쳐서는 안 되며, 지언(知言)하고 호연지기를 잘 길러야 한다고 권면하고 있다.

이때 지언은 사람의 타고난 본성을 알아서 천하의 이치를 깊이 연구하여 이해하고, 그 옳고 그름이 그러한 이유[所以然]를 아는 것이다. 즉, 사람의 본성과 세상의 이치를 깨닫는 것을 말하며, 이를 기반으로 의지를 굳건히 해나갈 수 있다는 의미이다. 그리고 타고난 기를 길러서 기가 성대해지면, 즉 호연지기가 되면, 무슨 일을 하든 심지어 높은 직책을 맡아서 일을 하더라도 세상의 도의(道義)에 합치되어 꺼리거나 두려워하는 바가 없어지고, 마음의 흔들림이 없는 부동심의 상태에 이를 수 있는 것이다.

사회복지실천가 역시 지언하고 호연지기하여 부동심의 자세로 자신이 맡은 바 역할을 성실히 수행해야 한다. 사회복지실천가의 책무는 사람을 돕고 세상을 변화시키는 것이므로, 이를 성실히 이행하겠다는 의지를 먼저 굳건히 다져야 한다. 그리고 사람을 돕고 세상을 변화시키는 일을 함에 있어서는 명예, 지위, 사리사욕 등 자신의 유불리(有不利)를 따져서는 안 되며 사람을 차별하지 않고 있는 그대로의 모습으로 존중해야 한다. 또한 정의, 평화, 자유, 평등과 형평 등의 사회적 가치를 수용하여 이를 자신의 일과 행동을 통해 드러내야 한다. 그 일을 하고 난 후에 자신의 마음에 꺼리는 바가 있는지를 성찰하여, 매일매일 선업(善業)을 쌓고 세상의 이치에 어긋나지 않기 위한 노력을 게을리하지 말아야 한다.

이렇듯 사회복지실천가가 사사로움에 마음이 움직이지 않고, 사람을 돕고 세상을 변화시키고자 하는 의지를 굳건히 하고, 매일의 일과 행동이 세상의 올바른 이치에서 벗어나지 않는다면, 성경에서 말했듯 '나의 선하고 착한 종'이라 칭찬받을 일만 있을 것이다.

3-3

힘으로써 남을 복종시키는 자는 (상대방이) 진심으로 복종하는 것이 아니라 힘이 부족해서요. 덕으로써 남을 복종시키는 자는 (상대방이) 마음으로 기뻐하여 진실로 복종함이니. (以力服人者는 非心服也라 力不贍也
이 력 복 인 자　　비 심 복 야　　력 불 섬 야

> 요 以德服人者는 中心悅而誠服也니. 공손추장구 상-3)
> 　　이 덕 복 인 자　　중 심 열 이 성 복 야

❖ 다리 놓기

　정치에서의 힘[力], 즉 패도정치는 사회복지실천의 개입 기술과 전략에 비유할
　　　　　　　　　력
수 있다. 정치에서의 덕(德), 즉 왕도정치는 사회복지실천의 원조관계와 가치에
비유할 수 있다. 패도정치로 지배하고 억압할 수는 있어도 백성들이 그에게 진심
으로 복종하지 않는 것처럼, 사회복지실천가가 개입 기술과 전략만으로 사람과
세상을 변화시킬 수 있을지는 모르지만 진정한 본질적 변화를 일으키기는 어렵
다. 그에 반해 덕치(德治) 또는 인정(仁政)으로 나라를 다스리면 온 백성이 감화되
어 진심으로 그에게 복종하는 것처럼, 촉진적 원조관계를 맺고 원조과정에서 사
회복지의 근본 가치를 철저히 준수하게 되면 도움을 받는 사람은 근본적인 변화
를 성취하고 사회복지실천가에게 진심에서 우러나오는 감사의 마음을 가질 것이
분명하다. 그러므로 사람과 세상을 변화시키는 사회복지실천가는 변화를 쉽게
일으키지만 본질적 변화에는 한계가 있는 개입기술과 전략에 의존하기보다는 사
회복지의 기본 가치를 따르고 촉진적 원조관계를 맺어 이를 바탕으로 진정한 도
움을 제공하는 노력을 기울이는 것이 마땅할 것이다.

> ### 3-4
>
> **화와 복이 자기로부터 구하지 않은 것이 없다.** (禍福이 無不自己求之
> 　　　　　　　　　　　　　　　　　　　　　　　　화 복　　무 불 자 기 구 지
> 者니라. 공손추장구장구 상-4)
> 자

❖ 다리 놓기

　맹자는 '오랫동안 내리던 비가 그쳤을 때 새들이 자신의 둥지를 보수한다.'는 《시
경》의 시구를 인용하여, 국가가 평온할 때 제도를 정비하면 나라가 번성할 수 있
는 반면 그때에 즐기고 방만하게 되면 나라가 위태로워질 수 있다고 경고한다.
즉, 맹자는 국가의 흥망이나 화복은 모두 자신이 구해서 그리된 것이지, 남의 탓

이 아니라고 말하고 있다.

이를 사회복지정책의 관점에서 풀어보면, 사회복지정책이 국민의 삶에 문제가 발생하거나 충족되지 않는 욕구를 사후 해결하는 데 목적을 두기보다는 국민의 삶에 문제가 발생하지 않도록 사전에 사회제도를 개선하여 문제발생을 예방하는 정책을 개발하여 추진해야 한다는 것으로 받아들일 수 있다. 즉, 국가가 평온하고 국민들의 삶이 안정되어 있을 때 미리 문제발생에 대비한 정책을 개발하여 추진해야 한다는 것이다.

한편 이를 사회복지실천의 관점에서 풀어보면, 내담자의 문제는 사회적 요인 등의 다양한 요인에서 발생할 수 있지만 내담자의 개인적 요인에도 분명 일정 부분 원인이 있을 수 있다고 봐야 한다는 것이다. 이 장구에 따르면 내담자 삶의 화복(禍福)은 결국 내담자 스스로에 의해 결정되는 것이다. 그러므로 사회복지실천가는 내담자가 현실의 삶에 체념하거나 삶의 고난의 원인을 타인이나 세상 탓으로 돌리는 것이 아니라 자기 자신에게 어떠한 원인이 있는지를 철저히 성찰하고 이를 개선하기 위한 자발적 노력을 기울일 수 있도록 원조할 필요가 있다.

> **3-5**
>
> 현자를 높이고 재능이 있는 자를 부려서 준걸들이 지위에 있으면 천하의 선비가 모두 기뻐하여 그 조정에서 벼슬하기를 원할 것이다. (尊賢使能하여 俊傑이 在位면 則天下之士이 皆悅而願立於其朝矣리라. 공손추장구 상-5)

◈ 다리 놓기

사회복지조직의 관리자가 지인(知人)의 능력을 갖춰서, 인격적으로 성숙하고 덕이 높은 자를 존중하여 높은 지위를 부여하고, 능력이 있는 자에게 직책을 맡겨 일을 수행하게 한다면 조직의 목표를 달성하고도 남음이 있을 것이다. 즉, 조직관리자가 덕으로 아랫사람을 다스리고, 능력에 따라 직무를 부여하면, 조직은 내적으로 안정화되고 목표추구에 에너지를 쏟을 수 있게 되고, 역량 있는 사회복지실천가가 그 직책에 맡겨진 업무를 성공적으로 이루어냄으로써 조직 목적 달성이 훨씬 용이해질 것이다.

3-6

사람들은 모두 사람을 차마 하지 못하는 마음을 가지고 있다. 선왕이 사람을 차마 하지 못하는 마음을 갖고 사람을 차마 하지 못하는 정사를 시행하였으니, 사람을 차마 하지 못하는 마음으로 사람을 차마 하지 못하는 정사를 행한다면 천하를 다스림은 손바닥 위에 놓고 움직일 수 있는 것이다. 사람들이 모두 사람이 차마 하지 못하는 마음을 가지고 있다고 말하는 까닭은 지금에 사람들이 갑자기 어린 아이가 장차 우물로 들어가려는 것을 보고는 모두 깜짝 놀라고 측은해하는 마음을 가지니 이는 어린아이의 부모와 교분을 맺으려고 해서도 아니며 향당과 붕우들에게 명예를 구해서도 아니며 (잔인하다는) 악명을 싫어해서 그러한 것도 아니다. 이로 말미암아 본다면 측은해하는 마음이 없으면 사람이 아니며, 부끄러워하고 싫어하는 마음이 없으면 사람이 아니며, 사양하는 마음이 없으면 사람이 아니며, 옳고 그름을 분별하는 마음이 없으면 사람이 아니다. 측은지심은 인의 단서요, 수오지심은 의의 단서요, 사양지심은 예의 단서요, 시비지심은 지의 단서이다. 사람이 이 사단을 가지고 있음은 사체를 가지고 있는 것과 같으니, 이 사단을 가지고 있으면서도 스스로 인의를 행할 수 없다고 말하는 것은 스스로 해치는 자요, 자기 군주가 인의를 행할 수 없다고 말하는 자는 군주를 해치는 자이다. 무릇 사단이 나에게 있는 것을 모두 넓혀 채울 줄을 알면 마치 불이 처음 타오르며 샘물이 처음 나오는 것과 같을 것이니, 만일 능히 이것을 채운다면 충분히 사해를 보호할 수 있고, 만일 채우지 못한다면 부모도 섬길 수 없을 것이다. (人皆有不忍人之心하니라 先王이 有不忍人之心하사 斯有不忍人之政矣시니 以不忍人之心으로 行不忍人之政이면 治天下는 可運於掌上이니라 所

以謂人皆有不忍人之心者는 今人이 乍見孺子將入於井하고 皆有
이위인개유불인인지심자   금인이 사견유자장입어정하고   개유

怵惕惻隱之心하나니 非所以納交於孺子之父母也며 非所以要譽
출척측은지심하나니   비소이납교어유자지부모야며   비소이요예

於鄕黨朋友也며 非惡其聲而然也니라 由是觀之컨대 無惻隱之心
어향당붕우야며 비오기성이연야니라 유시관지컨대 무측은지심

이면非人也며 無羞惡之心이면 非人也며 無辭讓之心이면 非人也며
이면비인야며 무수오지심이면 비인야며 무사양지심이면 비인야며

無是非之心이면 非人也니라 惻隱之心은 仁之端也요 羞惡之心은
무시비지심이면 비인야니라 측은지심은 인지단야요 수오지심은

義之端也요 辭讓之心은 禮之端也요 是非之心은 知(智)之端也니
의지단야요 사양지심은 예지단야요 시비지심은 지지단야니

라 人之有是四端也이 猶其有四體也니 有是四端而自謂不能者는
라 인지유시사단야이 유기유사체야니 유시사단이자위불능자는

自賊者也요 謂其君不能者는 賊其君者也니라 凡有四端於我者를
자적자야요 위기군불능자는 적기군자야니라 범유사단어아자를

知皆擴而充之矣면 若火之始然(燃)하며 泉之始達이니 苟能充之면
지개확이충지의면 약화지시연연하며 천지시달이니 구능충지면

足以保四海요 苟不充之면 不足以事父母니라 공손추장구 상-6)
족이보사해요 구불충지면 부족이사부모

✤ 다리 놓기

이 장구는 맹자의 인성론에 해당한다. 맹자는 인간은 '다른 사람에게 차마 하지
못하는 마음[不忍人之心]', 즉 인심(仁心) 다시 말해 사람을 사랑하는 선한 마음을
불인인지심
지니고 있다고 본다. 이렇게 남에게 차마 하지 못하는 마음은 태어날 때부터 타고
난 선한 마음으로, 모든 인간행동의 근본 동기가 된다. 따라서 인간은 자신에게
이로운지를 따지는 특별한 의도나 목적을 갖고 행동하는 것이 아니라 타인을 사
랑하는 타고난 선한 마음에서 자연스럽게 우러나와 선한 행동을 하게 되는 것이
다. 그러므로 어진 마음을 가진 인간은 타인에게 어진 행위를 하는 것이 마땅하다.

이러한 인심은 인간 본성의 시작이면서 끝으로, 인심은 측은지심, 수오지심, 사
양지심, 그리고 시비지심으로 구성된다. 맹자는 마음속에서 느끼는 이 네 가지 정
(情)은 인간의 본성[性]인 인의예지의 실마리[四端]로서, 모든 인간은 태어날 때부
성   사단
터 인의예지라는 사덕(四德)을 갖추고 있다고 보았다. 즉, 맹자는 인간이 인의예
지의 선한 본성을 타고나며, 이는 측은하게 여기는 마음, 부끄러워하고 싫어하는

마음, 사양하는 마음, 옳고 그름을 분별할 줄 아는 마음으로 표현되며, 이것을 기반으로 인간은 선한 행동을 한다고 보고 있다. 그런데 흔히 유학에서 인간이 지켜야 하는 다섯 가지 도리인 오상(五常) 중에서 신(信)이 사덕에서 제외된 것은 인의예지의 사덕을 성실히 이행하게 되면 그 속에 자연스럽게 신(信)이 있을 수밖에 없기 때문에, 맹자는 인의예지라는 사덕만을 제시한 것으로 보인다.

맹자가 제시한 인의예지의 사덕은 인간의 본성을 논하는 데만 활용되는 것은 아니며, 사회복지실천가가 반드시 갖추어야 할 가치와 덕목에 해당한다. 즉, 사람을 사랑하는 마음[仁], 옳은 것을 따르고 옳지 않은 것을 부끄러워하고 미워하는 마음[義], 사회규범과 행동준칙을 따르고자 하는 마음[禮], 옳고 그름을 분별할 줄 아는 마음[智]은 사회복지실천가가 반드시 갖추어야 할 가치이자 덕목이다. 따라서 사회복지실천가는 전문적 개입역량이나 기술보다 먼저 인의예지의 가치를 굳건히 하고, 이를 넓히고 채워 나가기 위한 노력을 지속적으로 경주해 나가야 한다.

또한 사회복지실천가는 내담자 역시 선한 마음을 갖고 있다는 점을 인식하고, 이들이 인의예지를 고양시키고 확충할 수 있도록 도와야 할 것이다. 다시 말하면, 내담자의 단점과 문제에 초점을 두고 이를 개선하기 위한 문제해결 위주의 개입과 실천보다는 내담자가 가진 선한 본성, 즉 인의예지의 덕목을 회복하고 키워나갈 수 있도록 강점관점에 기반을 둔 실천적 개입이 더욱 바람직하다는 것이다.

3-7

인한 자는 활쏘기와 같으니, 활을 쏘는 자는 자신을 바로 잡은 뒤에야 발사하여, 발사한 것이 맞지 않더라도 자신을 이긴 자를 원망하지 않고 자신에게서 돌이켜 찾을 뿐이다. (仁者는 如射하니 射者는 正己而後 發하여 發而不中이라도 不怨勝己者요 反求諸己而已矣니라. 공손추 장구 상-7)

❀ 다리 놓기

　사회복지실천가의 기본 가치인 사람 사랑의 마음, 즉 인의 마음은 외부에서 주어지는 것이 아니라 타고난 본성으로 마음에 내재되어 있는 덕성이자 가치이다. 그러므로 활 쏘는 사람이 먼저 자신의 마음을 집중하고 자세를 바르게 한 후에 과녁을 향해 발사하듯이, 사회복지실천가가 인을 행하여 내담자를 올바르게 돕기 위해서는 먼저 자기 자신을 갈고 닦아 바로잡는 수기(修己) 또는 정기(正己)의 노력이 선행되어야 한다. 즉, 다른 사람을 돕기 전에 자신을 먼저 갈고 닦는 노력이 선행되어야 한다. 그리고 혹시라도 내담자를 원조한 결과가 목표한 바와 거리가 있는 경우에는 내담자나 다른 여러 가지 조건을 탓하기 전에 먼저 자기 자신의 가치관과 역량을 되돌아봐야 한다. 이러한 반성적 고찰을 통하여, 사회복지실천가는 인의 마음과 전문적 역량이 부족하지는 않았는지를 먼저 살피고, 잘못되고 부족한 부분을 바로잡고 채워 나가기 위한 노력을 기울여야 한다.

3-8

남에게서 취하여 선을 행하는 것, 이것은 남이 선을 하도록 도와주는 것이다. 그러므로 군자는 남이 선을 하도록 도와주는 것보다 더 훌륭함이 없는 것이다. (取諸人以爲善이 是與人爲善者也라 故로 君子는 莫大乎與人爲善이니라. 공손추장구 상-8)

❀ 다리 놓기

　사회복지실천가는 선한 마음으로 선한 행동을 베풀어야 한다. 이때 선한 마음을 기르기 위해서는 공자의 제자인 자로와 같이 남이 잘못을 지적해주면 기뻐하고 바로 잘못을 고치는 자세를 갖고, 성인인 순임금처럼 남의 선한 점을 취하여 이를 행하기를 좋아하는 자세가 필요하다. 따라서 사회복지실천가는 스스로 자신의 잘못을 반성하고 더욱 선한 마음을 갖추기 위해 노력하되, 타인 특히 동역자인 사회복지실천들의 좋은 점을 본받아 행하는 데 적극적일 필요가 있다. 이렇게 동역자를 정적 준거집단(positive reference group)으로 삼아 그들이 잘하는 좋은 점을 본받으려 노력하면, 그 동역자는 이를 보고 자신의 선한 부분을 더욱 갈고 닦기 위해 노력할 것이다. 그러므로 서로가 서로를 성장시켜주는 시너지 효과가 나타나게 된다.

뿐만 아니라 사회복지실천가는 내담자의 선한 부분을 찾아내고 그가 선한 행동을 할 수 있도록 도와야 한다. 더 나아가 사회복지실천가가 내담자의 선한 부분을 본받아 원조과정과 생활에 적용하려는 자세를 보여준다면, 내담자는 그러한 실천가의 노력을 본받아 자신의 선한 부분을 더욱 키워가려고 할 것이므로 그 효과는 배가 될 것이 분명하다. 따라서 사회복지실천가는 강점관점에서 내담자의 강점을 찾아 그에게 실행에 옮길 것을 권유함과 아울러 실천가 스스로도 그 강점을 본받으려고 하는 자세를 보일 필요가 있다.

3-9

백이는 좁고, 류하혜는 공손하지 않으니, 좁음과 공손하지 않음은 군자가 행하지 않는다. (伯夷는 隘하고 柳下惠는 不恭하니 隘與不恭은 君子 不由也니라. 공손추장구 상-9)

다리 놓기

맹자는 고죽국 왕자였던 백이는 청렴결백한 결기를 갖추었으나 속이 좁은 단점이 있으며, 노나라 대부인 류하혜는 주어진 상황에서 자신의 도리를 지키면서 맡은 바 직책을 성실히 수행했으나 다소 공손하지 못한 부분이 있다고 평가하고 있다. 이에 맹자는 백이와 류하혜가 인(仁)을 실행해 옮긴 대표적 인물이긴 하지만 어느 한쪽으로 치우치는 것은 바람직하지 않다고 보고, 군자라면 그러해서는 안 된다고 권면하고 있다.

사회복지실천가 역시 전문가(professional)이지만, 모든 면에서 완벽할 수는 없다. 지식은 뛰어나도, 가치관이 정립되지 않을 수 있으며, 기술은 뛰어난데 지식이 모자랄 수도 있다. 그러나 타인의 삶에 관여하는 인간봉사전문직 종사자는 특정한 부분의 뛰어남만 가지고 내담자와 세상을 올바르게 바꿀 수는 없다. 따라서 사회복지실천가는 전문직의 지식, 가치, 기술 이 세 가지 모두를 두루 갖추기 위한 노력을 멈추지 말아야 한다.

4. 공손추장구 하(公孫丑章句 下)

4-1

하늘의 때는 지리적 이점만 못하고, 지리적 이점은 사람들이 화합함만 못하다. (天時不如地利요 地利不如人和니라. 공손추장구 하-1)
천시불여지리　지리불여인화

◈ 다리 놓기

맹자는 전쟁을 할 때 하늘, 땅, 사람의 삼재(三才)의 우열을 논하면서, 하늘의 때보다 지리적 이점이, 지리적 이점보다는 사람들 사이의 화합이 더욱 중요하다고 말하고 있다. 삶의 터전인 하늘과 땅이라는 환경적 조건이 적절히 갖추어져 물질적으로 풍요로운 삶을 영위할 수 있다고 하더라도, 동시대를 살아가는 사람들과 조화롭고 원만한 관계를 맺지 못한다면 그것은 바람직한 삶이라 할 수 없다. 그러므로 사회복지는 물질적 풍요뿐 아니라 조화로운 인간관계를 형성할 수 있도록 사람들을 도와야 하며, 궁극적으로는 국민 모두가 서로 믿고 화합하여 조화를 이루는 하나로 통합된 사회 즉, 대동사회(大同社會)를 구축하는데 목표를 두어야 할 것이다.

4-2

장차 크게 훌륭한 일을 할 수 있는 군주는 반드시 함부로 부르지 않는 신하가 있다. 그리하여 상의하고자 하는 일이 있으면 찾아갔으니, 덕을 높이고 도를 즐거워함이 이와 같지 않으면 더불어 훌륭한 일을 할 수 없는 것이다 …… 지금 천하가 영토가 비슷하고 정치상황도 비슷해서 서로 뛰어 나지 못함은 다른 것이 없다. 자기가 가르칠 수 있는 사람을 신하로 삼기를 좋아하고, 자기가 가르침을 받을 수 있는 사람을 신하로 삼기를 좋아하지 않기 때문이다. (將大有爲之君은 必有所不召之臣이라 欲有謀焉이면 則就之하나니 其尊德樂道이 不如是면 不足與有爲也니라 …… 今天下地醜德齊하여 莫能相尙은 無他라 好臣其所敎而不好臣其所受敎니라. 공손추장구 하-2)

◈ 다리 놓기

이 장구는 맹자가 제나라 왕이 예를 갖추지 않고 자신을 부르자, 자신도 칭병하여 왕의 부름에 응하지 않으면서 하는 말이다. 맹자는 탕왕이 이윤을 그리고 제나라 환공이 관중을 신하로 삼기 전에 먼저 그들에게 가서 배웠던 사례를 들어, 왕이 큰 일을 도모하기 위해서는 신하를 가르치고 부리기보다는 먼저 찾아가서 배우고 인의(仁義)에 맞게 예우하는 것이 필요하다고 주장하고 있다.

사회복지조직의 최고관리자 중에서도 자신의 말을 잘 들으면서 부리기에 적당한 부하 직원을 선호하는 반면 자신에게 가르침을 주고 올바른 조직운영의 길을 제시할 수 있는 부하 직원은 꺼려하는 경우가 있다. 즉, 조직 내의 직위를 이용하여 사람을 부리려는 경향이 존재한다. 만약 조직의 최고관리자가 뛰어난 역량과 덕성을 겸비하였다면 조직을 그럭저럭 끌고 갈 수 있겠지만, 조직이 더욱 발전하고 좋은 성과를 거두는 데는 한계가 있을 것이다. 따라서 조직의 최고관리자는 자신이 배울만한 점이 있는 전문적 역량과 덕성을 갖춘 부하 직원을 찾아가 모셔오고, 그와 상의하여 조직의 대업을 이루어나가는 것이 바람직하다.

다른 한편 사회복지조직의 실천가라면, 조직의 최고관리자가 조직 내의 직위나 위계만 중시하고, 실천가의 전문적 역량과 덕성을 존중하지 않는다면, 그 조직에 몸 담거나 몸 담고 있는 것을 다시 한번 생각해봐야 하는 것이 올바른 출처관

(出處觀)이라 할 수 있다.

> **4-3**
>
> 제나라에 있을 때에는 그런 사유가 없었다. 그만한 사유가 없는데 준다면, 이는 재물로 매수하는 것이니, 어찌 군자로서 재물에 농락당할 자가 있겠는가? (若於齊則未有處也하니 無處而餽之면 是貨之也니 焉有君子而可以貨取乎리오. 공손추장구 하-3)

◈ 다리 놓기

　제자 진진(陳臻)이 제나라가 주는 재물은 받지 않고, 송나라와 설나라에서 보내온 재물을 받은 것은 둘 중에 어느 하나가 옳지 않은 일이라고 맹자에게 따져 물었다. 이에 맹자는 송나라에서는 먼 길을 가야 하는 상황에서 노잣돈으로 보내왔고, 설나라에서는 신변의 위협을 걱정하고 있을 때 경호에 필요한 군사와 장비를 마련하라고 준 것이므로 받은 반면 제나라에서는 특별한 이유 없이 재물을 보내왔으므로 이는 자신을 재물로 매수하려 하는 것이므로 받지 않았다고 답한다. 맹자는 군자라면 재물을 사양하고 취함에 있어서 그 상황에 맞는 의리가 있어야 한다고 말하고 있다.

　사회복지실천가는 재물을 탐해서는 안 되는 인간봉사전문직 종사자이다. 그러므로 사회복지실천가는 자신이 도움을 제공한 대가로 어떠한 재물도 받아서는 안 된다. 그러나 혹시라도 재물을 받을 일이 생긴다면, 그 재물이 뇌물의 성격인지의 여부를 따져서 가려 받아야 할 것이다. 예를 들면 도움을 받은 노인이 감사의 표시로 적은 돈을 내밀었을 때, 사회복지실천가 개인에게 주는 돈이라면 받아서는 안 된다. 그러나 그 돈을 사회복지조직을 위해 후원금으로 내놓거나, 지역사회의 또 다른 도움을 필요로 하는 사람을 돕는데 보태라며 내놓는다면 이는 조직의 공식 통로를 밟아 후원금으로 처리하여 조직과 지역사회 복지 증진에 필요한 재원으로 활용할 수 있으므로, 받아도 된다. 《논어》계씨(季氏)편에서 공자가 군자가

가져야 할 아홉 가지 생각[九思] 중 하나로 '견득사의(見得思義)'라고 했듯이, 사회
복지실천가는 혹시라도 뭔가 이득을 취할 일이 생기면 그것이 의리에 합당한 것
인지를 먼저 생각한 후에 그것을 취할지 사양할지를 결정해야 한다.

4-4

> 그렇다면 그대가 대오를 이탈한 것 또한 많다. 흉년에 그대의 백성 중에
> 노약자들은 전전하다가 죽어 시신이 구렁에 뒹굴고, 장성한 자들은 흩어
> 져 사방으로 가는 자가 몇 천 명이나 되는가? 그가 대답하기를 이것은
> 제가 할 수 있는 바가 아닙니다 하였다. (然則子之失伍也亦多矣로다
> 연 즉 자 지 실 오 야 역 다 의
> 凶年饑歲에 子之民이 老羸는 轉於溝壑하고 壯者는 散而之四方者
> 흉 년 기 세   자 지 민   노 리   전 어 구 학   장 자   산 이 지 사 방 자
> 이 幾千人矣오 曰 此는 非距心之所得爲也니이다. 공손추장구 하-4)
> 기 천 인 의   왈 차   비 거 심 지 소 득 위 야

◈ 다리 놓기

맹자가 제나라 평륙(平陸)이라는 읍(邑)의 대부 거심(距心)에게 전사(戰士) 중에
대오를 이탈하는 자가 있다면 어찌하겠느냐고 묻자 세 번 이탈하기 전에 죽일 것
이라고 답했다. 맹자가 이를 빗대어 대부가 읍을 잘 다스리지 못해 노약자가 죽고
장성한 백성들이 사방으로 흩어지는 것은 대부에게 잘못이 있다고 지적하자, 대
부는 그것은 왕이 잘못한 것이지 자신이 어떻게 할 수 있는 바가 아니라고 말하여
자신의 잘못을 인정하지 않는다. 이에 맹자는 소와 양을 대신 길러주는 사람이 소
와 양을 위해 목장과 먹이를 마련하지 않으면 그것은 목동의 잘못이라는 점을 들
어, 대부의 잘못을 깨우치고자 한다.

위의 고사(故事)는 사회복지실천가가 자신의 잘못이나 역량 부족으로 인하여
내담자가 삶의 조건을 개선하지 못하고 그가 어려운 삶을 계속 이어가고 있는 상
황임에도 자신에게 맡겨진 원조의 직무를 충실히 이행하지 못했다는 사실을 인정
하지 않는 것과 동일하다. 사회복지실천가가 자신의 직책에 걸맞은 직무를 수행
하지 못했을 때, 남의 탓을 하며 자신의 부족함이나 잘못을 인정하지 않으려는 태

도는 매우 부적절한 태도이다. 주어진 직분에 걸맞게 업무를 수행하고, 부족함이 있는지 늘 되돌아보고 성찰하여 이를 보완함으로써 자신의 역할에 최선을 다하고자 하는 모습이 인간봉사전문직 종사자인 사회복지실천가의 올바른 태도이다.

4-5

(옛말에) 관직을 맡은 자가 그 직책을 수행할 수 없으면 떠나고, 언관의 책임을 맡은 자가 간언을 제대로 할 수 없으면 떠난다 하니. (有官守者이 不得其職則去하고 有言責者이 不得其言則去라하니. 공손추장구 하-5)

🔶 다리 놓기

맹자가 제나라 대부인 지와(蚳䵷)가 재판관의 역할을 맡았으나 왕이 간언을 받아들이지 않자 그 직책을 내려놓고 떠났다는 사례를 들면서, 직책에 걸맞은 역할을 수행할 수 없다면 그 직책에서 물러나는 것이 옳다는 점을 말하고 있다.

사회복지조직에 몸담고 있는 실천가는 일정한 직위를 부여받으면 그에 걸맞은 역할을 수행하기 위해서 노력할 것이다. 그러나 자신이 속한 조직의 관리자가 마땅한 해결방안이고 적절한 건의임에도 불구하고 이를 묵살하고 듣지 않아 직책에 걸맞은 역할을 수행할 수 없거나 내담자에 대한 적절한 서비스를 제공할 수 없는 일이 반복되는 경우가 있다면, 사회복지실천가가 그 자리를 보전하기 위해 애쓰기 보다는 그 자리를 내놓고 떠나는 것이 바람직하다는 맹자의 출처관을 깊이 새겨볼 일이다.

4-6

공손추가 말하였다. "제나라 경이라는 지위가 작지 않으며, 제나라와 등나라의 길이 가깝지 않은데, 왕복하도록 일찍이 그(부사 왕환)와 더불어 사신의 업무에 대해 말씀하지 않음은 어째서 입니까?" 맹자가 말했다.

"이미 혹자가 그것을 다하였으니, 내가 어찌 말할 것이 있겠는가." (公孫
공손
丑曰 齊卿之位이 不爲小矣며 齊滕之路이 不爲近矣로되 反之而未
추왈 제경지위   불위소의   제등지로   불위근의   반지이미
嘗與言行事는 何也잇고 曰 夫旣或治之어니 予何言哉리오. 공손추장
상여언행사   하야   왈 부기혹치지   여하언재
구 하-6)

❖ 다리 놓기

맹자가 제나라의 객경(客卿)이 되어 등나라에 사신으로 파견되었는데 이때 제
나라 왕이 총애하는 왕환(王驩)이라는 대부에게 부사(副使)의 역할을 맡겼다. 부
사인 왕환이 조문사절로서 해야 할 일을 미리 처리하자, 맹자는 사신으로 오가는
동안 부사인 왕환과 사신으로 갔던 일에 관해서는 한마디 말도 하지 않았다. 즉,
맹자는 경(卿)의 지위를 맡았지만 그 자리가 빈껍데기뿐인 자리인지라, 그와 관련
하여 어떤 일도 논의하지 않은 것이다.

사회복지조직에서도 이러한 일이 간혹 있다. 어떤 업무를 관장할 팀장을 임명
하지만 실질적인 업무처리 권한을 그 아랫사람에게 부여하는 경우가 바로 여기에
해당한다. 이때 팀장은 그 업무와 관련하여 직책에 걸맞은 역할을 할 수 없는 허
수아비에 불과하다. 그럴 때 팀장은 그 직책을 내려놓거나, 그 업무와 관련하여
적극적 개입을 하지 않은 것이 적절한 처신이다. 그러므로 사회복지조직에서 업
무를 배정함에 있어서는 그 일을 직접 담당할 사람에게 직책을 부여하는 것이 올
바른 인사관리이다. 자리는 주되 일과 관련된 권한을 부여하지 않는다면 그것은
인력의 낭비이며, 조직의 내적 결속을 저해하는 아주 잘못된 인사관리이다.

4-7

(법률과 제도에 의해) 할 수 있고 또 재력이 있으면 옛 사람들이 모두 썼으
니, 내 어찌하여 홀로 그렇게 하지 않겠는가? (得之爲有財하여는 古之
득지위유재   고지

人이 皆用之하니 吾何爲獨不然이리오. 공손추장구 하-7)
인　개용지　　오하위독불연

◈ 다리 놓기

　맹자가 모친상을 치를 때 충우(充虞)라는 제자에게 관과 널을 짜는 일을 맡겼는
데, 장례를 치른 후 충우가 맹자에게 어머니의 관과 널이 지나치게 아름다웠던 것
은 아닌지 우려가 된다고 고했다. 이에 맹자는 주나라 때부터 천자에서 서민에 이
르기까지 관의 두께를 7촌(寸)으로 한 것이 관습이었으니, 제도가 허용하는 범위
내에서 재력이 있다면 외관상 아름답게 보이는 문제가 있더라도 그렇게 하는 것
이 부모의 장례를 치르는 자식으로서 할 수 있는 마음을 다하는 것이라고 답한다.

　이를 사회복지현장에서의 특별한 행사에 비유해 보면, 국민의 세금으로 행사
를 치르는 입장에서 보면 사회복지조직은 최소한의 비용을 들여 조촐하고 소박하
게 행사를 치르는 것이 옳다고 일반적으로 생각한다. 그러나 맹자가 모친상이라
는 개인적으로 매우 중요한 의례에서는 법을 어기지 않고 재정을 낭비하지 않는
선에서 최대한 아름답게 장례를 치르는 것을 나무랄 일은 아니라고 하였듯이, 사
회복지조직에서 지역복지에 도움이 되는 매우 중요한 행사가 있다면 법과 재정의
테두리 내에서 멋지게 행사를 치르는 것 또한 나쁘지는 않은 것이다. 그러나 공자
는 장례를 가급적 간소하게 치르고 그 슬퍼하는 마음을 다하는 것이 바람직하다
고 한 점에 비추어볼 때, 맹자의 이러한 태도는 다소 지나친 면이 없지 않다는 점
은 부인하기 어렵다. 사회복지조직에서 공자와 맹자의 말 중에 무엇을 따를 것인
지는 선택의 문제이긴 하지만, 누구의 말을 따르더라도 사회복지조직이 법적 기
준을 준수하지 않고 재정을 과다 투입하여 행사를 치르는 것은 바람직해 보이지
않을 뿐 아니라 해서는 안 되는 일이라는 점을 반드시 기억해 둘 필요가 있다.

4-8

여기에 벼슬하는 자가 있는데, 자네가 그를 좋아하여 왕에게 아뢰지 않고
그대의 직위와 봉록을 그에게 사사로이 주거든 그 선비 또한 왕명이 없

이 사사로이 그대에게서 받는다면 가하겠는가? (有仕於此어든 而子悅
유사어차   이자열
之하여 不告於王而私與之吾子之祿爵이어든 夫士也이 亦無王命
지   불고어왕이사여지오자지록작   부사야   역무왕명
而私受之於子면 則可乎아. 공손추장구 하-8)
이사수지어자   즉가호

❖ 다리 놓기

　제나라 대부가 맹자에게 연나라를 정벌해도 되는가에 대해 사적으로 질문하자 맹자가 가능하다고 답하자 그 대부가 실제로 연나라를 정벌해 버렸다. 맹자는 만약 연나라를 누가 정벌할 수 있느냐고 물었다면, 천명을 받은 자가 정벌할 수 있다고 했을 것인데, 사사롭게 정벌 가능성만 물어와 그렇게 답했더니 그 답을 근거로 제나라가 연나라를 정벌한 것은 잘못이라고 지적하고 있다. 또 한 예로 살인자를 죽여도 가능하냐고 물으면 가능하다고 하겠지만, 누가 살인자를 죽일 수 있느냐고 물으면 재판관이 사형을 언도할 수 있다고 말할 것이라 했다. 이와 같이 일반적인 관점을 사사로운 관점에서 물어오면 그 상황에 적합한 대안을 제시할 수 없을 것이며, 사사롭게 어떤 것을 판단하는 것은 오류가 있을 수 있다고 맹자는 지적하고 있다.

　사회복지조직의 실천가 역시 내담자나 지역사회의 문제를 일반화하고 범주화하여 개인적 판단에 의거하여 서비스를 결정하고 제공하는 것은 바람직하지 않으며, 그래서도 안 된다. 사회복지조직의 관리자가 자신이 옳다고 생각하는 것이라고 하여 공식적 논의와 의결 절차를 거치지도 않고 자기 마음대로 직위를 부여하여 일을 맡긴다면, 그것은 사사로움이 공적 의사결정 절차를 침해하는 것이 된다. 따라서 준공공기관인 사회복지조직을 운영하고, 사회복지실천가가 내담자와 지역사회 문제해결을 위한 서비스를 결정함에 있어서는 사사로운 견해보다는 공식적 의사결정 절차를 따라야 한다.

4-9

옛날의 군자는 허물이 있으면 고쳤는데, 지금의 군자는 허물이 있으면 그것을 지속하는구나 …… 또 더 나아가 변명을 하는구나. (且古之君子는
過則改之러니 今之君子는 過則順之로다 …… 又從而爲之辭로다.

공손추장구 하-9)

🔷 다리 놓기

제나라 선왕이 정벌한 연나라에서 모반이 일어나자 이를 부끄러워 하였는데, 이때 진가(陳賈)라는 대부가 왕을 대신하여 맹자를 찾아와 주공의 형이 모반을 했던 사례를 들면서 구차한 변명을 늘어놓았다. 이에 맹자가 잘못을 알고도 고치지 않고 변명만 늘어놓는 태도를 심하게 질책한다. 공자는 《논어》학이편 8장에서 잘못이 있으면 고치기를 꺼려하지 말라(過則勿憚改)고 하였고, 위령공편 29장에서는 잘못을 고치지 않는 것이 잘못이라(過而不改 是謂過矣)고 했다.

사회복지실천가 역시 업무나 서비스 제공과정에서 잘못을 저지를 수 있다. 그러나 그 잘못을 받아들이고 자기성찰을 통하여 이를 고치고, 다시 반복하지 않기 위해서 노력한다면 그것은 '시행착오를 통한 성장'이라는 결과물로 보답을 받게 될 것이다. 그러나 자신의 잘못을 인정하지 않고, 고칠 생각도 않고 구차한 변명만 늘어놓는다면, 이는 조직과 내담자에게 피해를 입힐 뿐 아니라 자신의 성장에도 방해가 될 것이다. 잘못이 있으면 고칠 일이다.

4-10

가령 내가 부자가 되고 싶었다면 십만종을 사양하고 만종을 받는 것이 부자가 되고자 하는 것이겠는가? …… 천한 장사꾼이 있어 반드시 농단(壟斷)을 찾아 올라가서 좌우로 살펴보면서 시장의 이익을 쓸어가 버리거늘 사람들이 모두 그를 천하게 여겼다. (如使予欲富인댄 辭十萬而受萬

> 이 是爲欲富乎아 …… 有賤丈夫焉하니 必求龍(壟)斷而登之하여 以
> 　　시위욕부호　　　　 유천장부언　　　 필구용 농 단이등지 　　 이
> 左右望而罔市利어늘 人皆以爲賤이라. 공손추장구 하-10)
> 좌우망이망시리　　　 인개이위천

◈ 다리 놓기

맹자가 제나라에서 오랫동안 벼슬을 하고 있었지만 도(道)가 행해지지 않자 제나라를 떠나려 하였다. 이에 제나라 왕이 맹자에게 집을 지어주고 제자들을 양성할 수 있도록 만종의 급여를 주겠다고 하자, 맹자는 자신이 이익을 탐하여 부귀해지기를 원했다면 경(卿) 벼슬에 주어지는 십만종의 급여를 마다하고 겨우 만종을 받겠느냐며 왕의 초빙의사를 거부한다. 그리고 제나라의 시장에서는 세금을 거두지 않고 분쟁만 다스렸으나, 어느 날 천한 장사꾼 하나가 시장을 한눈에 내려다볼 수 있는 높은 곳[壟斷]에 올라 값싼 물건을 모두 취하여 이익을 독점하는 일이
　　　　　　　　　　　　 농 단
생기자, 이러한 농단 행위를 막기 위해서 그때부터 시장의 교역에도 세금을 부과하게 되었다. 도리보다는 부귀를 바라고 제나라에 남는다면, 맹자 자신과 천한 장사꾼이 다를 바가 없다고 말하며, 부귀보다는 도리가 중요하다고 역설하고 있다.

사회복지실천가가 일을 잘한다고 하여 많은 돈을 벌어 부자가 될 수는 없지만, 높은 자리에 오를 수 있는 기회는 더 빨리 다가올 수 있을 것이다. 높은 직위를 탐하여 사회복지실천의 원칙을 어겨 가면서까지 높은 성과를 거두기 위해 노력한다면, 이는 과정을 무시하고 결과만을 바라는 것이다. 더 나아가 그 결과를 이용하여 자신의 영달을 도모하기까지 한다면, 그것은 시장의 원칙을 무시하고 개인의 이익에만 혈안이 된 천한 장사꾼의 농단 행위와 다르지 않다. 그러므로 사회복지실천가는 자신의 영달과 부귀보다는 내담자의 더 나은 삶을 그리고 더 좋은 지역사회를 만드는데 최우선적 목표를 두고, 이 목표를 이루는 과정에서 사회복지실천의 원칙을 철저히 준수해야 한다.

4-11

옛날에 노나라 목공은 자사의 곁에 (자신의 성의를 전달할) 사람이 없으면

(자사가 떠나갈까 염려하여) 자사를 편안하게 여기지 못하였고, 설류와 신상은 목공의 곁에 보좌할 만한 사람이 없으면 그 몸을 편안하게 여기지 못하였다. (昔者에 魯繆公이 無人乎子思之側이면 則不能安子思하고,
석자　노목공　무인호자사지측　　즉불능안자사
泄柳, 申詳이 無人乎繆公之側이면 則不能安其身이러니라. 공손추
설류　신상　　무인호목공지측　　즉불능안기신
장구 하-11)

◈ 다리 놓기

　노나라 목공은 그의 스승인 자사가 떠나버릴 것을 염려하여 늘 자사의 곁에 자신의 뜻을 전할 수 있는 사람을 배치했으며, 신하인 설류와 신상은 목공 곁에 보필할 사람이 없으면 편안히 쉬지 못하였다. 맹자는 노나라 목공이 현자를 우대했던 위와 같은 옛 일을 사례로 들어, 제나라 왕이 자신을 우대하지 않으니 떠나는 것이 옳다고 말하고 있다.

　사회복지조직에서 최고관리자는 조직운영 등에 관한 다양한 자문과 조언을 해줄 중요한 사람을 귀히 여겨야 하며, 아랫사람은 윗사람을 공경하고 잘 보필하여야 한다. 이와 같이 상하간에 의리로 맺어진 인간관계를 돈독히 유지하고 상호 존중할 수 있을 때, 조직은 본래의 목표와 성과를 이룰 수 있다. 그와 반대로 조직의 최고관리자가 조직 운영에 도움이 될 현자(賢者)나 부하 직원들을 존중하지 않는다면, 맹자가 그러했듯이 사회복지실천가 역시 그런 지도자 밑에 머물기보다는 그 곳을 떠나는 것을 깊이 고민해보는 것이 좋을 것이다.

4-12

천리 길을 와서 왕을 알현한 것은 내가 하고자 한 것이니, 뜻이 맞지 않으므로 떠나감이 어찌 나의 원하는 바이겠는가. 내 어쩔 수 없어서였다. 내가 사흘을 유숙한 뒤에 주 땅을 떠났으나, 내 마음에 오히려 빠르다고 여겼다. 나는 왕이 행여 고치시기를 바라노니, 왕이 만일 고치신다면 반드시 나를 되돌아오게 했을 것이다. (千里而見王은 是予所欲也니 不遇
천리이현왕　시여소욕야　　불우

> 故로 去이 豈予所欲哉리오 予不得已也로라 予三宿而出晝호되 於
> 고 거 기여소욕재 여부득이야 여삼숙이출주 어
> 予心에 猶以爲速하노니 王庶幾改之니 王如改諸시면 則必反予시리
> 여심 유이위속 왕서기개지 왕여개제 즉필반여
> 라. 공손추장구 하-12)

🔹 다리 놓기

맹자가 제나라 왕을 알현하고 왕도정치, 즉 인정을 펼칠 것을 기대했으나 이것
이 가능하지 않음을 알았음에도 왕이 뜻을 고쳐먹을 것을 기대하면서 제나라 서
남쪽 주읍(晝邑)에서 사흘을 유숙하였지만, 왕이 뜻을 고쳐 자신을 부르지 않자
제나라 땅을 떠났다.

사회복지실천가는 조직의 최고관리자가 진정한 사회복지조직의 사명과 목적
을 달성하려는 의지가 없더라도, 그가 사회복지전문직 종사자로서의 진심을 갖고
인간봉사 조직의 본래 사명을 이행하는 방향으로 조직운영 방향을 개선할 것을
간언하고 믿고 기다려야 한다. 그럼에도 변화의 기미가 보이지 않는다면 그 조직
을 떠나는 것이 바람직하다는 것을 맹자가 보여주고 있다.

한편 이 장구는 내담자의 변화를 기다려주는 사회복지실천가의 자세를 함축하
고 있기도 하다. 즉, 사회복지실천가가 변화의 의지가 없는 내담자라 할지라도,
그의 잠재력과 본성을 믿고 변화가 일어날 때까지 기다려주는 자세가 필요하다는
것을 보여준다. 사회복지실천가는 자신의 원조와 개입이 당장 내담자의 변화를
일으킬 것이라고 기대하지 말고, 그 변화를 참고 기다려주는 자세를 보여줌으로
써 내담자의 변화를 더욱 촉진시킬 수 있음을 알아야 할 것이다.

4-13

> 하늘이 천하를 태평하게 할 뜻이 없는 것이니, 만일 천하를 태평하게 할
> 뜻이 있다면 지금 세상을 당하여 나 말고 그 누가 하겠는가. (夫天이 未
> 부천 미
> 欲平治天下也시니 如欲平治天下인댄 當今之世하여 舍我요 其誰
> 욕평치천하야 여욕평치천하 당금지세 사아 기수

也리오. 공손추장구 하-13)
야

❈ 다리 놓기

맹자가 제나라 왕을 알현한 후 인정의 실현가능성이 낮다는 것을 확인하고, 매 500년마다 성인이 나왔고 그 사이에 한 시대에 이름난 신하들이 등장했었다는 점을 들어, 만일 하늘의 뜻에 따라 천하가 태평하게 다스려진다면 지금 시대에는 자신 말고는 그 역할을 담당할 사람이 없다고 주장하고 있다. 즉, 천하를 태평하게 다스릴 하늘의 뜻이 맹자 자신에게 있음을 천명하고 있다.

지금의 세상이 사람 살기에 바람직하지 않은 세상이기에, 사회복지실천가는 사람 살기에 더 좋은 세상을 만들기 위해 열심히 노력하고 있다. 이때 사회복지실천가는 누군가 세상을 더 좋은 곳으로 변화시켜주길 기대만 하지 말고, 자신이야말로 지금의 세상을 변화시키는 사명을 지닌 사람이라는 전문직으로서의 사명의식을 가져야 한다. 그러한 사명의식이 있을 때 사회복지실천가는 자신의 업무나 서비스에 좀 더 많은 에너지를 투입하고, 어떠한 장애나 난관이 닥쳐도 더 좋은 세상을 만들기 위해 혼신의 힘을 기울일 수 있게 된다.

4-14

숭 땅에서 내 왕을 만나 뵙고 물러나와 떠날 마음을 가졌으니, 이 마음을 변하고자 하지 않으므로 녹봉을 받지 않은 것이다. (於崇에 吾得見王하
어 숭　오 득 현 왕
고 退而有去志하니 不欲變이라 故로 不受也로라. 공손추장구 하-14)
퇴 이 유 거 지　　　불 욕 변　　고　　불 수 야

❈ 다리 놓기

맹자가 제나라 왕을 만나본 뒤 인정에 대한 의지가 없음을 확인하고 제나라를 떠날 결심을 하였다. 이에 제자 공손추가 벼슬을 하면서도 녹봉을 받지 않은 것에 대해 질문하자, 맹자는 자신이 떠날 뜻을 바꾸지 않기 위해 객경(客卿)에게 주어지는 녹봉을 받지 않았다고 답한다.

사회복지실천가가 자신이 꿈꿔온 사회복지의 이상을 펼칠 수 없다는 판단에서 조직을 떠나기로 결심을 했다면, 맹자가 했던 행동과 유사하게 처신하는 것이 좋다. 조직을 떠날 결심을 하고도 자신에게 남아있는 휴가를 모두 찾아먹을 생각을 하고, 며칠이라도 더 근무하여 조금이라도 급여를 더 받을 생각을 한다면, 이는 조직을 떠나는 사람으로서의 올바른 길, 즉 의리를 보이는 것이 아니라 자신의 이익을 추구하는 것에 다름 아니다. 작은 이익에 눈이 멀어 옳은 길을 벗어나는 행동을 하지 않는 것이 올곧은 사회복지실천가의 처신임을 기억해야 할 것이다.

5. 등문공장구 상(滕文公章句 上)

5-1

맹자가 본성의 선함을 말하되, 반드시 요순을 일컬었다 …… 《서경》에 이르기를 '만일 약이 독하여 정신이 어지럽지 않으면 그 병이 낫지 않는다.' 하였습니다. (孟子道性善하시되 言必稱堯舜이러시다 …… 書曰 若藥이 不暝眩이면 厥疾이 不瘳라하니이다. 등문공장구 상-1)

다리 놓기

유학에서는 성(性), 즉 인간 본성은 태어날 때부터 하늘로부터 부여받은 이치로서, 인간은 지극히 선[至善]하여 전혀 악함이 없다고 본다. 모든 인간은 태어날 때 아주 작은 차이도 없지만, 보통 사람은 사욕에 빠져 선한 본성을 잃는 반면 요순과 같은 성인은 사욕에 가려지지 않아 온전히 그 본성을 펼쳐간다고 본다. 보통 사람 역시 어떤 사물이나 상황, 타인 등 외물(外物)과의 접촉이 없어 감정이 표출되지 않았을 때에는 온전히 선함을 유지하며, 외물과의 접촉으로 희로애락(喜怒哀樂)의 감정이 표출되더라도 그것이 상황에 딱 들어맞는다면 그 선한 본성을 잃지 않을 수 있다. 그러나 사람들이 사사로운 욕심에 마음을 뺏기거나, 외물과의 접촉에 의해 발현된 감정의 지배를 받게 되었을 때는 그 선한 본성을 잃게 된다.

내담자가 본래의 타고난 선한 본성을 잃고 이러 저러한 문제를 경험하는 것 역시 사사로운 욕심에 선한 본성이 가려졌거나, 아니면 외물과의 접촉에 의해 일어난 희로애락의 감정에 의해 지배를 받는 삶을 살아왔기 때문이라고 볼 수 있다. 따라서 사람이 문제 상황을 극복하고 선한 본성을 유지 또는 회복하기 위해서는 사리사욕을 억제하고 공적인 도리에 따르는 극기복례(克己復禮)의 자세를 가져야 한다.

등나라는 전국시대 대국인 초나라와 제나라 사이에 있는 사방 50리 정도밖에 되지 않는 작은 나라지만, 좋은 정치를 베푼다면 좋은 나라로 발전할 수 있다고 맹자는 말한다. 그러면서 《서경》의 '만일 약을 먹었는데도 명현현상이 없으면, 그 질병은 낫지 않는다.'는 말을 인용하여, 변화가 일어나기 위해서는 상당한 고통이 따를 수 있음을 말하고 있다. 이는 내담자가 현재의 문제를 해결하고 삶의 변화를 일으키기 위해서는 그 변화에 따른 고통을 감내하고, 사회복지실천가의 도움으로 올바른 길[正道]을 가기 위한 노력을 지속적으로 기울여야 한다는 점을 말하고 있는 것이다.

> **5-2**
>
> 위에서 (무엇을) 좋아함이 있으면 아래 사람들은 반드시 그보다 더 심하게 좋아하게 된다. 군자의 덕은 바람이요, 소인의 덕은 풀이니, 풀 위에 바람이 가해지면 풀은 반드시 그리로 기울기 마련이다. (上有好者면 下必有甚焉者矣니 君子之德은 風也요 小人之德은 草也니 草尙之風이면 必偃이라. 등문공장구 상-2)

◈ 다리 놓기

이 장구는 《논어》 안연편 19장에 나오는 말이다. 조직의 관리자가 덕을 좋아하면, 아랫사람들은 그 덕을 더 좋아하게 되며, 윗사람이 선을 좋아하면 아랫사람 역시 그 선을 좋아하게 될 것이다. 조직 관리자가 덕을 바탕으로 조직 운영을 잘하게 되면, 아랫사람은 그 덕을 본받으려 할 것이니, 조직 전체가 덕으로 교화되게 되고, 서로를 아끼고 조직을 위해 협력하여 선을 이루게 될 것이 분명하다. 그러므로 아랫사람에게 이러 저러한 것을 하도록 요구하기보다는 조직의 관리자가 먼저 바람직한 사회복지 조직의 성원으로서 걸맞은 태도와 행동을 보이게 되면, 굳이 아랫사람에게 뭔가를 요구하지 않아도 그들은 윗사람을 본받아 닮아가게 될 것이다.

5-3

어진 군주는 반드시 공손하고 검소하여 아랫사람을 예로 대하였고, 백성들에게 세금을 거둬들임에도 일정한 제한이 있었다. 양호가 말하기를 '부자가 되려면 인하지 못하고, 인을 하려면 부자가 못된다.'고 하였습니다 …… 인륜이 위에서 밝아지면, 아랫사람들도 서로 아끼고 사랑했습니다 …… 무릇 인정이라는 것은 반드시 토지의 경계를 짓는 것에서 시작되니, 경계를 짓는 것이 바르지 못하면 정전(井田)이 고르지 못하고, 녹봉으로 지급할 곡식도 공평하지 못하게 된다. 이 때문에 폭군과 부패한 관리는 경계 짓는 일을 태만히 하나니 경계를 짓는 일이 이미 바로 잡히면 토지를 나누고 녹봉을 정하는 일은 가만히 앉아서도 얼마든지 할 수 있는 것이다. (賢君이 必恭儉하여 禮下하며 取於民이 有制니이다 陽虎曰 爲富면 不仁矣요 爲仁이면 不富矣라하니이다 …… 人倫이 明於上이면 小民이 親於下니이다 …… 夫仁政은 必自經界始니 經界不正이면 井地不均하며 穀祿不平하리니 是故로 暴君汚吏는 必慢其經界하나니 經界旣正이면 分田制祿은 可坐而定也니라. 등문공장구 상-3)

🔷 다리 놓기

조직의 관리자가 공손한 태도와 검소한 생활을 하고 아랫사람을 예로써 대우하게 되면, 아랫사람은 그에게 충성을 다할 것이 분명하다. 그리고 윗사람이 인륜, 즉 오륜(五倫)을 지키면 아랫사람들은 서로를 자기 몸처럼 아끼고 사랑하는 친밀한 관계를 형성할 것이다. 그러므로 조직의 화합과 결속력이 높아질 것이 분명하고, 이를 밑거름으로 조직은 소기의 성과와 목표를 충분히 달성할 수 있게 될 것이다.

국민들에게 세금을 부과함에 있어서는 그들의 삶에 곤란이 초래될 정도의 과도한 세금을 부과하여서는 안 되며 일정한 제한이 있어야 한다. 노나라 계강자의 가신이었던 양호는 부자가 되려 하면 인하지 못하고, 인을 하려면 부자가 못된다고 하였다. 사람이라면 누구나 부귀와 사랑을 모두 갖고 싶어 할 것이다. 하지만 사회복지실천가는 자신의 넉넉한 삶을 위해 부를 축적하는 직업인이 아니라 타인의 삶에 행복이 꽃필 수 있도록 그들에게 사랑의 마음으로 서비스를 제공하는 인간봉사전문직 종사자이므로, 부귀보다는 인간에 대한 사랑을 선택할 수 있어야 할 것이다.

농경사회에서 공정한 토지의 분배는 공평한 소득분배의 기반이 된다. 현대사회로 말하면 국민들의 재능과 역량에 맞게 노동을 할 수 있는 기회를 적절하고도 공평하게 제공하고, 근로를 통해 얻는 임금이나 근로(사업)소득의 공정한 분배에 초점을 두지 않으면 안 된다는 것이다. 만약 이러한 공정한 소득분배가 이루어지지 못한다면, 국민들의 삶의 양극화는 피할 수 없는 일이다. 즉, 공정한 노동기회의 보장[分田]과 이에 걸맞은 적정 소득의 분배[制祿]를 보장하는 길이 복지국가로 가는 첫걸음이라 할 수 있다. 그리고 이 장에서 맹자는 공정하게 세금을 거둘 것을 동시에 주장하고 있다. 이런 점을 고려해보면, 맹자는 공정한 노동기회의 보장, 공정한 소득의 분배, 그리고 공정한 조세제도의 정립이 복지국가의 기틀임을 명백히 하고 있다.

5-4

대인의 일이 있고, 소인의 일이 있으며, 한 사람이 살아가는 데 백공이 만든 온갖 물건들이 갖춰져 있어야 하는데, 만약 반드시 자기 스스로 만든 후에 쓴다면 이는 천하 사람들을 끌고 다니면서 길에서 수고롭게 만드는 것이다. 옛말에 이르기를 '어떤 사람은 머리[心]로 일하고, 어떤 사람은 힘[力]으로 일한다.'고 했던 것이다. 머리로 일하는 사람은 사람을 다스리고,

힘으로 일하는 사람은 다스림을 받는다. 다스림을 받는 사람은 남들을 먹을 수 있게 해주고, 남을 다스리는 자는 남들에게 먹을 것을 의지하는 것이 천하에 두루 통하는 의리이다 …… 우왕이 8년 동안 (치수사업을 하면서) 밖에 있으면서 세 번이나 자기 집 대문 앞을 지나면서도 들어가지 못하였으니 …… 요임금은 순을 얻지 못함을 자신의 근심으로 삼으셨고, 순은 우와 고요를 얻지 못함을 자신의 근심으로 삼으셨으며, 100무가 다스려지지 못함을 자신의 근심으로 삼는 자는 농부이다 …… 천하를 남에게 주기는 쉽고, 천하를 위하여 인재를 얻기는 어려운 것이다 …… 물건이 똑같지 않음은 물건의 실정이니 …… 그대가 이것을 나란히 하여 똑같이 하려하니, 이는 천하를 어지럽히는 것이다. (만일) 큰 신과 작은 신이 값이 같다면 사람들이 어찌 큰 신을 만들겠는가. (有大人之事하고 有小人之事하며 且一人之身而百工之所爲備하니 如必自爲而後에 用之면 是는 率天下而路也니라 故로 曰 或勞心하며 或勞力이니 勞心者는 治人하고 勞力者는 治於人이라 하니 治於人者는 食人하고 治人者는 食於人이 天下之通義也니라 …… 禹八年於外에 三過其門而不入하시니 …… 堯는 以不得舜으로 爲己憂하시고 舜은 以不得禹皐陶로 爲己憂하시니 夫以百畝之不易로 爲己憂者는 農夫也니라 …… 以天下與人은 易하고 爲天下得人은 難하니라. …… 夫物之不齊는 物之情也니 …… 子比而同之하니 是는 亂天下也로다. 巨屨小屨同賈면 人豈爲之哉리오. 등문공장구 상-4)

🔷 다리 놓기

이 장구에서 농가(農家) 사상가인 허행(許行)이 농사만 지을 뿐 그 외에 살아가는 데 필요한 모든 것을 교역을 통하여 얻는다며 비판하는 과정에서, 맹자는 봉건사회의 신분차별제도를 그대로 계승하여 다스리는 자가 있고, 다스림을 받는 자가 있으니, 다스림을 받는 사람, 즉 국민은 다스리는 사람인 위정자를 먹여 살려야 한다고 주장하고 있다. 현대사회에서 이와 같은 신분차별과 그에 따른 노동분업 또는 직업적 차별을 말한다면, 어느 누구도 수용하려 하지 않을 것이다. 그리고 맹자가 유학자들이 먹고사는 문제를 걱정하지 않고 남들을 가르치고 교화하고 벼슬하는 신분상의 이익을 공고히 하려 한다고 비판할 것이다. 따라서 현대사회에서 봉건제적인 신분제도를 그대로 이어받는 것은 있을 수도 있어서도 안되는 일이다.

하지만 사람마다 자신이 선택한 직업적 역할을 충실히 수행하고, 공자가 정명론(正名論)에서 주장한 바와 같이 자신의 지위에 걸맞게 역할을 수행한다면 사회의 각 부분이 원활하게 작동할 것이고, 종국에는 사회 각 부분 간의 상호교류와 상호의존을 통하여 전체 사회가 인간이 살아가는 데 적절한 생활환경을 구축할 수 있게 될 것이다. 예를 들어 현대사회에서 농사를 지으면서 냉장고를 만들고 정치까지 할 수 있는 것은 아니므로, 농부는 농사를 지어 먹거리를 공급하고, 장인은 냉장고와 같은 생활용품을 공급하고, 정치인은 백성을 사랑하는 마음에서 정치를 올곧게 함으로써, 서로가 할 수 없고 만들 수 없는 것들을 다른 직업인으로부터 구하여 사용할 수 있게 되는 경우이다. 이처럼 맹자가 계승하고자 한 신분차별제도를 그대로 수용할 수는 없지만, 그가 주장한 노동의 분업은 현대사회에서도 충분히 수용가능한 주장이다.

하나라의 우임금은 순임금에게 천거되어 자신의 아버지가 성공하지 못한 황하강의 치수사업을 맡아 성공을 거둠으로써, 하나라를 건국한 사람이다. 우임금이 황하의 치수사업을 맡았을 때 8년 동안 자신의 집 대문을 세 번이나 지나가면서도 집에 들리지 않고 치수사업에 몰두하였다. 우리나라의 노동시간이 OECD 국가 중에서 상위권에 속하고, 일과 쉼 그리고 직장과 가정의 균형을 중시하는 현대사회에서 우임금의 사례는 부적절할 수도 있다. 그러나 그만큼 자신이 맡은 바 지위에 걸맞은 역할을 수행하는 데 있어서 한 치의 빈틈도 보이지 않으려는 직업인으로서의 자세와 업무태도는 본받아야 할 부분임에 분명하다.

사회복지조직이 지역주민이나 내담자에게 서비스를 제공하는 일은 그들을 사랑하는 진심어린 마음으로 서비스를 기획하고 이를 직접 제공하는 역할을 감당할 참다운 사회복지 인재를 얻는 것보다 쉬운 일이다. 다시 말해 사람을 살리고, 굽어진 삶을 바르게 펴주는 일을 하는 사회복지조직이 본연의 사명을 이행하고 목표를 달성하기 위해서는 인재를 찾아 등용하는 것이 서비스나 사업보다 더 중요하다는 뜻이다. 왜냐하면 서비스나 사업은 결국 그 일을 하는 사람에 달려 있기 때문이다. '사람이 일의 중심이다.'는 말도 이와 관련되어 있다. 그러므로 조직의 최고관리자는 지인(知人)의 혜안과 적재적소에 사람을 배치하여 부릴 수 있는 탁월한 용인술을 갖추어야 할 것이다.

　세상의 모든 물건이 같은 재료로 만들어졌다고 하더라도, 각 물건의 값은 천양지차인데, 같은 재료로 만들었다고 같은 값을 매긴다는 것은 잘못이라고 맹자는 지적하고 있다. 이를 사회복지실천가의 서비스에 비유하면, 사회복지실천가가 같은 종류의 서비스를 제공한다고 하더라도 서비스의 질은 천양지차일 수 있다. 사회복지실천가가 같은 서비스를 제공하면 내담자의 변화를 일으키게 되니 그것이 그것이라고 생각할지 모른다. 그러나 같은 서비스라도 제공하는 서비스의 질에 따라 내담자의 삶에 변화를 초래하는 정도는 매우 다를 수 있다. 그러므로 사회복지실천가는 똑같은 서비스를 제공하더라도 좀 더 양질의 서비스를 제공하기 위해서 심사숙고하고 꾸준히 노력을 기울여야 한다.

5-5

이자가 말했다. "유자들의 도리에 따르면, 옛 사람이 갓난아이를 보호하듯이 한다고 하였으니, 이 말은 무슨 말인가? 나는 생각하기를 사랑에는 차등이 없고, 베풂은 어버이로부터 시작한다고 여기노라." (夷子曰 儒者之道에 古之人이 若保赤子라하니 此言은 何謂也오 之則以爲愛無差等이요 施由親始라 하노라. 등문공장구 상-5)

🔷 다리 놓기

이자(夷子)는 모든 사람을 똑같이 사랑한다는 겸애(兼愛) 사상을 주장한 묵자

(墨子)를 따르는 사람으로, 묵자가 추구한 바와는 달리 아버지의 장례를 후하게 치른 것을 비판받자, 위와 같이 유학의 도리를 들어 말을 하고 있다. '사랑에는 차등이 없다.'는 것은 묵자사상을 표현하는 것으로, 부모와 이웃의 부모를 동등하게 사랑해야 한다는 주장이다. 그러나 이자는 이러한 묵자의 도리를 따르지 않고, 아버지의 장례를 후하게 치른 것은 사람을 사랑하는 데는 친소(親疏)가 있으므로, 사랑의 첫 시작은 부모, 형제로부터 시작하여 가깝고 먼 이웃과 온 세상으로 그 사랑을 미루어나가는 것이 바람직하다는 유학의 도리, 즉 친친(親親)의 원리를 따른 것이다.

겸애사상을 주장하는 묵자사상을 차용한다면 사회복지는 모두에게 평등한 보편적 복지를 추구할 것이다. 그러나 모두에게 평등한 서비스라는 것은 현실적으로 구현될 수 없는 것이다. 따라서 유학에서 말하듯이, 사회복지는 가까운 부모, 형제에서 시작하여 이웃과 나라, 전 세계로 그 사랑을 펼쳐가는 물결효과를 추구하는 것이 보다 바람직해 보인다. 즉, 제한된 자원을 사회적 보호를 필요로 하는 계층을 위하여 우선 배분하는 선별적 복지를 점차 넓혀 보편적 복지에 가까워지도록 확대해 가는 것이 현실적으로 실현 가능한 사회복지제도일 것이다.

6. 등문공장구 하(滕文公章句 下)

6-1

자기를 굽힌 자가 남을 곧게 세우는 경우는 있지 않다. (枉己者 未有能
直人者也니라. 등문공장구 하-1)

다리 놓기

제자 진대(陳代)가 맹자에게 자신을 굽혀서 제후들을 먼저 찾아가 만나면 왕업
이나 패업을 이룰 수 있으니 찾아가 보는 것이 어떠냐고 권유한다. 이에 맹자는
동산을 지키는 관리는 왕이 예에 맞지 않게 부르면 가지 않고, 말몰이꾼은 활 쏘
는 사람이 사냥을 잘할 수 있도록 말 모는 법을 어기지 않는다고 하면서, 사람의
출처와 거취는 이익[利]이 아닌 올바른 의리[義]를 따라야 하는 것이라고 훈계하고
있다. 즉, 자신의 올바른 의리를 굽혀서, 남이 이익을 얻도록 돕는 것은 이치에 맞
지 않는 일이니 해서는 안 된다고 맹자는 훈계하고 있다.

사회복지실천가 역시 사람인지라 눈앞에 작은 이익이 보이면 이를 취하고자
하는 마음이 생길 수 있다. 그러나 인간봉사전문직 종사자라면 작은 이익보다는
올곧은 길을 가는 것이 바른 처신이다. 사회복지실천가는 물질이나 지위, 권력이
라는 이익보다는 내담자의 행복과 바람직한 세상을 만드는 올바른 길을 걸어야
할 것이다.

내담자를 도움에 있어서도 사회복지실천가는 작은 지혜[小慧], 나쁘게 말해 잔

재주를 부려 내담자가 당장 필요로 하는 것들을 채워줄 수는 있고 삶의 무게를 조금 덜어줄 수는 있을 것이다. 그러나 이런 작은 지혜로는 내담자 삶의 근본적 변화를 일으키는 데 한계가 있으므로, 조금 늦고 조금 더 힘든 과정을 거치더라도 사회복지실천의 원칙들을 따르는 것이 올바른 선택이다. 즉, 사회복지실천의 원칙을 굳건히 지켜야만 내담자를 제대로 도울 수 있음을 사회복지실천가는 명심해야 할 것이다.

6-2

천하의 넓은 집[仁]에 살고, 천하의 바른 자리[禮]에 서며, 천하의 대도[義]를 행하여, 뜻을 얻으면 백성과 함께 도를 행하고, 뜻을 얻지 못하면 홀로 그 도를 행하며, 부와 명예가 마음을 방탕하게 하지 못하며, 빈곤함과 천함이 지조를 바꾸지 못하며, 위압과 무력도 그 뜻을 굽힐 수 없는 것 이것을 대장부라 이른다. (居天下之廣居하며 立天下之正位하며 行天下之大道하여 得志하여는 與民由之하고 不得志하여는 獨行其道하여 富貴不能淫하며 貧賤不能移하며 威武不能屈이 此之謂大丈夫니라. 등문공장구 하-2)

다리 놓기

맹자는 제후국의 합종연횡(合從連衡)을 주장한 종횡가(縱橫家)인 위나라의 공손연(公孫衍)과 장의(張儀)가 군주들을 충동질하여 다른 나라를 공격하게 함으로써 이에 빌붙어 권세를 누린다고 비판하였다. 이들과 달리 맹자는 인, 예, 의를 굳건히 지켜 따르면서 자신의 뜻을 펼 수 있는 기회를 얻으면 백성들과 함께 인, 예, 의의 도를 행하고, 만약 뜻을 펼 수 있는 기회를 얻지 못하면 홀로 그 도를 행할 뿐, 부귀를 탐하고 빈천을 걱정하지 않고, 위압과 힘에 굴복하지 않는 떳떳한 삶을 사는 것이 바른 삶의 길이라고 주장하고 있다.

사회복지실천가는 인간봉사전문직으로서 사람 사랑의 가치를 바탕으로, 올곧은 실천원칙과 사회규범을 잣대로 하여, 사람을 돕고 세상을 변화시키기 위한 노력을 경주해야 한다. 인간봉사전문직의 사명을 이행할 수 없는 상황에 처하게 된 경우에도, 사회복지실천가는 물질적 풍요와 높은 지위와 명예를 탐하고 불의한 세력의 위협에 굴복하여 인간봉사전문직으로서의 사명과 가치관을 버리지 말아야 한다. 사회복지실천가는 사람을 사랑하고 섬기는 일에 묵묵히 그리고 굳건히 매진할 뿐이다.

6-3

옛 사람들이 일찍이 벼슬하고자 하지 않는 것은 아니었으나, 그 도를 따르지 않고 벼슬하는 것을 미워하였다. (古之人이 未嘗不欲仕也언마는
고 지 인   미 상 불 욕 사 야
又惡不由其道하니. 등문공장구 하-3)
우 오 불 유 기 도

◆ 다리 놓기

사회복지실천가 역시 사람이고 노동자이므로, 높은 지위에 오르고 싶은 것은 인지상정이다. 그러나 사회복지실천가는 높은 자리에 오르기 위해서 일을 하는 것이 아니다. 사회복지실천가의 올바른 도(道)는 내담자와 지역사회를 섬기는 것이다. 내담자와 지역사회를 위해 헌신하지 않으면서, 높은 자리만 구한다면 그것은 사회복지실천가가 지켜야 할 도리를 어기는 것이다. 《논어》 위령공편 31장에서 '군자는 도를 도모하지 밥을 도모하지 않는다.'고 한 것에서 보듯이, 사회복지실천가는 높은 자리나 명예, 많은 급여를 탐하기 전에 자신에게 주어진 섬김의 사역에 최선의 노력을 기울여야 한다. 이처럼 사회복지실천가가 본연의 사명 이행에 충실하다 보면, 자리는 자연스럽게 따라 올 것이다.

6-4

그 도가 아니면 한 그릇의 밥이라도 남에게 받을 수 없다. (非其道인댄
비 기 도

則一簞食라도 不可受於人이어니와. 등문공장구 하-4)
즉 일 단 사   불 가 수 어 인

❖ 다리 놓기

　제자인 팽경(彭更)이 선비가 농부나 장인들처럼 일을 하지 않고 남에게 밥을 얻어먹는 것이 적절치 않지 않느냐고 묻는다. 이에 선비는 인의(仁義)를 행하고 제자들에게 학문을 가르치는 지식인으로서의 역할을 하는 것이 그의 일이므로 이런 정신노동의 대가로 남에게 밥을 얻어먹는 것은 타당하다고 맹자는 주장한다. 즉, 선비는 인의의 도를 행하여 대동사회를 만드는 데 뜻을 두고 이를 실행에 옮기기 위하여 노력하므로, 그에 합당한 처우를 받는 것은 당연하다고 맹자는 말하고 있다.

　사회복지실천가는 자신의 영달을 도모하는 자본주의 사회에서 남과 세상을 섬기는 사역을 맡은 사람이다. 선비가 인의를 펼치고자 하는 것과 같이 사회복지실천가는 남을 사랑하고, 올바른 세상을 만들기 위해 노력하는 일을 하는 사람이다. 그러므로 사회복지실천가의 뜻은 인의에 있고, 이를 구현하기 위해 헌신한다. 따라서 사회복지실천가는 남을 돕는 일을 하고 그에 걸맞은 급여로 생활해가는 직업인이다. 그러나 사회복지실천가가 자신을 돋보이게 하고, 높은 자리와 부를 얻기 위한 목적에서 남을 돕는 일을 한다면, 그의 뜻은 잘못된 것이다. 이때에는 일을 했다고 하여 급여를 받는 것을 부끄러워해야 한다. 아니 맹자의 말처럼 사회복지실천가가 자신보다는 남을 위하는 마음으로 남을 돕는 데 헌신하지 않는다면, 그는 급여를 받을 자격이 없을 뿐 아니라 받아서는 안 된다고 해도 과언이 아닐 것이다.

6-5

만일 왕도정치를 행한다면 온 세상 백성들이 모두 머리를 들고 오기를 기대하면서 자신들의 군주로 삼고자 할 것이다. (苟行王政이면 四海之內
구 행 왕 정   사 해 지 내

皆擧首而望之하여 欲以爲君하리니. 등문공장구 하-5)
개 거 수 이 망 지　　　욕 이 위 군

◈ 다리 놓기

　탕왕이 갈나라를 정벌하는 것으로 시작하여 하나라의 폭군 걸(桀)을 죽이고 은나라를 건설하여 인정으로 백성들을 편히 살게 한 사례와 주나라 무왕이 은나라의 폭군 주(紂)를 죽이고 백성들에게 인정, 즉 왕도정치를 펼친 사례를 들면서, 맹자는 누구든 인의에 기반을 둔 왕도정치를 시행하기만 한다면 모든 나라의 백성들이 그를 군주로 삼을 것이라고 말하고 있다. 즉, 무력에 의한 패도정치로 큰 나라를 일으킬 수는 있지만 백성들의 삶을 피폐하게 한다면 이는 정벌의 대상이 될 뿐이지만, 인의를 앞세워 백성들의 삶을 먼저 살핀다면 모든 백성이 그를 믿고 따를 것이므로 천하를 얻을 수 있다고 본다. 무력에 의한 패권보다 왕도정치를 통해 민심을 얻는 것이 더 중요하다는 것을 맹자는 역설하고 있다.

　사회복지실천에 비유한다면 패도정치에서 활용하는 무력은 기술과 기법에 비유할 수 있을 것이고, 인의를 기반으로 한 왕도정치는 원조관계에 비유할 수 있을 것이다. 사회복지실천가가 아무리 수준 높은 기술과 기법을 활용하여 내담자의 문제를 해결해 주려고 해도, 내담자의 신뢰를 얻지 못한다면 목적한 바의 변화를 일으키는 것은 쉽지 않다. 반대로 사회복지실천가가 내담자를 진정으로 돕고자 하는 마음을 보여 주고 내담자의 신뢰를 얻게 되면, 사회복지실천가가 전문기술이나 기법을 활용하지 않더라도 내담자는 변화의 동기를 갖고 스스로 자신의 문제를 해결하려 할 것이므로, 좋은 변화의 결과를 얻을 수 있을 것이다. 그러므로 사회복지실천에서 긍정적 변화라는 목표를 얻기 위해서는 기술과 기법보다 촉진적 원조관계를 먼저 형성해야 한다.

6-6

그대가 설거주(薛居州)를 선한 선비라 하여 그로 하여금 왕의 측근에 머물게 하니, 왕의 측근에 있는 자들이 나이가 많고 적음이나 지위의 낮고 높음에 관계없이 모두 설거주와 같은 사람이라면 왕이 누구와 더불어 불선을 할 것이며, 왕의 측근에 있는 자들이 나이가 많고 적음이나 지위의 낮고 높음에 관계없이 모두 설거주와 같은 사람이 아니라면 왕이 누구와 더불어 선을 하겠는가. 한 명의 설거주가 홀로 송나라 임금에게 어떻게 하겠는가. (子謂薛居州를 善士也라하여 使之居於王所하나니 在於王所者 長幼卑尊이 皆薛居州也면 王誰與爲不善이며 在王所者 長幼卑尊이 皆非薛居州면 王誰與爲善이리오 一薛居州 獨如宋王에 何리오. 등문공장구 하-6)

❈ 다리 놓기

송나라 신하인 대불승(戴不勝)이 같은 송나라 신하인 설거주를 선한 자라고 평가하였다. 이에 맹자는 왕이 아무리 선한 정치를 하고 싶어도 주변에 선한 선비가 있는가 선하지 않은 선비가 있느냐에 따라 왕도정치를 할 수도 있고, 패도정치를 할 수 있다고 말하면서, 한 명의 선한 신하로는 왕의 선한 정치를 이끌어낼 수 없다고 지적하고 있다.

사회복지조직에서도 최고관리자가 자신의 조직운영 철학을 구현할 수 있느냐는 주변의 부하 직원들이 어떤 사회복지와 조직운영에 관한 철학을 갖고 있는가에 따라 달라진다. 만약 최고관리자와 선한 조직운영 철학을 공유하는 자가 많다면 얼마든지 조직을 잘 이끌고 갈 수 있다. 그러나 다수가 그의 철학에 동조하지 않는다면, 그가 의도한 것과 다른 방향으로 조직을 운영할 수밖에 없을 것이다. 이처럼 사회복지조직의 최고관리자가 어떠한 조직운영 철학을 갖고 있느냐는 점도 중요하지만, 그에 못지않게 자신의 조직운영 철학에 동조하는 부하직원을 어느 정도 곁에 둘 수 있는가도 중요하다. 따라서 사회복지조직의 최고관리자는 인간봉사전문직의 사명과 부합하는 조직운영 철학을 갖춤과 동시에 이를 실현하기 위해서는 다수의 조직성원과 그의 조직운영 철학을 공유해야만 할 것이다.

6-7

맹자는 '옛날에 신하가 되지 않으면 임금을 알현하지 않는다.'고 하였다. 단간목은 (임금이 만나보려 하자) 담을 넘어 피해버렸고 …… 증자는 '(공손한 척하기 위해) 어깨를 움츠리고 아첨하여 웃는 것은 한 여름에 밭에서 일하는 자보다 더 힘들다.'고 하였다. (孟子曰 古者에 不爲臣하여는 不見하더니라 段干木은 踰垣而辟之하고 …… 曾子曰 脅肩諂笑 病于夏畦라하며. 등문공장구 하-7)

다리 놓기

옛날에 신하가 되지 않으면 왕을 만나지 않은 것이 예(禮)였으나, 위나라의 단간목이 왕이 만나러 오자 담을 넘어 피한 것은 박절하고 도량이 넓지 못한 행동으로써 적절한 처신이 아니다. 그리고 증자가 말했듯이 공손하게 보이려고 너무 지나치게 꾸며대는 것도 적절치 않다. 이처럼 과유불급(過猶不及), 즉 지나친 것이나 모자라는 것이나 모두 적절하지 않은 처신이다.

사회복지실천가가 내담자를 도움에 있어서 너무 지나치게 도와주려 하는 것은 내담자의 의존성을 높이기에 좋지 않다. 반면에 너무 적게 도와주는 것은 내담자 스스로가 변화하려는 의지를 꺾을 수 있으므로 적절치 않은 태도이다. 조직생활에서도 윗사람에게 잘 보이기 위해 지나치게 아부하듯이 행동하는 것도 좋지 않으며, 윗사람과 자신은 별개라고 생각하고 자신의 일에만 신경을 쓸 뿐 윗사람에 대해서는 나 몰라라 하는 행동도 적절치 않다. 다시 말해, 지나친 것도 모자라는 것도 모두 적절치 않으며, 넘치지도 그렇다고 부족하지도 않은 상황에 걸맞은 중정(中正)의 태도가 가장 바람직한 사회복지실천가의 태도이다.

6-8

만일 의리에 맞지 않는다는 것을 안다면, 속히 그만두어야 할 것이니 어찌 내년을 기다리겠는가. (如知其非義인댄 斯速已矣니 何待來年이리

오. 등문공장구 하-8)

◈ 다리 놓기

송나라 대부 대영지(戴盈之)가 정전법과 통행세, 시장의 세금을 당장 폐지하기 어려우니 점차 줄여나가서 내년에 폐지하는 것이 어떠하냐고 맹자에게 의견을 구한다. 이에 맹자는 남의 집 닭을 하루에 한 마리씩 훔치는 자가 이를 점차 줄여 한 달에 한 마리씩 훔치다가 내년에 그 훔치는 것을 그만두는 것이 어떠냐는 것과 동일하다고 말하면서, 의롭지 않은 행동인 줄 안다면 바로 그치는 것이 옳다고 주장하고 있다.

사회복지실천가 내담자의 문제해결을 도울 때 일반적으로 단계적 해결을 도모하라고들 한다. 그러나 그 문제가 내담자의 옳지 않은 태도나 행동에 의해 유발된 것이라면, 단계적 해결보다는 일시에 그만두게 하는 것이 바람직할 수 있다. 왜냐하면 내담자들이 자신의 잘못된 태도나 행동을 점진적으로 고치겠다고 말하는 경우에는 그 문제에 대한 자신의 책임을 회피하고 노력해도 힘이 부족하여[力不足] 도저히 고치거나 그만둘 수가 없다는 핑계를 댈 수 있기 때문이다. 그러므로 내담자의 태도나 행동이 사회규범에 명백히 어긋나는 경우에는 점진적이고 단계적인 해결보다는 즉시 일거(一擧)에 그만두게 하는 것이 더 바람직할 수 있다.

이 장구는 내담자의 태도나 원조에 국한되지 않고, 사회복지실천가에게도 그대로 적용될 수 있다. 사회복지실천가도 사람인 이상 잘못을 할 수는 있다. 그러나 자신의 태도나 행동이 전문직의 윤리나 사회규범과 어긋나는 잘못된 것을 알았다면, 그것을 단박에 고치는 자세가 필요하다. 이런 저런 핑계를 대면서, 잘못된 행동을 고치지 않는 것은 인간봉사전문직 종사자의 올바른 태도가 아니다.

🏵 6-9

내가 또한 (그릇된 주장이나 학설에 물든) 사람들의 마음을 바로잡아 그릇된 학설을 종식시키며, 한쪽으로 치우친 행실을 막으며, 음탕한 말을 추방

> **하여, 세 성인을 계승하려는 것이다.** (我亦欲正人心하여 息邪說하며
> 　　　　　　　　　　　　　아 역 욕 정 인 심　　　　식 사 설
> 距詖行하며 放淫辭하여 以承三聖者로니. 등문공장구 하-9)
> 거 피 행　　　방 음 사　　　이 승 삼 성 자

❖ 다리 놓기

　맹자는 춘추전국시대의 폭군의 폐해와 위아사상(爲我思想), 즉 극단적 이기주의를 주창한 양주(楊朱)와 겸애사상(兼愛思想), 즉 지나친 박애주의를 주창한 묵적(墨翟)의 사상을 비판하면서, 성군인 요와 순, 주나라의 문왕과 무왕, 그리고 공자의 유학사상을 계승 발전하는 역할을 자임하였다. 특히 위아사상은 자신만을 위하고 임금의 존재에 개의치 않으며, 겸애사상은 자신의 어버이와 남의 어버이를 동일하게 여기는 점을 들어 이 두 사상이 무군무부(無君無父)의 이단 학설이라고 단정을 짓고, 이 두 가지 사상에 속아 넘어간 백성들의 마음을 유학의 도리로 회복시키겠다고 맹자는 선언하고 있다.

　요즈음 학문의 흐름은 다른 이론이나 학설에 대한 배척이나 부정보다는 통섭과 융합이 대세라 할 수 있다. 다시 말해 인간과 세상을 이해하고 변화시키는 데 단 하나의 이론만이 옳다고 주장하는 것은 옳지 않다는 생각이 학계를 지배하고 있다. 물론 신비주의를 추구하고 과학적 근거가 없이 사람들로 하여금 허황된 희망을 갖게 하는 사설이 없는 것은 아니지만, 최근 사회복지 관련 학문분야의 이론을 사설이나 이단으로 규정하는 것은 바람직하지 못하다. 제자백가가 횡행했던 시대적 상황에서는 맹자처럼 자신이 주창하는 바를 지켜내기 위해 다른 학설들과의 투쟁이 필요했을 것이다. 그러나 내담자와 세상의 변화를 도모하기 위해 오로지 사회복지의 지식과 기술만 옳고 다른 것은 모두 틀리다고 말하는 편벽된 전문가주의는 바람직하지 않다. 오히려 내담자와 세상의 이해와 그들을 원조하는 데 보탬이 된다면, 다른 학문분야의 지식과 기술을 폭넓게 활용하는 것이 포스트모더니즘 시대의 사회복지학이 취해야 할 학문적 태도로 적합하다 할 수 있다.

6-10

그(진중자) 자신은 신을 짜고 아내는 길쌈하여, 곡식을 바꾸어 먹습니다.
(彼身織屨하고 妻辟纑하여 以易之也니이다. 등문공장구 하-10)
피 신 직 구   처 벽 로   이 역 지 야

❖ 다리 놓기

제나라 사람 광장(匡章)은 위 장구에서 보는 바와 같이 세상을 등지고 자신과 부인이 노동을 통해 얻은 것으로 궁핍하게 살아가고 있는 제나라 선비 진중자(陳仲子)를 청렴한 선비라고 칭찬하였다. 이에 맹자는 진중자가 형과 어머니에 대해 지켜야 할 사람으로서의 도리[人倫]를 지키지 않은 채 세상을 등지고 혼자 청렴한 듯이 살아가는 것은 옳지 않다고 비판한다.

사회복지실천가는 사사로운 욕심을 부리지 않고 옳지 않은 것을 취하지 않으면서 청렴하게 살아가야 한다. 그러나 사회복지실천가 자신에게 주어진 내담자를 원조하는 것에는 최선을 다하면서도, 사람이 살아가기에 적절하지 않은 세상의 불의(不義)를 보고도 자신의 책임이 아니라며 뒷짐을 지고 있다면 반쪽 사회복지실천가라 할 수 있다. 사회복지실천가는 사람을 도와 변화시키기 위해 노력해야 하지만, 그 사람이 살고 있는 세상을 사람 살만한 세상으로 변화시켜야 할 사명도 동시에 지니고 있기 때문이다. 지금 세상에서 사회복지실천가는 사회행동, 사회계획 등의 방법을 활용하여 세상의 변화를 도모하는 일에 적극 참여해야 한다.

7. 이루장구 상(離婁章句 上)

7-1

한갓 선심만으로는 정사를 할 수 없고, 한갓 법(제도)만으로는 저절로 행해지지 않는다 …… 높은 대(臺)를 만들려면 반드시 언덕을 이용해야 하고, 깊은 연못을 만들려면 반드시 늪지를 이용해야 한다 …… 오직 인자만이 높은 지위에 있어야 하는 것이니, 불인하면서 높은 지위에 있으면 이는 그 폐해를 여러 사람에게 끼치는 것이다. (徒善이 不足以爲政이요 徒法이 不能以自行이라 …… 爲高호되 必因丘陵하며 爲下호되 必因川澤이라 …… 惟仁者아 宜在高位니 不仁而在高位면 是는 播其惡於衆也니라. 이루장구 상-1)

🔷 다리 놓기

이 장구에서 선심은 사회복지의 가치를, 법은 사회복지 제도를 지칭한다고 볼 수 있다. 사회복지정책에서 선심만으로 제도를 만들어 행할 수는 없으며, 아무리 제도가 만들어져도 사회복지의 기본 가치를 벗어난 것은 사회복지제도로서의 성과를 거둘 수 없다.

또 다른 측면에서 선심은 사회복지실천가의 가치, 법은 사회복지실천가의 기술을 지칭한다고 볼 수도 있다. 내담자를 원조함에 있어서 가치만으로 그의 변화를 도모할 수는 없으며, 기술만으로 그의 변화를 이끌어 낼 수도 없다. 사회복지실천가의 가치와 기술이 융합되었을 때만, 내담자를 올바르게 돕고 그의 변화도 이끌어 낼 수 있다. 이때 사회복지실천가가 활용하는 기술은 자신이 판단하기에 적절할 것이라고 생각되는 것보다는 이미 사회복지실천에서 효과가 입증된 기술을 활용하는 것이 더 바람직하다. 다시 말해 근거기반 실천(evidence-based practice)을 하는 것이 바람직하다.

사회복지조직은 이익을 창출하는 것이 아니라 사람 사랑의 가치를 실천하여 인간에게 봉사하는 조직이다. 그러므로 그 조직에서 직위를 갖게 된 모든 사람은 사람 사랑의 가치, 즉 인의 가치를 갖추어야 한다. 그렇지 않고 사람을 사랑하지 않는 사람이 사회복지조직의 높은 직위에 오르게 되면, 사람 사랑의 가치에 기반을 둔 실천이나 서비스는 줄어들 것이 자명하다. 그러므로 맹자는 사람을 사랑하지 않는 불인자(不仁者)는 높은 직위에 올라서는 안 된다고 했다. 사회복지조직의 관리자라면 이 말의 무거움을 깊이 생각해야 할 것이다.

🔵 7-2

군주가 되고자 한다면 군주의 도리를 다할 것이요, 신하가 되고자 한다면 신하의 도리를 다해야 한다. 두 가지를 모두 요임금과 순임금을 본받을 뿐이다. (欲爲君인댄 盡君道요 欲爲臣인댄 盡臣道니 二者를 皆法堯舜而已矣니. 이루장구 상-2)

🔶 다리 놓기

공자의 정명론에서 보듯이, 맹자 역시 군주가 되려면 군주의 도를 다하고 신하가 되려면 신하의 도를 다하라고 권고하고 있다. 그리고 한 걸음 더 나아가서 각자의 도리를 다하기 위해서는 성인인 요임금과 순임금을 모델로 삼아 본받을 것을 권면하고 있다.

사회복지실천가 역시 실천가로서의 지위에 걸맞은 섬김의 도리를 다해야 한다. 그러나 스스로가 사회복지실천가로서의 도리를 찾아내고 그 길을 걸어간다

는 것이 쉽지만은 않다. 그러기에 맹자가 말했듯이 사회복지의 역사에서 본받을
만한 선배 사회복지실천가의 자세와 실천행동을 모델로 삼고, 그를 본보기로 하
여 자신의 자세와 실천행동을 가다듬는 것이 바람직할 것이다.

7-3

지금에 죽고 망하는 것을 싫어하면서 불인을 좋아하니, 이는 취하는 것을
싫어하면서 술을 억지로 마시는 것과 같다. (今에 惡死亡而樂不仁하나
니 是猶惡醉而强酒니라. 이루장구 상-3)

◈ 다리 놓기

맹자는 인(仁)하면 천하를 얻고, 불인(不仁)하면 천하를 잃으며, 천자부터 일반
백성에 이르기까지 인하지 못하면 모든 것을 잃는다고 말하면서, 죽고 망하는 것
을 싫어하면서도 요즈음 세상에서는 불인을 한다고 개탄하고 있다.

사회복지의 기본 가치는 바로 인이다. 그러므로 사회복지에서 인을 빼 버린다
면 사회복지는 존재의 의미가 없어진다. 사람을 사랑하는 마음을 기반으로 한 정
책과 실천이 이루어지지 않으면 사회복지의 존재 자체가 무의미해지지만, 요즘의
사회복지실천현장에서는 사람 사랑의 가치를 충실히 따르지 않는 경우들이 가끔
보인다. 이런 일이 계속 벌어진다면, 사회복지를 대신 행해 달라고 위임했던 일반
국민들의 전문직에 대한 신뢰가 무너지게 될 것이고, 결국은 사회복지제도 무용
론에 직면할 수도 있다. 모든 사람이 사람을 사랑하는 인의 마음을 가져야 하지
만, 인간봉사전문직인 사회복지실천가는 인에서 촌각(寸刻)이라도 떠나 있어서는
안 될 것이다.

7-4

사람을 사랑해도 친해지지 않거든 그 인(仁)을 돌이켜 보고, 사람을 다스
려도 다스려지지 않거든 그 지(智)를 돌이켜 보고, 사람에게 예(禮)를 해도

보답하지 않거든 그 경(敬)을 돌이켜 보아야 한다. 행하고서 얻지 못함이
있거든 모두 자신에게 돌이켜 찾아야 하니, 그 몸이 바루어지면 천하가
돌아오는 것이다. (愛人不親이어든 反其仁하고 治人不治어든 反其智
하고 禮人不答이어든 反其敬이니라 行有不得者어든 皆反求諸己니
其身正而天下歸之니라. 이루장구 상-4)

🔷 다리 놓기

　인, 즉 사람 사랑의 가치에 기반하여 내담자를 존중하여도 그와 친밀한 원조관
계를 형성할 수 없다면, 사회복지실천가 자신의 사랑이 부족하지는 않은지 돌아
보아야 한다. 내담자의 문제를 해결하기 위하여 서비스를 제공하여도 변화의 기
미가 보이지 않으면, 자신의 전문적 지식과 역량이 부족하지는 않은지 돌아보아
야 한다. 내담자를 공손히 대함에도 그에 상응하는 태도를 보이지 않고 변화의 동
기조차 보이지 않는다면, 자신이 내담자를 공경하는 마음이 부족한 것은 아닌지
돌아보아야 한다.

　내담자를 대하고 돕는 과정에서 무엇인가를 했음에도 내담자의 태도나 문제에
변함이 없다면, 다른 곳에서 그 원인을 찾지 말고 사회복지실천가 자신의 가치관,
지식, 기술의 부족함이 없는지 스스로 성찰하고 이를 채우기 위해서 노력해야 한
다는 것이다. 《대학》에서 수신제가치국평천하(修身齊家治國平天下)라고 했듯이,
사회복지실천가 자신의 전문적 역량을 갈고 닦으면 내담자든 사회든 그 이상이든
변화를 일으킬 수 있다. 그러므로 사회복지실천가는 자신을 성찰하고, 자신을 계
발하기 위한 노력을 단 한순간도 멈춰서는 안 될 것이다.

🔷 7-5

천하의 근본은 나라에 있고, 나라의 근본은 집에 있고, 집의 근본은 자신
에게 있는 것이다. (天下之本은 在國하고 國之本은 在家하고 家之

本은 在身하니라. 이루장구 상-5)
본   재신

◈ 다리 놓기

《대학》에서 천자로부터 서인에 이르기까지 모두 수신을 근본으로 삼는다고 했다. 이에 따르면 국가와 사회를 사람이 살만한 곳으로 변화시키고, 내담자의 삶의 질을 개선하는 것도 모두 사회복지실천가 자신을 갈고 닦는 것에서부터 시작되는 것이다. 그러므로 사회복지실천가는 자신의 전문적 역량을 갈고 닦는 데 한 치의 망설임이나 멈춤이 있어서는 안 된다.

7-6

정사를 하기가 어렵지 않으니, 대신의 집안에게 죄를 짓지 말아야 한다.
(爲政이 不難하니 不得罪於巨室이니. 이루장구 상-6)
위정   불난   부득죄어거실

◈ 다리 놓기

맹자는 나라를 잘 다스리기 위해서는 한 나라의 권문세가(權門勢家), 즉 한 나라를 든든하게 뒷받침해온 명망 있는 신하나 대신의 집안으로부터 원망을 받지 않고, 그들이 분노하지 않도록, 덕으로 나라를 다스리면 된다고 보았다.

정치에서의 대신의 집안은 사회복지실천에서 내담자에 비유할 수 있다. 그러므로 사회복지실천가가 내담자를 진심으로 돕고자 하는 의지를 보이고, 그들을 존경하고 예를 다하여 대하면, 그들의 신뢰를 얻고 그들과 친화관계(rapport)를 형성할 수 있게 될 것이다. 이러한 친화관계가 형성된다면, 사회복지실천가가 내담자를 원조하고 그의 변화를 도모하는 것은 보다 쉽게 이루어질 수 있다. 촉진적 원조관계가 형성되지도 않았는데, 내담자를 변화시키려고 하면 그들의 저항에 직면하게 될 것이고, 결국에는 원조과정이 중간에 종결되고, 소기의 목적달성은 불가능해질 것이다.

7-7

하늘의 이치를 순종하는 자는 살아남고, 하늘의 이치를 거스르는 자는 망한다. (順天者는 存하고 逆天者는 亡이니라. 이루장구 상-7)

다리 놓기

유학에서는 사람과 세상의 모든 일이 하늘의 이치[天理]에 따라 움직이고, 그 하늘이 사람에게 내린 명령을 천명(天命)이라 한다. 이러한 천명을 따르면 살고, 거스르면 죽는다고 보고 있다.

유학에서의 천명은 사회복지조직과 사회복지실천가의 사명(mission)에 해당한다. 사회복지조직과 사회복지실천가가 사람을 돕고 세상을 변화시키는 사명을 적극적으로 이행하지 않는다면, 그 존재가치 자체가 없는 것이나 마찬가지다. 그러므로 나눔과 섬김의 사명을 이행하는 사회복지조직과 사회복지실천가는 흥(興)할 것이고, 그렇지 않은 조직과 실천가는 그 지위를 잃을 것이 분명하다.

7-8

사람은 반드시 스스로 업신여긴 뒤에 남이 그를 업신여긴다. (夫人必自侮然後에 人侮之하며. 이루장구 상-8)

다리 놓기

사람이 스스로 자신을 업신여긴다는 말은 자신이 남들로부터 업신여김을 당할 만한 행동을 한다는 의미이다. 사회복지실천가가 내담자나 지역주민으로부터 손가락질 당할만한 잘못된 태도를 갖거나 비합리적 행동을 하게 되면, 내담자나 주민들은 그를 믿고 따르지도 그의 도움을 받으려 하지도 않을 것이다. 그러므로 사회복지실천가는 사회복지의 본질적 가치를 마음 깊이 새기고, 윤리강령이 요구하는 바를 굳게 지켜 따름으로써, 남들로부터 '된 사람'이라는 칭찬을 받을 수 있어야 할 것이며, 적어도 손가락질 당할 행동을 해서는 안 될 것이다.

7-9

백성을 얻는데도 길이 있으니, 그 마음을 얻으면 백성을 얻을 것이다. 마음을 얻는데도 길이 있으니, 백성이 원하는 바를 위하여 모아주고, 백성이 싫어하는 바를 베풀지 말아야 한다. (得其民이 有道하니 得其心이면 斯得民矣리라 得其心이 有道하니 所欲을 與之聚之요 所惡를 勿施爾也니라. 이루장구 상-9)

🔷 다리 놓기

　맹자는 천하를 얻으려면 백성을 얻어야 하고, 백성을 얻으려면 그 마음을 얻어야 하며, 그들의 마음을 얻으려면 원하는 것을 모아 주고 싫어하는 것을 베풀지 않으면 된다고 말하고 있다. 사회복지실천가가 지역사회와 내담자의 삶에 변화를 일으키고자 한다면, 지역주민과 내담자의 마음을 먼저 얻어야 하며, 그들의 마음을 얻으려면 그들이 원하는 것을 해주고 그들이 싫어하는 것을 하지 않으면 된다. 다시 말해 사회복지실천가가 지역사회와 내담자의 변화를 도모하기 위해서는 사회복지실천가가 자신들을 진정으로 도와줄 것이라는 신뢰를 먼저 구축하여야 하며, 이를 바탕으로 촉진적 원조관계를 형성해야만 하는 것이다. 개입과 변화보다 앞서야 하는 것은 내담자의 마음을 얻는 것이고 원조관계를 형성하는 것이 사회복지실천의 기본 원칙임을 사회복지실천가는 기억해야 할 것이다.

7-10

스스로 해치는 자는 더불어 말할 수 없고, 스스로 버리는 자는 더불어 일할 수 없으며, 말로써 예와 의를 비방하는 것을 자기를 해치는 것이라 하고, 내 몸은 인에 머물고 의를 따를 수 없다고 하는 것을 스스로 버리는 것이라 한다. 인은 사람의 편안한 집이요, 의는 사람의 바른 길이다. (自暴者는 不可與有言也요 自棄者는 不可與有爲也니 言非禮義를 謂

之自暴也요 吾身不能居仁由義를 謂之自棄也니라 仁은 人之安宅
　지자포야　　오신불능거인유의　　위지자기야　　　　인　인지안택
也요 義는 人之正路也라. 이루장구 상-10)
야　의　　인지정로야

🔶 다리 놓기

우리들이 흔히 말하는 자포자기(自暴自棄)와 관련된 장구이다. 사회복지실천은
그 대상이 누구고 그 방법이 무엇이든 내담자의 변화를 이끌어 내는 것이 목표이
다. 그러나 옳고 바른 것을 그르다고 하면서 비난하고, 자신은 옳고 바른 것을 할
능력이 없다면서 스스로 변화를 거부하거나 포기해버리는 경우에는 아무리 뛰어
난 사회복지실천가도 내담자를 변화시킬 수 없다. 송나라 성리학자인 정이천(程
伊川)은 사람의 본성은 본래 선하고 아름다우므로, 지극히 지혜로운 자[上智]와 지
극히 어리석은 자[下愚]를 제외하고는 스스로의 노력으로 변화함으로써 아름다운
본성을 회복할 수 있다고 했다. 이 중에서 상지는 성인(聖人)에 해당하므로 변화
되어야 할 부분이 없는 완벽한 인간이며, 하우는 다름 아닌 자포자기하는 사람이
다. 그러므로 사회복지실천가는 내담자의 변화를 도모함에 있어서 가장 우선적
으로 해야 할 일은 내담자의 변화 동기를 높은 수준까지 끌어 올리는 것이며, 자
포자기하지 않도록 하는 것이다.

인에 대해서는 여러 가지 정의가 있을 수 있으나, 가장 널리 알려진 정의는 공
자가 제자 번지에게 말한 '사람을 사랑하는 것[愛人]'이다. 인은 사람이 서로를 사
랑하고 아끼는 관계를 형성하는 것이므로, 상호 간의 유대와 협력을 통해 공동체
를 만들고 통합된 사회의 밑거름이 된다. 의는 '마땅함' 또는 '올바름'으로서, 사리
사욕에 얽매이지 않고 사회의 구성원으로 살아가면서 사람이 마땅히 행해야 할
것이다. 모든 사회성원이 그 사회가 요구하는 올바른 길을 따라 살아간다면, 그
사회는 정의롭고 공평하며 사람 살기 좋은 세상이 될 것이다. 이처럼 사회복지는
인의(仁義)를 구현하는 것, 즉 사람을 사랑으로 보살피고, 세상을 올바른 삶의 터
전으로 만들어가는 것을 목표로 해야 한다.

> **7-11**
>
> 도가 가까운데 있는데도 먼 곳에서 구하며, 일이 쉬운데 있는데도 어려운 데서 찾는다. 사람마다 각기 그 어버이를 친히 하고, 그 어른을 어른으로 섬기면 천하가 평안해질 것이다. (道在邇而求諸遠하여 事在易而求諸難하나니 人人이 親其親하며 長其長이면 而天下平하리라. 이루장구 상-11)

◈ 다리 놓기

　사회복지가 이상적 사회를 만드는 것과 같은 고원한 목표를 두어서는 안 되며, 사람들의 삶의 현장에 깊이 관여하여야 한다. 이 장구에서의 말처럼 사람들마다 모두 자신의 부모를 자신의 몸같이 아끼고 사랑하여 잘 부양하고, 윗사람을 웃어른으로 대접하고 섬긴다면, 세상이 모두 서로를 아끼고 사랑하고 돕는 곳으로 바뀌어 갈 것이 분명하다. 그러므로 사회복지는 자기 가까이에 있는 사람을 사랑하고 보살피는 것을 점점 넓혀나가는 물결효과를 추구해야 한다.

　사회복지실천에서 내담자의 변화를 도모하기 위하여 역량강화, 성장, 자기실현 등과 같은 높고 추상적인 목표를 추구하기도 한다. 하지만 이들 목표는 매우 추상적이고 어떤 경우에는 내담자의 삶의 장면들과 연결되지 않는 경우도 있다. 그러므로 사회복지실천가는 내담자가 삶의 과정에서 직면하게 되는 직접적인 어려움이나 구체적인 욕구를 먼저 해결하고, 쉽게 변화할 수 있고 그러면서도 실생활에 보탬이 될 수 있는 구체적인 삶의 변화를 먼저 도모해야 할 것이다. 그리고 이를 단계적으로 높이고 넓혀 나가서 성장이나 자기실현 등의 고원한 목표로 나아가는 것이 바람직하다.

> **7-12**
>
> 지극히 성실히 하고서 감동시키지 못하는 자는 있지 않으니, 성실하지 못하면 능히 감동시킬 자가 있지 않다. (至誠而不動者 未之有也니 不誠

> 이면 未有能動者也니라. 이루장구 상-12)
> _{미 유 능 동 자 야}

❖ 다리 놓기

 사회복지실천가가 성실하지 못하다면 어느 누구의 신뢰도 얻을 수 없을 뿐 아니라 자신에게 주어진 역할도 제대로 수행하지 못할 것이며, 더 나아가 내담자의 삶에 보탬이 되기는커녕 오히려 내담자 삶의 방해꾼이 될 수도 있다. 사회복지실천가가 성실하지 못하다면, 어떤 국민도 그에게 다른 사람을 돕는 일을 대신 맡기지 않을 것이니, 결국 사회복지실천가의 가장 기본이 되는 자세는 성실함이다. 따라서 사회복지실천가는 늘 자신이 남을 돕는 인간봉사전문직 종사자로서의 사명을 어떻게 하면 성실히 이행할 수 있을 것인가에 대해 깊이 생각해야 한다.

 사회복지실천가가 내담자와 원조관계를 형성함에 있어서, 불성실하다면 내담자는 그가 자신을 도와줄 것이라는 기본적인 믿음조차 갖지 않을 것이므로 촉진적 원조관계의 형성은 불가능하다. 말 그대로 사회복지실천가가 지극한 성실함을 보일 때 내담자는 변화의 동기를 가질 수 있게 될 것이다. 어떤 학자는 성(誠)을 '열렬함'이라고 변역하고 있는데, 이 번역을 따르면 사회복지실천가가 내담자를 돕고자 하는 열렬한 마음을 보여주고, 내담자를 돕는 데 열성을 다한다면 내담자의 변화를 반드시 이끌어 낼 수 있을 것이다. 지성(至誠)이면 감천(感天)이라는 말이 있듯이, 사회복지실천가가 지극한 정성을 보이면 내담자의 마음을 움직여 그의 삶에 변화를 이끌어 낼 수 있다.

7-13

 백이가 주왕을 피하여 북해의 물가에 살더니, 문왕이 일어났다는 말을 듣고 흥기하여 '내 어찌 그에게 돌아가지 않겠는가. 내 들으니 문왕은 늙은 자를 잘 봉양한다고 했다.'고 말했다. (伯夷避紂하여 居北海之濱이러_{백 이 피 주   거 북 해 지 빈}
니 聞文王作하고 興曰 盍歸乎來리오 吾聞西伯은 善養老者라하며._{문 문 왕 작   홍 왈 합 귀 호 래   오 문 서 백   선 양 노 자}

> 이루장구 상-13)

◈ 다리 놓기

현대의 사회복지는 보편적 복지이념을 따르는 경향이 강해지고 있다. 인정(仁政)을 펼친 주나라 문왕은 가장 힘들게 살아가는 사궁(四窮), 즉 환과고독(鰥寡孤獨)을 최우선적으로 보살폈다. 한 나라의 자원이 풍요롭다면 보편적 복지를 실행에 옮기는 것이 가장 바람직하다. 그러나 세계 어떤 나라도 보편적 복지를 온전히 실행에 옮기지는 못한다. 더구나 증세(增稅)에 대한 반발이 심한 우리 사회의 경우에는 자원의 제한으로 인하여 보편적 복지로 옮아가는 데 많은 시간이 소요될 것이다. 따라서 보편적 복지를 지향하고 추구하되, 사회적 보호를 가장 필요로 하는 계층을 위한 사회복지제도부터 확대하고 강화해 가는 선별적 복지를 더욱 단단히 해야 할 것이다.

7-14

전쟁을 중시하는 자는 극형을 받아야 하고, 제후들의 합종연횡을 주장하는 자는 그 다음 형벌을 받아야 하고, 황무지(풀밭과 쑥밭)를 개간하여 토지를 떠맡기는 자는 그 다음 형벌을 받아야 한다. (善戰者服上刑하고
연 전 자 복 상 형
連諸候者次之하고 辟草萊任土地者次之니라. 이루장구 상-14)
연 제 후 자 차 지   벽 초 래 임 토 지 자 차 지

◈ 다리 놓기

이 장구에서 맹자는 제자백가 중에서 부국강병을 강조하는 병가(兵家), 종횡가(縱橫家), 농가(農家)를 비판하고, 인정을 베풀 것을 강조하고 있다. 우리나라에서 한동안 '분단국가이므로 국방이 우선이어야 한다.'는 주장과 '경제가 성장해야 나눠먹을 파이(pie)도 커진다.'고 하면서, 경제성장에 따른 복지의 확대라는 낙수효과를 주장하는 보수적 복지이념을 지닌 사람들이 많았었다.

하지만 세계 경제대국으로 성장하는 과정에서 나타난 양극화의 문제가 심화되

면서, 이제는 국정(國政)에서 사회복지의 우선순위를 예전보다는 높게 평가하고 있다. 그러나 여전히 국방과 경제 그리고 복지라는 세 축 중에서 경제와 안보를 더 많이 강조하는 경향은 엄존하고 있어, 우리 사회가 복지국가로 전환하는 데 있어 늘 걸림돌이 되고 있다. 선성장 후분배(先成長 後分配)의 경제중심의 논리가 엄존하고 있는 이상 진정한 의미의 복지국가를 완성하는 데는 많은 시간이 소요될 것이다. 하지만 사회복지는 '밑 빠진 독에 물 붓기'가 아닌 경제를 활성화시키고 사회통합을 촉진하여 전쟁을 억제하는 효과를 지닌다. 따라서 사회복지전문직에서는 복지와 경제 그리고 국방이 상충관계가 아닌 상생관계라는 인식을 사회성원들에게 확산시켜 나가기 위해 노력해야 한다.

🌐 7-15

그의 말을 들어보고, 그의 눈동자를 관찰한다면 사람들이 어떻게 숨기겠는가. (聽其言也요 觀其眸子면 人焉瘦哉리오. 이루장구 상-15)
청 기 언 야   관 기 모 자   인 언 수 재

◈ 다리 놓기

사람을 살펴보는 것 중에 말과 눈동자만큼 좋은 것은 없다. 마음이 바르면 눈동자가 맑고, 마음이 바르지 못하면 눈동자는 흐리다. 그 사람이 하는 말을 듣고, 그 사람의 눈동자를 본다면 그 사람의 본 마음을 알 수 있다. 결국 그 사람을 진정으로 이해하고자 한다면, 그의 말뿐 아니라 비언어적 의사소통까지도 면밀히 살펴야 한다는 것이다.

특히 사회복지실천의 원조관계 형성과 실천과정에서 언어적 의사소통 못지않게 비언어적 의사소통의 이해가 내담자 이해에 필수적이다. 그러므로 사회복지실천가는 내담자의 언어적 표현뿐 아니라 눈빛을 비롯한 비언어적 의사소통을 면밀히 관찰하고 이해해야 할 것이다.

7-16

공손한 사람은 남을 업신여기지 않고, 검소한 사람은 남의 것을 빼앗지 않는다. (恭者는 不侮人하고 儉者는 不奪人하나니. 이루장구 상-16)

◈ 다리 놓기

사회복지의 핵심가치는 인간 존엄성의 존중이다. 인간 존엄성 존중의 가치를 표현하는 방법은 다양하지만, 가장 우선되어야 할 것은 사람을 업신여기지 않고 공손히 대하는 것이다. 그리고 사회복지실천가는 자신의 욕심을 채우기 위해 남의 것을 탐하는 것이 아니라 자신을 헌신하여 남의 성장과 발전을 돕는 것이기에 검소한 사람의 자질 또한 갖추어야 한다. 이처럼 공손함과 검소함은 사회복지실천가가 갖춰야 할 중요한 태도임에 분명하다.

7-17

천하가 도탄에 빠지거든 도로써 구원하고, 제수(弟嫂)가 물에 빠지거든 손으로써 구원하는 것이니, 자네는 손으로 천하를 구하고자 하는가. (天下溺이어든 援之以道요 嫂溺이어든 援之以手니 子欲手援天下乎아. 이루장구 상-17)

◈ 다리 놓기

특정 문제를 해결하기 위해 늘 옳은 방법이 존재하는 것은 아니므로, 상황에 따라 문제해결의 방법은 달라질 수 있다. 그렇다고 하더라도 내담자의 문제를 해결하고 사회의 변화를 일으키는 데 가장 적절한 방법이 있기 마련이다. 따라서 사회복지실천과정에서 실천가는 내담자와 사회의 변화를 도모하는 데 가장 적합한 문제해결방안을 찾기 위해 노력해야 하며, 그러한 노력도 기울이지 않고 손쉬운 방법을 써서 문제를 해결하려 해서는 안 된다.

7-18

아버지께서 나를 바름으로써 가르치시지만, 아버지도 행실이 바름에서 나오지 못 하신다 …… 부자간에는 선으로 책하지 않으니 선으로 책하면 멀어지게 된다. 정이 멀어지면 나쁜 것이 이보다 더 큰 것이 없는 것이다. (夫子敎我以正하사되 夫子도 未出於正也라 …… 父子之間은 不責 善이니 責善則離하나니 離則不祥이 莫大焉이니라. 이루장구 상-18)

🔷 다리 놓기

옛날에 부모가 자기 자녀를 직접 가르치지 않았는데, 그 이유는 부자관계가 깨질 것을 우려해서이다. 아버지가 늘 올바름으로 가르치려 하지만, 아버지가 올바른 행실의 모범을 보이지 못하면, 아들이 아버지의 올바르지 못함을 비난하게 되고, 그로 인해 부자간의 관계가 멀어지는 것이다. 즉, 부자간에 무엇이 옳고 좋은 것이라는 것을 놓고 서로 책망하게 되면 정이 멀어지게 되고, 결국 관계가 깨지게 된다. 그러므로 부자간에는 선으로 책망할 일을 만들지 말아야 한다.

사회복지실천가와 내담자의 관계는 혈연관계가 아닌 내담자의 삶의 변화를 도모하기 위해 맺은 계약관계이다. 그러므로 내담자가 좋은 쪽으로 변화하도록 원조하여야 하므로, 때로는 내담자에게 올바른 행동을 하도록 책선(責善)할 수 있는 관계이다. 그러나 사회복지실천가가 내담자에게 너무 지나치게 올바른 행동을 하도록 요구하게 되면, 서로 간에 형성되어 있던 친화관계(rapport)가 깨질 수 있으므로 책선을 지나치게 하는 것은 피해야 한다.

뿐만 아니라 사회복지실천가는 내담자에게는 올바른 행동을 요구하면서 자신은 바르지 않은 행동을 한다면, 내담자의 비난을 받게 될 것이므로, 이 역시도 친화관계를 해치는 결과를 낳게 될 것이다. 그러므로 사회복지실천가는 내담자의 행동모델로서의 역할을 충실하게 이행해야 할 것이며, 이를 위해 자기성찰과 절차탁마의 수신(修身)하는 노력을 멈추어서는 안 된다.

7-19

누군들 섬길 수 없겠냐만 부모를 섬기는 것이 섬김의 근본이요, 무엇인들 지킬 수 없겠냐만 자신을 지키는 것이 지킴의 근본이다. (孰不爲事리오
마는 事親이 事之本也요 孰不爲守리오마는 守身이 守之本也니라. 이
루장구 상-19)

❖ 다리 놓기

　사회복지실천가는 인간봉사전문직이므로 타인을 섬기고 받드는 것이 기본 책무이다. 그러므로 내담자를 섬김에 있어서 부모와 똑같이 섬기지는 못하더라도, 자신의 부모를 섬기는 도리를 확장하여 적용할 필요가 있다. 물론 내담자를 섬기는 데는 열정을 다하는 반면 자신과 가까운 부모나 웃어른을 섬기는 데는 소홀하다면, 섬김의 근본을 두고 말엽(末葉)을 따르는 것이므로 그래서는 안 된다. 그리고 유학에서 물결효과를 말하듯이, 부모에 대한 섬김을 내담자에 대한 섬김으로 그리고 그 외의 다른 사람에 대한 섬김으로 확대해 나가기 위해서는 무엇보다 사회복지실천가 자신의 인간적 자질과 전문역량을 갈고 닦는 데 소홀해서는 안 되며, 사회복지전문직으로서의 사명을 잃어버려서도 안 될 것이다.

7-20

오직 대인이어야 군주의 나쁜 마음을 바로 잡을 수 있으니, 군주가 인해지면 인하지 않음이 없고, 군주가 의로워지면 의롭지 않음이 없고, 군주가 바른 마음을 갖게 되면 바른 마음을 갖지 않을 수가 없을 것이니, 한 번 군주의 마음을 바로잡게 되면 나라가 안정된다. (惟大人이아 爲能格君
心之非니 君仁이면 莫不仁이요 君義면 莫不義요 君正이면 莫不正이

> 니 一正君而國定矣니라. 이루장구 상-20)
> 일 정 군 이 국 정 의

🔷 다리 놓기

사회복지조직의 최고관리자가 부하직원과 지역주민을 사랑하지 않고, 옳고 바른 행동을 하지 않는다면, 조직 전체가 불인(不仁)과 불의(不義)로 가득찰 것이다. 따라서 사회복지조직 최고관리자가 갖추어야 할 가장 핵심적인 덕목은 바로 인의(仁義)이다. 불행히도 조직의 최고관리자가 인의의 마음을 갖추지 못했다면, 그의 인사관리나 추진하는 사업이 조직의 사명이나 목적에서 벗어날 위험이 매우 크다.

맹자는 군주의 인사정책이나 정치의 잘못을 지적하더라도 마음이 바로잡히지 않는다면, 잘못된 인사와 정치행위가 다시 일어난다고 말하면서 군주의 마음을 바로잡는 것이 정치의 핵심이라고 지적하고 있다. 사회복지조직의 중간관리자는 최고관리자를 보좌하여 조직의 사명 이행과 목표 달성을 위해 일하는 자로서, 최고관리자의 잘못된 인사관리, 재정관리, 사업관리 등 조직운영 전반에 대해 간언(諫言)하여 그를 바로잡아야 한다. 쉽지는 않겠지만 무엇보다도 중요한 것은 맹자의 말처럼 최고관리자의 마음을 바로잡는 것임을 기억해야 할 것이다.

7-21

> 예상하지 못한 칭찬을 받는 일도 있고, 완전하기를 구하다가 비방을 받는 일도 있다. (有不虞之譽하며 有求全之毀하니라. 이루장구 상-21)
> 유 불 우 지 예   유 구 전 지 훼

🔷 다리 놓기

인간봉사전문직인 사회복지실천가는 공자의 말처럼, 남들이 자신을 알아주지 않음을 걱정하지 말고, 자신이 남을 알지 못함을 걱정해야 한다. 그리고 사람을 돕고 세상을 변화시키려고 노력하는 과정에서 최선의 노력을 기울이지만 남들의 비난을 받는 경우도 있고, 칭찬받을만한 일을 하지도 않았는데 오히려 칭찬을 받는 일도 있다. 이처럼 남들의 칭찬이나 비난은 모두 사실에 입각한 것이 아닐 수 있으므로, 이런 일로 일희일비(一喜一悲)하거나 교만해지거나 좌절해서는 안 될 것이다. 사회복지실천가는 남의 비난이나 칭찬에 민감하게 반응하기보다는 자신에게 맡겨진 직무를 헌신적으로 수행하고, 자신의 전문적 역량을 계발하기 위한 노력을 기울이는 것이 훨씬 바람직한 태도이다.

7-22

사람들이 말을 함부로 하는 것은 꾸짖음을 받지 않았기 때문이다. (人之 易其言也는 無責耳矣니라. 이루장구 상-22)

다리 놓기

사회복지실천가에게 있어 말은 핵심적 원조 도구이다. 언어적 의사소통이 전체 의사소통의 30% 정도의 비중밖에 차지하지 못한다고 하더라도, 말은 핵심적 소통의 도구이자 개입과 원조의 도구이다. 사회복지실천가의 입에서 나오는 말이 내담자를 돕는 말이 될 수도 있으나 오히려 해를 끼치는 말이 되어 내담자에게 상처를 남길 수도 있다. '입이 화복(禍福)의 근원이다.'라는 말처럼, 사회복지실천가는 늘 자신의 입으로 내뱉는 말을 조심해야 한다. 그러나 맹자가 말했듯이 말을 함부로 하는 것은 실언(失言)을 했을 때 꾸짖음을 받지 않았기 때문이라 했듯이, 스스로 자신의 언어습관을 살피고, 수퍼바이저의 지도감독이나 동료들의 조언을 통해 언어적 의사소통 방식을 가다듬어야 할 것이다.

7-23

사람들의 병통은 남의 스승이 되기를 좋아함에 있다. (人之患이 在好爲 人師니라. 이루장구 상-23)

다리 놓기

사회복지실천가가 내담자를 돕는 과정에서 교사(教師)의 역할을 할 수도 있다.

그러나 이는 내담자의 역량이 모자라서 변화를 도모할 수 없게 된 상황에서만 필요한 역할이다. 만약 그렇지 않은 경우에도 가르치려고 들면 내담자는 원조관계를 종결하려 들 것이다. 그리고 사회복지실천가는 스스로 남을 가르치는 위치에 올랐다고 생각하는 순간 자신을 갈고 닦는 데 소홀해지고 자기계발을 위한 노력을 더 이상 하지 않을 것이므로, 성장보다는 퇴보의 길을 걷게 될 것이다. 그러므로 사회복지실천가는 남을 가르치는 위치에 서는 것을 좋아해서는 안 될 것이다.

7-24

객사를 정한 뒤에 웃어른을 찾아본다 하던가? 악정자[克]가 '제가 죄를 지었습니다.'고 하였다. (舍館을 定然後에 求見長者乎아 曰 克이 有罪호이다. 이루장구 상-24)

◈ 다리 놓기

제자인 악정자(樂正子)가 맹자가 말도 섞기 싫어했던 자오(子敖)를 따라 제나라에 갔지만, 곧바로 스승인 자신을 찾아뵙지 않는 무례를 범하자 이를 나무란다. 그러자 악정자는 곧바로 자신의 잘못을 인정한다.

이 장구에서 사회복지실천가는 두 가지 함의를 얻을 수 있다. 첫째는 서비스나 일의 선후와 본말을 분명하게 가려 지켜야 한다는 사실이다. 즉, 사회복지실천가는 내담자를 돕고 세상을 변화시키는 일에 최우선 순위를 두어야 하며, 그들을 돕고 변화시키는 과정에서도 서비스의 우선순위에 따라 순차적으로 도와야 한다는 것이다. 둘째는 자신의 잘못을 깨닫고 이를 바로 고치기 위해서 노력해야 한다는 점이다. 즉, 잘못이 있을 때 그것을 고치기를 꺼려하지 않는 자세, 즉 과즉물탄개(過則勿憚改)의 자세를 가져야 한다는 것이다.

7-25

나는 자네가 옛 도를 배우고서 먹고 마시는 것에 쓰리라고는 생각하지 못하였네. (我不意子學古之道而以餔啜也호라. 이루장구 상-25)
아 불 의 자 학 고 지 도 이 이 포 철 야

다리 놓기

제자인 악정자(樂正子)가 배운 바의 도(道)를 행하지 않고, 다만 먹고 마시는 것을 구하는 것을 맹자가 탓한 것이다. 사회복지실천가는 사람과 세상을 돕고 변화시키는 방법을 배웠고, 이를 실천에 옮기는 전문직 종사자이다. 그러나 사람과 세상을 돕는 데 관심을 기울이지 않고, 높은 자리나 부귀만을 탐한다면 어찌 사회복지실천가라 할 수 있겠는가? 맹자가 보았다면, 먹고 마시는 것만 추구하는 악정자와 같다고 탓하지 않았겠는가?

7-26

순임금이 부모에게 아뢰지 않고 장가든 것은 후손이 없어 불효하게 될 것을 걱정해서이니, '군자가 아뢴 것과 같다.'고 했던 것이다. (舜이 不告
순　　불고
而娶는 爲無後也시니 君子以爲猶告也라하니라. 이루장구 상-26)
이 취　　위 무 후 야　　군 자 이 위 유 고 야

다리 놓기

옛날에 세 가지 불효는 어버이를 불의에 빠뜨리는 것, 부모가 늙었는데도 일자리를 갖지 않는 것, 그리고 후손이 없어 조상의 제사를 지내지 못하는 것이며, 이 중에서 가장 불효하는 것은 후손이 없는 것이었다. 순임금은 자신을 죽이려는 아버지에게 불효하지 않는 방법으로 부모에게 알리지 않고 장가를 드는 방법을 선택하였다. 이는 부모에게 아뢰면 결혼을 반대할 것이 분명하고 후손이 없는 불효를 저지를 것이 걱정되는 어쩔 수 없는 상황에서, 더 큰 불효를 저지르지 않기 위해 아뢰지 않고 결혼을 하는 방법을 선택한 것이다. 결혼 시에 부모에게 아뢰고 승낙을 받는 것이 보통 사람이 항상 지켜야 할 도리[常道]이지만 더 큰 잘못을 저
상 도

지르지 않기 위해 어쩔 수 없이 아뢰지 않고 결혼하는 방법을 선택한 순임금의 처신은 권도(權道)이므로, 군자가 부모에게 결혼을 알린 것이나 다름없다고 말한 것이다.

사회복지실천가가 내담자와 사회의 변화를 도모하다 보면, 이런 저런 장애물에 직면하게 되고, 이러지도 저러지도 못하는 딜레마 상황에 직면하는 경우가 있다. 이와 같이 사회복지실천의 원칙을 따를 수 없는 상황에서는 그 상황에 맞게 실천원칙을 융통성 있게 변경하여 적용하는 이른바 권도를 행할 수밖에 없을 것이다. 다만 사회복지실천가가 딜레마 상황에서 권도를 행하더라도, 그것이 남을 돕는다는 사회복지실천의 대원칙에서 어긋나서는 안 되므로 권도의 방법을 선택함에 있어 신중에 신중을 기해야 한다.

7-27

인의 실제는 어버이를 섬김이 이것이요, 의의 실제는 형에게 순종함이 이 것이다. (仁之實은 事親이 是也요 義之實은 從兄이 是也니라. 이루장 구 상-27)

다리 놓기

인은 사람들 사이의 조화로운 관계를 맺게 하고, 의는 올바른 세상을 만든다. 그런 점에서 인의는 사회복지의 목표를 추구하는 데 없어서는 안 될 기본 가치이다. 그런데 이런 인의의 가치를 실행에 옮김에 있어서는 먼 곳에서 시작하는 것이 아니라 바로 가까운 부모나 형제를 섬기고 공경하는 것에서 시작하여, 점차 그 범위를 넓혀 나가야 하는 것이다. 이처럼 사회복지는 인의의 가치를 적용하는 범위를 점점 넓혀 나가는 물결효과를 추구해야만 할 것이다.

7-28

순임금이 어비이 섬기는 도리를 다함에 아버지 고수가 기뻐하지 않을 수 없었다. (舜이 盡事親之道而瞽瞍底豫하니. 이루장구 상-28)

◈ 다리 놓기

순임금은 자신을 죽이려고까지 한 아버지 고수를 지극정성을 다하여 모시는 대효(大孝)의 모델이다. 이렇게 아들인 순임금이 지극한 효심을 보이자 고약하기 이를 데 없는 아버지 고수도 마음의 변화를 일으키게 된 것이다.

사회복지실천가가 내담자를 도울 때 개입에 저항하거나 도움 자체를 거부하기도 하고, 감정을 상하는 일을 당하기도 한다. 그럴 때 사회복지실천가는 내담자 돕는 일을 중단하고자 하는 마음이 들 수도 있다. 그러나 자신을 죽이려 했던 부모에게 효를 다했던 순임금처럼, 어려운 순간에도 돕고자 하는 마음을 잃지 않고 정성을 다해 돕다 보면 내담자 스스로 변화되는 순간을 볼 수 있게 될 것이다. 사회복지실천가가 감성노동자로 분류될 정도로 남을 돕는 일을 한다는 것이 쉽지 않지만, 그 어려움 속에서도 인간봉사전문직으로서의 가치와 사명을 내려놓아서는 안 될 것이다.

8. 이루장구 하(離婁章句 下)

8-1

옛날 성인과 후대 성인이 헤아리는 바는 똑같다. (先聖後聖이 其揆一
也니라. 이루장구 하-1)

◈ 다리 놓기

맹자는 순임금과 주나라 문왕이 시공간의 차이는 있지만, 백성들에게 인정을
베푼 점은 동일하다고 말하면서, 바른 이치는 동서고금을 막론하고 관통한다는
점을 알려주고 있다. 사회복지가 현재와 같은 모습을 갖추게 된 것은 자선과 구제
라는 전근대적 전통의 계승 없이는 불가능했을 것이다. 현대 사회복지든 자선과
구제든 간에 사람을 사랑하고 그들의 삶의 조건을 개선하고, 세상을 사람이 살기
에 적합한 곳으로 변화시키고자 하는 사회복지의 근본 가치는 동일하다. 즉, 시대
와 공간에 따라 사회복지제도의 모습은 달라질 수 있지만, 사회복지의 근본 가치
는 변함이 없다는 점을 기억해야만 할 것이다.

8-2

위정자가 사람마다 그 마음을 기쁘게 해주려 한다면 날마다 하여도 또
한 부족할 것이다. (爲政者 每人而悅之면 日亦不足矣리라. 이루장구

하-2)

 다리 놓기

맹자는 정나라 대부인 자산(子産)이 자기 수레에 백성들을 태워 강을 건너게 해주는 것을 보고, 그런 행동이 백성 개인에게 작은 은혜를 베푸는 것이기는 하지만 그것으로 정치를 하는 것은 잘못되었다고 평가하고 있다. 즉, 정치는 백성 개개인에게 이로운 작은 은혜를 베푸는 것이 아니라 법과 제도를 만들고 모든 사람을 공평정대하게 대하는 것으로 하는 것이라는 점을 맹자는 역설하고 있다.

맹자의 말은 백성마다 작은 은혜를 베푸는 사회복지실천도 필요하지만, 백성들을 공평정대하게 대하고 법과 제도를 만드는 사회복지정책 또한 필요하다는 것이다. 사회복지실천은 개인의 변화를 도모하고 사회복지정책은 사회의 변화를 도모하는 것으로, 사회복지학계에서는 어느 것이 국민들의 복지증진에 더 큰 효과가 있는지에 대해서 논쟁이 지속되고 있다. 그러나 분명한 것은 사람이라는 존재는 '환경속의 인간'이므로, 사회환경을 사람이 살기에 적합하도록 변화시키면서 동시에 개인이 자신의 문제를 해결하고 성장할 수 있도록 도와야만 진정한 의미에서의 복지증진이 이루어질 수 있다. 그러므로 사회복지 정책입안가와 실천가는 정책과 실천의 방법 중 하나를 취사선택할 것이 아니라, 두 가지 방법을 상호보완적으로 활용하여야만 할 것이다.

8-3

군주가 신하 보기를 수족과 같이 하면 신하가 군주 보기를 배와 심장처럼 여길 것이고, 군주가 신하 보기를 개와 말처럼 하면 신하가 군주 보기를 보통 사람과 같이 여기고, 군주가 신하 보기를 흙이나 지푸라기와 같이 하면 신하가 군주 보기를 원수와 같이 하는 것입니다. (君之視臣이 如手足이면 則臣視君을 如腹心하고 君之視臣이 如犬馬면 則臣視君을 如國人하고 君之視臣이 如土芥면 則臣視君을 如寇讐니이다. 이

루장구 하-3)

◈ 다리 놓기

이 장구에서 맹자가 제나라 선왕에게 신하를 대하는 예(禮)에 대해 말하고 있다. 맹자의 말처럼 왕이 신하를 어떻게 대하는가에 따라 신하가 왕을 대하는 것도 달라지듯이, 사회복지조직에서도 동일한 원리가 작동할 것이다. 사회복지조직의 관리자가 부하직원을 마치 자신처럼 아끼고 사랑하면 부하직원은 그에게 충성을 다할 것이다. 만약 조직 관리자가 부하직원에게 일을 맡기고 그 일을 해낸 대가로 일정 보수를 지급한다면, 그냥 자신에게 일을 시키고 보수를 지급해서 먹고 살게 해주는 고용주 정도로만 생각할 것이다. 한발 더 나아가서 부하직원을 마치 종(從) 부리듯이 인격적으로 무시하게 되면, 부하직원은 관리자를 상사로 생각하거나 직장 동료로 생각하는 것이 아니라 원수로 간주하게 될 것이다.

사회복지조직 구성원 간의 관계는 정(情)보다는 의(義)로 맺어진 관계이다. 만약 상대 조직성원이 이 의리로 맺어진 관계에서 벗어나는 행동을 하게 되면, 그들의 관계는 손상당할 수밖에 없다. 그러므로 사회복지조직의 관리자는 부하직원을 자신의 몸처럼 아끼고 사랑하고, 그들의 근무여건과 복리를 증진하기 위해 최선의 노력을 기울여야 한다.

8-4

죄 없이 하급관리[士]를 죽이면 대부가 그 나라를 떠날 수 있고, 죄 없이 백성을 죽이면 하급관리가 떠날 수 있다. (無罪而殺士면 則大夫可以去요 無罪而戮民이면 則士可以徙니라. 이루장구 하-4)

◈ 다리 놓기

나라에 도가 행해지지 않고, 위정자가 무고한 자를 죽이는 불의한 행위를 서슴없이 한다면, 맹자는 신하가 나라를 떠나거나 정치에서 물러나는 것이 옳다고 보고 있다. 사회복지조직 역시 일선 실무자에게 부당한 처우를 하거나, 지역주민이나 내담자를 함부로 대한다면 사회복지조직으로서의 존립 가치 자체를 상실한 것이다. 이와 같이 사회복지조직이 본연의 가치를 상실했다고 판단이 되면, 조직성원이 그 조직을 떠나는 것은 의리를 어기는 것이 아니므로 조직을 떠난다고 하여 비난받지도 않을 것이다. 그러므로 구성원이 조직을 떠나는 사회복지조직이 되지 않으려면 사회복지조직 본연의 사명과 목적, 가치를 준수하는 노력이 필요하다.

8-5

군주가 인하면 인하지 않음이 없고, 군주가 의로우면 의롭지 않음이 없다.
(君仁이면 莫不仁이요 君義면 莫不義니라. 이루장구 하-5)
　군 인　　　막 불 인　　　군 의　　막 불 의

🔷 다리 놓기

앞서 살펴본 이루장구 상편 20장에서 나왔던 구절이다. 사회복지조직 최고관리자가 갖추어야 할 가장 핵심적인 덕목은 바로 인의(仁義)이다. 그러나 불행히도 조직의 최고관리자가 인의의 마음을 갖추지 못했다면, 그의 인사관리나 추진하는 사업이 조직의 사명이나 목적에서 벗어날 위험이 있다. 따라서 사회복지조직의 최고관리자는 인의의 가치를 기르기 위해 혼신의 노력을 기울여야 할 것이며, 그가 인의의 가치를 따른다면 조직성원 모두가 인의의 가치를 소중히 여기고 따를 것이 분명하다.

8-6

예가 아닌 예와 의가 아닌 의를 대인은 하지 않는다. (非禮之禮와 非義
　　　　　　　　　　　　　　　　　　　　　　　　　　비 례 지 례　　비 의
之義를 大人은 弗爲니라. 이루장구 하-6)
지 의　　대 인　　불 위

🔷 다리 놓기

사회복지조직의 관리자는 사회규범인 예(禮)를 따르고, 상황에 따라 일을 마땅한 방식으로 처리해야 한다. 사회복지조직의 최고관리자가 예로써 부하직원을 대하지 못하고, 일을 주어진 절차에 따라 올바르게 처리하지 않는다면, 그 조직은 사명과 목표를 이행하지 못할 것이 분명하다. 그러므로 사회복지조직의 최고관리자는 예로써 사람을 대하고, 일을 공정한 절차에 따라 올바르게 처리해 나가야 한다.

8-7

중도에 이른 자는 그렇지 못한 사람을 길러주어야 하고, 재능이 뛰어난 자는 그렇지 못한 사람을 길러주어야 한다. (中也養不中하며 才也養不才라. 이루장구 하-7)

◈ 다리 놓기

특정한 상황에 적합하게 넘치지도 모자라지도 않게 행동할 수 있는 것을 중도(中道)에 이르렀다고 하며, 역량이 뛰어난 사람을 재능이 있는 사람이라 한다. 사회복지실천가는 중도를 견지하고 전문적 역량을 갖추어, 그렇지 못한 내담자를 도와 그의 역량을 키우고 사회환경의 요구에 맞춰 살아갈 수 있는 길을 모색할 수 있도록 원조해야 한다. 그것이 사회복지실천가의 책무이다. 즉, 사회복지실천가의 책무는 내담자를 보살피고 그의 삶의 역량을 길러주는 것이다.

이 장구는 수퍼바이저(supervisor)와 수퍼바이지(supervisee)의 관계에도 그대로 적용될 수 있다. 다양한 상황에서의 실천경험이 풍부하고 전문적 지식과 역량을 갖춘 수퍼바이저는 경험이 일천하고 역량이 부족한 일선 사회복지실천가에게 체계적인 지지, 교육, 행정적 수퍼비전을 제공하여 후배 사회복지실천가의 전문역량을 길러야 할 책무가 있다. 이런 수퍼바이저의 책무 이행이 높아질수록 사회복지전문직 자체의 발전을 기약할 수 있으며, 사회복지제도의 발전도 도모할 수 있게 된다.

8-8

사람이 하지 않는 바가 있은 후에야 훌륭한 일을 할 수 있는 것이다. (人_인 有不爲也而後에 可以有爲니라. 이루장구 하-8)

유 불 위 야 이 후   가 이 유 위

❖ 다리 놓기

사회복지실천가가 해야 할 일도 있지만, 하지 말아야 할 일 또한 많다. 사사로운 욕심을 부리거나, 내담자를 돕는 일보다는 개인적 일에 먼저 관심을 기울이거나, 불의하고 무례한 행동을 하거나, 자신의 전문역량이 모자람에도 여가를 먼저 생각하는 것 등이다. 사회복지실천가로서 지녀야 할 가치와 지켜야 할 윤리원칙을 따르고, 전문역량을 키우고 활용하여 내담자의 변화를 이끌어내는 전문가로서의 역할을 잘 수행하기 위해서는 사회복지실천가로서의 굳건한 의지로 하지 말아야 할 행동들을 하지 않는 것이 우선이라 할 수 있다. 해야 할 일과 하지 말아야 할 일 중에 무엇이 먼저인지를 논하는 것이 무의미할지 모르지만, 맹자는 분명 사회복지실천가에게 하지 말아야 할 행동을 하지 않는 것이 전문적 실천을 잘하는 선결조건이라 말하고 있다.

8-9

남의 불선함을 말하다가 후환을 어찌하려는가. (言人之不善하다가 當_당 如後患에 何오. 이루장구 하-9)

언 인 지 불 선   여 후 환   하

❖ 다리 놓기

공자는 말과 얼굴빛을 꾸며서 말하는 사람을 싫어한다고 했다. 따라서 사회복지실천가는 늘 언행에 진실해야 하고 꾸며서 또는 함부로 말해서는 안 된다. 그러나 이 장구를 단순하게 사회복지실천가의 언행과 관련짓기보다는 내담자를 원조하는 과정에서 지켜야 할 원칙과 결부시켜 보면 더 큰 의미를 발견할 수 있다.

　내담자는 도움을 요청하기 때문에 사회복지실천가는 먼저 그의 문제와 부족한 능력 그리고 그가 지닌 단점 등과 같은 내담자의 부정적 측면을 먼저 주시하는 경향이 있다. 그러나 내담자는 특정한 부분에서만 부족한 부분이 있을 뿐 모든 측면에서 나쁜 면만 가진 것은 아니다. 그러므로 사회복지실천가는 내담자의 불선한 측면만 볼 것이 아니라, 그가 지닌 선한 부분, 즉 강점에 대한 관심을 가져야 한다. 즉, 사회복지실천가는 내담자의 단점뿐 아니라 강점에 대해서도 높은 관심을 보여야 하며, 이를 바탕으로 강점관점 실천을 하는 것이 바람직할 것이다.

8-10

공자는 너무 심하게는 하지 않았다. (仲尼는 不爲已甚者러시다. 이루장구 하-10)

◈ 다리 놓기

　공자는 지나치지도 그렇다고 모자라지도 않게 중도를 따랐다. 사회복지실천가가 내담자의 상황이 너무 열악한 것을 보고 그를 돕고 싶어 하는 마음이 커지게 되면, 필요 이상의 서비스를 제공하게 된다. 반대로 내담자의 문제해결능력을 믿고 다소 못 미치는 듯이 서비스를 제공하면, 내담자의 역량부족으로 그 문제를 적절히 해결하지 못하는 경우가 발생한다. 즉, 서비스의 과유불급(過猶不及)은 내담자의 자립능력을 훼손할 수도 있고, 내담자의 삶을 더욱 힘들게 할 수도 있으므로, 두 경우 모두 적절치 않다. 내담자의 상황과 역량에 맞게 적정 수준의 서비스를 제공하는 것이 어디까지인지를 판단하기 위한 사회복지실천가의 치열한 고민과 판단 기준에 대한 끊임없는 자기 연찬(研鑽)이 필요하다.

8-11

대인이란 어떤 말을 반드시 믿게 해야 하는 것도 아니고, 행실은 반드시 과감하게 하지 않고, 오직 의가 있는 대로 하는 것이다. (大人者는 言不

必信이며 行不必果요 惟義所在니라. 이루장구 하-11)
필 신   행 불 필 과   유 의 소 재

🔶 다리 놓기

일반적으로 말은 신뢰를 얻어야 하고, 행동은 과감해야 한다고 말하지만, 맹자는 그보다는 대인은 말과 행동이 오직 의(義)에 합당한지를 고려해야 한다고 말하고 있다. 이 말을 곰곰이 되새겨보면 말과 행동이 올바르다면, 말은 신뢰를 얻을 것이고 과감하게 행동할 수 있을 것이므로, 오직 의로움에 적합한지만을 따져 말하고 행동하는 것이 바람직하다.

사회복지실천가 역시 말을 하면 반드시 내담자가 믿어 주기를 기대하고, 내담자가 필요한다면 어떤 서비스도 제공하고자 하는 행동을 하려 할 수 있다. 그러나 말에 대한 신뢰나 서비스 제공의 행동 자체보다 더 중요한 것은 사회복지실천가의 말과 서비스 행위가 올바른 것인지 아닌지, 즉 의(義)에 부합하는가의 문제이다. 사회복지실천가가 바르지 않은 말로 내담자의 신뢰를 일시적으로 얻고, 적절한 절차를 거치지 않고 내담자가 필요로 하는 서비스를 모두 제공하여 내담자의 변화를 이끌어냈다고 하더라도, 내담자의 신뢰와 서비스의 효과는 곧 사라질 것이다. 오히려 사회복지실천가에 대한 불신을 초래하고, 내담자의 문제가 더욱 악화되는 경우를 유발할 수 있다. 그러므로 사회복지실천가는 자신의 말과 행동이 옳고 바른지에 대해 늘 생각하고 경계해야 할 것이다.

8-12

대인은 순진무구한 어린아이의 마음을 잃지 않는 자이다. (大人者는 不
대 인 자   불
失其赤子之心者也니라. 이루장구 하-12)
실 기 적 자 지 심 자 야

🔶 다리 놓기

사회복지실천가는 남을 돕는 일에 헌신하는 선한 본성을 지닌 자들이다. 그러나 자본주의 사회에서 살아가다 보면 이런 저런 외물(外物)의 유혹, 즉 높은 지위와 명성, 부유함, 여유로움 등과 같은 개인적 욕심에 빠져들기 쉽다. 그러나 사회복지실천가는 순수하고 거짓이 없는 어린아이의 마음[赤子之心]을 보존하기 위해 노력해야 하며, 어려운 일을 당했을 때에도 남을 받들고 섬기고자 하는 그 첫 마음을 잃어서는 안 된다. 사회복지실천가로 일하는 동안은 늘 처음처럼의 자세로 내담자를 돕고 세상을 변화시키는 데 헌신해야 할 것이다.

8-13

산 자(부모)를 봉양함은 큰 일에 해당될 수 없고, 오직 죽은 자를 잘 보내 드리는 것이라야 큰 일에 해당될 수 있다. (養生者 不足以當大事요 惟送死라야 可以當大事니라. 이루장구 하-13)

◈ 다리 놓기

　유학에서의 큰 일[大事]이란 관례(冠禮), 혼례(婚禮), 상례(喪禮), 제례(祭禮)이다. 그러므로 살아계신 부모를 잘 봉양하는 것은 대사에 해당되지 않고, 장례를 잘 치르는 것까지 마쳐야 대사가 되는 것이다. 이는 사회복지실천의 관점에서 보면, 계약기간에 충분한 서비스를 제공하는 것도 중요하지만, 서비스의 종결과 미래계획 수립까지 이루어지고, 더 나아가 사후서비스 방안에 대한 논의와 실행까지 이루어져야만 사회복지실천의 원조과정이 완결된다는 것과 일치한다. 그러므로 서비스 제공단계뿐 아니라 서비스 종결 그리고 사후서비스의 단계에 이르기까지 전체 원조과정을 훌륭하게 수행해야만 진정한 사회복지실천이 이루어졌다고 말할 수 있는 것이다.

8-14

군자는 스스로 체득하려고 한다. (君子는 欲其自得之也니라. 이루장

구 하-14)

◈ 다리 놓기

필자는 간혹 교재에 쓰인 내용을 정리하고 기억해서 시험답안지에 충실히 써내는 학생들에게 '그건 너의 지식이 아니라 책을 쓴 저자의 지식이다.'라는 말을 종종 한다. 왜냐하면 그 학생은 교재의 내용을 암기하여 이를 단순하게 글로 표현한 것일 뿐 그것을 몸소 적용해보고 깨달은 바가 아니기 때문이다. 다시 말해 그것은 살아 움직이는 삶의 현장에 적용할 수 없는 그의 머릿속에 저장되어 있는 죽은 지식에 불과한 것이다.

그러므로 사회복지학을 공부하는 사람들은 모름지기 전공교재나 논문들을 통해 남이 개발한 지식을 폭넓게 학습한 후에, 이를 자신이나 주변 사람들의 삶에 견주어 보고 깊이 생각하기를 반복한 다음에 '아하! 그런 말이구나.'라는 스스로 깨닫는 과정을 반드시 거쳐야 한다. 이에 대해 성리학자인 정명도(程明道)는 '배운 바에 대해 마음을 집중하고 여러 번 생각에 생각을 거듭하여 스스로 깨닫기 위해 노력해야 한다.'고 말했다. 스스로 체득한 지식은 살아 움직이지만, 남의 것을 단순히 습득한 지식은 죽은 지식이므로 사회복지실천 과정에 녹아들지 못한다.

🔵 8-15

널리 배우고 그 이치를 상세히 말함은 장차 돌이켜서 그 뜻을 간략하게 요약해 말하려는 것이다. (博學而詳說之는 將以反說約也니라. 이루 장구 하-15)

◈ 다리 놓기

사람과 세상을 이해하기 위해서는 다양한 학문분야의 지식이 필요하고, 사람을 돕고 세상을 변화시키기 위해서는 사회복지정책과 실천의 방법과 관련된 다양한 지식을 습득해야 한다. 그러므로 사회복지실천가는 폭넓은 분야의 전문지식을 널리 배우고 인간의 삶과 사회작동의 원리 등에 대한 상세한 이해를 갖추어야 한다. 그러나 수많은 지식을 배우고 습득했다고 해도 그것이 있는 그대로 사회복지실천에 적용될 수는 없으며, 습득한 지식을 스스로 이해하고 그 적용방안을 고민하여 몇몇의 중요한 원리들로 간추려서 기억하고 이를 실천에 적용하게 된다. 따라서 사회복지실천가는 폭넓게 지식을 탐구하되, 자신의 실천행위를 안내해 줄 수 있는 자기 나름의 실천원리들을 발견하여, 사회복지실천현장에 적용해 나가는 노력을 기울여야 한다.

8-16

선으로써 남을 복종시키려 하는 자는 남을 복종시킬 수 있는 자가 있지 않으니, 선으로써 남을 길러준 뒤에야 천하를 복종시킬 수 있는 것이다.
(以善服人者는 未有能服人者也니 以善養人然後에 能服天下하나니. 이루장구 하-16)

◈ 다리 놓기

사회복지실천방법 중에 지시적 방법(directive approach)과 지지적 방법(supportive approach)이 있다. 간략히 말해 지시적 방법은 사회복지실천가가 변화의 방법을 제시하고 내담자가 이를 이행하는 방법이고, 지지적 방법은 내담자가 변화의 방법을 찾아서 이행할 수 있도록 사회복지실천가가 곁에서 함께 돕는 방법이다. 이런 점에서 본다면 지시적 방법은 선으로 내담자를 따르게 하는 방법이고, 지지적 방법은 내담자의 선을 길러주는 방법이라 할 수 있다. 상황에 따라 그 방법의 쓰임새는 다르지만, 맹자의 말처럼 선한 것으로 먼저 내담자의 역량과 대처능력을 길러주는 것이 내담자의 자발적 문제해결에 더 근접한 방법이라 할 수 있다.

8-17

말에 실상이 없는 것은 좋은 징조라고 할 수 없으니, 좋지 않은 징조의

실상은 현자를 가려서 등용을 가로막는 것이 이에 해당한다. (言無實不
                                                             언 무 실 불
祥하니 不祥之實은 蔽賢者 當之니라. 이루장구 하-17)
상   불 상 지 실   폐 현 자 당 지

🏵 다리 놓기

　말에 실상이 없다는 것은 낭설이나 거짓이 담겨 있다는 것이다. 허황되거나 거
짓된 말로 조직 내의 동료 구성원을 비방하거나 모함하여 그가 등용될 수 있는 기
회를 막는 것은 조직성원 간의 결속력을 저하시키게 되어, 궁극적으로는 조직의
성과 창출은 물론 자기 자신에도 오히려 해를 입히는 결과를 낳게 된다. 그러므로
사회복지실천가는 남들에 대한 허무맹랑한 비난을 하는 등의 언사를 하지 말아야
할 것이며, 조직의 관리자는 사람을 두고 떠도는 이런 저런 말들의 진위(眞僞)를
가려서, 진실하고 역량 있는 인재가 묻혀 지내게 만드는 일이 없도록 해야 할 것
이다.

8-18

명성이 실제보다 지나침을 군자는 부끄러워하는 것이다. (聲聞過情을
                                                          성 문 과 정
君子恥之니라. 이루장구 하-18)
군 자 치 지

🏵 다리 놓기

　맹자는 위에 인용한 구절의 앞 부분에서 근원이 되는 샘에서 흘러나온 물은 밤
낮을 가리지 않고 흘러서 구덩이를 채우고 계속 흘러서 바다에 이르지만, 한 여름
소나기가 내려 만들어진 물은 구덩이를 채울 수는 있을지 모르지만 금방 말라버
린다는 비유를 들고 있다. 이처럼 사회복지실천가가 어떤 역할을 잘 수행하면 외
부나 타인으로부터 명성을 얻을 수 있을 것이다. 그러나 그 명성이 꾸준히 노력하
고 실천한 결과로 얻어진 것이 아니라 갑작스럽게 얻게 된 것이고 자신의 실제 역
량이나 업적에 비해 지나친 것일 경우에는 소낙비에 의해 만들어진 물처럼 금방

사라지게 된다는 것이다. 그러므로 사회복지실천가는 명성을 구하기보다는 남을 돕는 사명을 충실히 이행하는 데 더 많은 관심과 노력을 기울일 필요가 있다.

8-19

사람이 금수와 다른 것이 매우 적으니, 보통 사람들은 이것을 버리고 군자는 이것을 보존한다. (人之所以異於禽獸者 幾希하니 庶民은 去之하고 君子는 存之니라. 이루장구 하-19)

◈ 다리 놓기

인간과 사물은 태어날 때부터 하늘로부터 타고난 본성이 있지만, 사람은 인의를 따르고 행할 수 있다는 점에서 다른 사물들과 구분이 된다는 것이 맹자의 주장이다. 성인은 날 때부터 인의를 잘 알고 있고, 억지로 하려고 하지 않아도 인의를 편안하게 실천에 옮길 수 있다고 본다. 군자는 인의를 배워서 보존하고 이를 힘써 행하려 하지만, 보통사람들은 인의를 알려고도 하지 않고 이를 행하려고 하지도 않는다.

사회복지실천가는 성인처럼 태어날 때부터 인의를 알고 있는 것도 아니며 편안하게 그것을 실천할 수 있는 것도 아니다. 사회복지실천가는 교육과정을 통해 사람을 이해하고 사랑하고 그를 돕는 방법을 배웠으며, 힘써 노력해서 실천현장에서 내담자에게 도움을 제공하고 있는 것이다. 사회복지실천가에게 사람을 사랑하는 인(仁)의 마음과 올바른 세상을 만들려는 의(義)의 정신이 없다면, 그는 사회복지실천가라 말하기 어렵다. 심지어 인의의 가치에 관심도 두지 않거나 알면서도 따르지 않고 버리는 사회복지실천가는 말할 필요조차 없다. 사회복지실천가는 인의를 배워서 깨닫고, 힘써 노력하여 이를 실천에 옮겨 나가는 전문가로서의 자세를 갖추어야 한다.

⟨卦⟩ 8-20

주공은 세 왕의 덕을 겸하여 네 가지 일을 베풀겠다고 생각하되, 부합하지 않는 것이 있으면 우러러 생각하여 밤낮으로 고심하여 다행히 터득하면 그대로 앉아 날이 새기를 기다렸다. (周公은 思兼三王하사 以施
　　　　　　　　　　　　　　　　　　　　　　　　주 공　 사 겸 삼 왕　　 이 시
四事하사되 其有不合者어든 仰而思之하여 夜以繼日하사 幸而得之
사 사　　　 기 유 불 합 자　　 앙 이 사 지　　　 야 이 계 일　　 행 이 득 지
어시든 坐以待旦이러시다. 이루장구 하-20)
　　　　 좌 이 대 단

❖ 다리 놓기

　이 장구에서 세 왕[三王]이란 우왕, 탕왕, 문왕과 무왕을 말한다. 네 가지 일이란
　　　　　　　　　　　　삼 왕
우왕이 검소하고 선한 말을 듣기를 좋아한 일, 탕왕이 인재를 등용하는 데 지역이나 신분에 구애되지 않은 일, 문왕이 백성들을 사랑하고 도리를 구하는 데 간절했던 일, 그리고 무왕이 가까운 자들을 함부로 대하지 않고 멀리 있는 자를 잊지 않았던 일을 의미한다. 주공은 윗대 왕들의 좋은 점들을 이어받고, 이를 현실상황에서 적용하려 했을 때 잘 맞아 떨어지지 않는 부분이 있으면 그 해결책을 밤낮으로 고민하여, 해결책을 찾으면 백성들에게 빨리 베풀고자 노력했다.

　이 장구에 인용된 각각의 왕들로부터 사회복지실천가들은 많은 부분을 배울 수 있을 것이다. 탕왕에게서는 조직의 인재등용에 관한 부분을, 문왕에게서는 국가의 정책을 만듦에 있어서 국민들의 삶의 형편을 깊이 인식해야 한다는 점을, 무왕에게서는 조직을 운영함에 있어서 그 성원들을 예로써 대하고 인간적인 관계를 맺어야 한다는 점 등이다. 그러나 무엇보다도 이 장구에서 배울 점은 사회복지실천가들이 선배 실천가들이 실천을 통해 얻은 좋은 실천지혜(practice wisdom)를 이어가려고 노력해야 하며, 시대상황의 변화로 인해 그 지혜들이 현실과 부합되지 않을 경우에는 수정 보완하여 내담자를 돕고 사회를 변화시키는 데 적극적으로 적용하기 위해 노력해야 한다는 점이다.

8-21

왕다운 왕의 행적이 끊어지자 《시》가 없어졌으며, 《시》가 없어진 뒤에 《춘추》가 나왔다. (王者之跡이 熄而詩亡하니 詩亡然後에 春秋作하니라. 이루장구 하-21)

◈ 다리 놓기

《시경》은 성군(聖君)의 통치행위와 관련된 시가(詩歌)를 모은 것이고, 《춘추》는 고대 왕국의 역사를 기록한 책이다. 왕다운 왕이 없어졌으니 시경이 이어지지 않게 되었고, 이에 공자가 《춘추》를 편찬하여 후세의 왕들이 역사적 경험을 본받게 하고자 했다. 이때 역사에는 왕들의 잘한 점도 기록되어 있지만, 왕으로서 하지 말아야 할 내용들도 기록되어 있다. 왕들도 그러하겠지만, 사회복지실천가 역시 선배 사회복지실천가들이 쌓아 놓은 전문적 지식과 기술들을 보고 배우기 위해 노력하고, 그들이 범했던 실수나 오류를 반면교사(反面敎師)로 삼아 자신을 바로잡아가는 노력을 소홀히 하지 말아야 한다.

8-22

군자가 남긴 아름다운 유풍(遺風)도 다섯 세대가 지나면 끊어진다. (君子之澤도 五世而斬이요. 이루장구 하-22)

◈ 다리 놓기

미국 사회복지 선구자인 Mary Richmond가 1917년 《사회진단(social diagnosis)》이라는 전문서적을 써서 사회복지를 예술(art)이자 과학(science)의 반열에 오르게 한 때로부터 지금까지 100년의 세월이 흘렀다. 한 세대를 30년이라고 가정했을 때 이제 3세대 정도의 역사가 흐른 것이다. 그 백년의 세월 동안 사회복지의 선배들은 그 위 선배들로부터 전문적 가치와 지식 그리고 기술을 이어받아 더욱 발전시켜 왔다. 만약 그러한 전승과정이 없었다면 지금의 사회복지는 존재할 수 없을

것이다. 맹자는 군자가 남긴 뛰어난 행적도 다섯 세대가 지나면 없어진다고 했으
니, 지금 시대를 살아가는 사회복지실천가들은 선배 사회복지실천가의 유풍을 이
어받고 발전시켜서 후대에 물려주어야 할 전문직으로서의 책임 이행에 한 치의
소홀함도 없어야 할 것이다.

8-23

얼핏 보면 취할 만하고 자세히 보면 취하지 말아야 할 경우에 취하면 청
렴을 손상하며, 얼핏 보면 줄 만하고 자세히 보면 주지 말아야 할 경우에
주면 은혜를 손상한다. (可以取며 可以無取에 取면 傷廉이요 可以與
며 可以無與에 與면 傷惠요. 이루장구 하-23)

다리 놓기

《논어》 계씨편 10장에서 말한 구사(九思) 중에 '얻는 것을 보면 의를 생각하라
[見得思義].'는 구절이 있다. 사회복지실천가는 인간봉사전문직으로서 청렴의 의무
가 있다. 그러므로 뭔가 이득이 되는 것을 보면 이것을 내가 취할 것인가 그러지
않을 것인가에 대해 면밀히 생각한 다음에, 마땅히 받아도 되는 경우에만 취해
야 한다. 그러지 않으면 사회복지실천가는 청렴의 의무를 저버리는 행동을 저지
르게 된다.

사회복지실천가가 선한 마음에서 내담자에게 필요 이상의 서비스를 제공하게
되면, 맹자의 말처럼 은혜를 손상당한다는 것에 해당한다. 즉, 도움을 제대로 받
았다는 마음을 갖는 것이 아니라 필요 없는 것을 지나치게 주는 것을 보니 나를
지나치게 불쌍히 여기는 것이 틀림없다며 오히려 기분이 상할 것이다. 그러므로
과유불급이 아닌 서비스의 적정량을 판단하기 위한 사회복지실천가의 전문적
판단이 요구된다.

8-24

'저(유공 사)는 윤공 타에게 활쏘기를 배웠고, 그 분은 선생(자탁유자)에게 배웠으니 저는 차마 스승의 솜씨로 선생을 해칠 수 없습니다. 그러나 오늘 일은 국가의 일이라 저는 감히 그만 둘 수가 없습니다.' 하고는 화살을 뽑아 수레바퀴에 두들겨 화살촉을 빼버리고 네 대의 화살을 발사한 뒤에 돌아갔다. (小人은 學射於尹公之他하고 尹公之他는 學射於夫子하니 我不忍以夫子之道로 反害夫子하노라 雖然이나 今日之事는 君事也라 我不敢廢라하고 抽矢扣輪하여 去其金하고 發乘矢而後에 反하니라. 이루장구 하-24)

◈ 다리 놓기

  이 장구는 위나라를 침범했다 도망가고 있는 정나라 자탁유자를 유공 사가 추격하여 잡았을 때, 유공 사가 자탁유자에게 한 말이다. 이 일화에서 자탁유자는 유공 사의 스승의 스승이라는 점 때문에 공적인 일임에도 사사로운 은혜를 베풀고 있다. 이에 맹자는 공무에 사사로운 인연이나 은혜를 대입하는 것이 적절치 않다고 지적하고 있다. 이처럼 사회복지실천가 역시도 내담자를 돕거나 지역사회에 개입할 때, 즉 공적 업무를 수행함에 있어서는 이전의 사사로운 인연이나 관계로 인해 영향을 받아서는 안 될 것이다.

8-25

비록 추악한 사람이라도 재계하고 목욕하면 하늘을 위한 제사를 지낼 수 있다. (雖有惡人이라도 齊戒沐浴이면 則可以祀上帝니라. 이루장구 하-25)

◈ 다리 놓기

  이 장구에서는 서시(西施)와 같은 절세미인도 더러운 것을 뒤집어쓰고 있으면 사람들이 코를 막고 지나가지만, 아무리 못생긴 사람도 재계하고 목욕하여 깨끗이 하면 하늘을 위한 제사도 지낼 수 있다고 하여, 아름다움과 추함을 비교하고 있다. 이 장구에서 맹자가 말하고 싶었던 점은 단순히 외모가 추한 사람이 아니라 추악한 행동을 일삼던 사람도 자신의 잘못을 뉘우치고 개과천선한다면 하늘을 섬길 수 있다는 점이다. 사람을 사랑하고 돕는 사회복지실천가가 추악한 행동을 일삼는 경우는 드물 것이지만, 작은 잘못이라도 스스로 성찰하여 잘못을 뉘우치고 그 잘못된 행동들을 고친다면 다시 사람을 돕고 세상을 변화시키는 아름다운 일에 헌신할 수 있을 것이다.

8-26

지혜를 미워하는 까닭은 작은 지식에 천착하기 때문이다. …… 만약 지혜로운 자가 일의 본성에 아무런 해를 끼치지 않는 자연스러운 방식으로 행한다면 그 지혜 또한 클 것이다. (所惡於智者는 爲其鑿也니 …… 如智者 亦行其所無事면 則智亦大矣리라. 이루장구 하-26)

◈ 다리 놓기

인간의 본성이란 것은 형체가 없어서 알기가 쉽지 않지만, 그 사람의 행적을 보면 인간이 타고난 선한 본성을 어느 정도 구현하고 있는지를 알 수 있다. 다시 말해 내담자의 행동이나 태도를 보면, 그 사람의 본성을 알 수 있다는 것이다. 그러므로 내담자가 문제행동을 보인다는 것은 타고난 본성이 좋지 않은 방향으로 변화된 것에 기저의 원인이 있는 것이다.

진정한 사회복지실천가라면 내담자의 문제행동을 보고 그의 선한 본성이 어떻게 해서 바쁜 방향으로 변화하여 지금과 같은 문제행동을 하게 되었는지를 찾고 그의 선한 본성을 회복할 수 있는 방법을 찾으려 할 것이다. 그러나 자신이 똑똑하다고 자부하는 사회복지실천가는 특정 이론적 관점을 고집하면서 특정 원인만 제거하려고 할 것이다. 따라서 사회복지실천가는 단순하게 문제행동의 원인한 가지만 제거하기보다는 문제해결을 넘어 내담자의 인격적 성숙, 즉 타고난 선한 본성을 회복할 수 있도록 도와야 할 것이다.

8-27

예법에 의하면 조정에서는 남의 자리를 지나서 서로 말을 하지 않으며, 서열을 뛰어 넘어 서로 읍하지 않는다고 한다. (禮에 朝廷에 不歷位而相與言하며 不踰階而相揖也하나니. 이루장구 하-27)

◆ 다리 놓기

맹자가 제나라 대부 아들의 상가(喪家)에 가서 조문을 마쳤는데, 제나라 우사(右師)인 왕환(王驩)이 맹자가 자신에게 말을 걸지 않고 인사도 안한다고 비난하였다. 맹자는 주나라 예법(禮法)에 따라 그를 처우한 것인데 도리어 자신을 비난한다고 반박하고 있다. 사회복지실천가는 전문적 역량만을 갖추어야 하는 것은 아니며 인간적 자질도 동시에 갖추어야 한다. 이러한 사회복지실천가의 인간적 자질은 예의에 맞는 행동으로 드러나게 된다. 그러므로 사회복지실천가는 조직 내의 다른 성원이나 내담자, 지역주민 등과의 관계에서 예법에 어긋난 무례한 행동을 절대로 하지 말아야 할 것이다. 만약 예의에 벗어난 행동을 한다면, 그는 비난받아 마땅할 것이다.

8-28

여기 어떤 사람이 있는데, 그 사람이 자신에게 함부로 대하면 군자는 반드시 자신을 돌아보고 내 반드시 인하지 못하며 내 반드시 예(禮)가 없는가 보다. 나에게 어찌 이런 일이 일어날 수 있겠는가 한다. (有人於此하니 其待我以橫逆이어든 則君子必自反也하여 我必不仁也며 必無

禮也로다 此物이 奚宜至哉오하나니라. 이루장구 하-28)
레 야   차 물   해 의 지 재

❖ 다리 놓기

　사회복지실천가가 내담자를 존중하고 전문적 방법으로 그를 도와주려 하여도, 사회복지실천가에게 저항하거나 심지어는 무례하게 대하는 경우도 없지 않아 있다. 이때 사회복지실천가도 인간인지라 서운한 마음이 들 수도 있고, 도움을 중단하고 싶은 마음이 들 수도 있다. 그러나 맹자가 말한 군자처럼 남이 자신의 도움에 저항하거나 함부로 대할 때, 사회복지실천가 자신이 내담자를 사랑하고 공경하는 데 소홀함이 없었는지 먼저 성찰하려는 자세를 갖추는 것이 바람직하다.

8-29

우왕은 천하에 물에 빠진 자가 있으면 마치 자신이 그를 빠뜨린 것처럼 생각하였고, 후직은 천하에 굶주리는 자가 있으면 마치 자신이 그를 굶주리게 한 것처럼 생각하였으니, 이 때문에 이와 같이 급하게 한 것이다.
(禹는 思天下有溺者어든 由(猶)己溺之也하시며 稷은 思天下有飢
　우　　사천하유익자　　　유 유 기익지야　　　　　직　사천하유기
者이어든 由己飢之也하시니 是以로 如是其急也시니라. 이루장구 하-
자　　　유기기지야　　　시 이　　여시기급야
29)

❖ 다리 놓기

　우왕은 치수사업에 성공한 왕이며, 후직은 농사의 신으로 불린다. 따라서 백성이 물에 빠지고 굶는 것을 자신들의 탓으로 여기고, 집에도 들어가지 않고 치수와 농사에 매진하였다. 사회복지실천가의 도움을 필요로 하는 내담자를 물에 빠진 자나 굶주린 자에 비유한다면, 사회복지실천가는 내담자의 힘든 삶이 이어지는 것을 자신의 잘못이라고 인식하고 최선을 다해 그를 도우려는 자세를 보여야 할 것이다. 즉, 사회복지실천가는 내담자의 고통을 공감하고, 이를 개선하기 위해 자신이 할 수 있는 모든 것을 쏟아부어 도와야 한다는 것이다.

8-30

공도자가 말했다. "광장을 온 나라 사람들이 모두 불효하다고 칭하거늘 부자(맹자)께서 그와 더불어 교유하시고 또 예우하시니, 감히 묻겠습니다. 어째서입니까?" (公都子曰 匡章을 通國이 皆稱不孝焉이어늘 夫子 與之遊하시고 又從而禮貌之하시니 敢問何也잇고. 이루장구 하-30)

🔷 다리 놓기

제나라 사람 광장이 온 나라 사람으로부터 불효자라고 손가락질을 당하는데 맹자는 그와 교류하고 예우까지 하자, 제자 공도자가 어찌된 연유인지를 묻는다. 이에 맹자는 광장은 부모에게 불효를 한 죄를 지었지만, 자신의 부인을 내보내서 부인의 봉양을 받지 않음으로써 그 죄를 뉘우치고 있으니 그를 예우해도 된다고 말하고 있다.

사회복지실천가도 지역사회에서 비난받는 내담자를 돕는 경우가 있을 수 있다. 이때 사회복지실천가는 남들이 그 내담자를 비난하더라도 그들의 관점에 따라 내담자를 대하지 말고, 자신의 눈으로 직접 내담자가 그럴 수밖에 없는 이유를 찾아보고 그를 판단하고 대우해야 한다.

8-31

증자와 자사가 도가 같으니, 증자는 스승이고 부형이었고, 자사는 신하이며 미천하였으니, 증자와 자사가 처지를 바꾼다면 다 그리했을 것이다. (曾子子思 同道하니 曾子는 師也며 父兄也요 子思는 臣也며 微也니 曾子子思 易地則皆然이시리다. 이루장구 하-31)

🔷 다리 놓기

증자는 적군이 쳐들어오자 피난을 간 반면 자사는 임금의 곁을 지켰는데, 똑같은 상황임에도 두 사람이 다른 행동을 한 것은 그들이 처한 상황이 달라서라고 맹자는 말하고 있다. 사회복지실천가가 내담자를 도움에 있어서도 똑같은 상황이고 문제인데도, 내담자가 처한 상황에 따라 서로 다르게 개입하여 도와주어야 한다. 즉, 사회복지실천가의 개입은 내담자의 처한 상황에 따라 각기 다르게 개별화되어야 한다는 것이다.

8-32

어찌 다른 사람들과 차이가 있겠는가. 요순도 보통 사람들과 똑같을 뿐이오. (何以異於人哉리오 堯舜도 與人同耳시니라. 이루장구 하-32)
하 이 이 어 인 재   요 순   여 인 동 이

다리 놓기

유학에서 인간이라면 성인이든 일반인이든 모두 선한 본성을 타고 태어났기 때문에 똑같다고 보고, 일반인도 얼마든지 성인이 될 수 있는 가능성을 지니고 있다고 본다. 그런데도 사회복지실천에서 내담자에게 낙인을 찍거나, 사람의 본질적 측면보다는 문제로만 그 내담자를 바라보는 경향이 존재한다. 사람을 받들고 섬겨야 하는 인간봉사전문직에서 내담자를 보통의 사람들과 다른 존재로 보는 것은 적절치 않다. 사회복지실천가는 내담자 역시 인간으로서의 선한 본성을 모두 지니고 있고, 얼마든지 자신의 문제를 해결하여 본성을 회복할 수 있는 가능성 있는 존재로 보는 인간관을 갖추어야 한다.

8-33

군자에 대비해 본다면, 지금 사람 중에 부귀와 영달을 구하는 자들은 그 처첩이 부끄러워하여 서로 울지 않을 자가 별로 없을 것이다. (由君子觀
유 군 자 관
之컨대 則人之所以求富貴利達者 其妻妾이 不羞也而不相泣者 幾
지   즉 인 지 소 이 구 부 귀 이 달 자   기 처 첩   불 수 야 이 불 상 읍 자 기

希矣리라. 이루장구 하-33)
회 의

◈ 다리 놓기

　부인과 첩을 둔 제나라 사람이 집밖에 나가면 술과 고기를 배불리 먹고 돌아오니 부인과 첩이 그 방법을 묻자 부유한 사람들과 같이 먹었다고 말한다. 하지만 실상은 무덤에서 제사지낸 음식을 얻어먹고 온 것임을 알고, 부인과 첩이 남편을 원망하며 울었다는 일화를 얘기한 후에, 맹자는 구차하게 부귀영달을 구하는 것이 아무런 의미가 없을 뿐 아니라 부끄러운 일이라고 지적하고 있다.

　사회복지실천가라고 하여 부귀와 영달을 누리지 말라는 법은 없다. 그러나 전문직의 특성상 사회복지실천가로서의 지위에 걸맞은 역할을 하면서 부귀영달을 누리기는 쉽지 않다. 만약 적절하지 않은 방법으로 부귀영달을 추구한다면, 그것은 사회복지실천가로서 부끄러워해야 할 일이다. 남을 돕는 데 헌신하기보다 자신의 이익만을 추구하는 것은 아무리 노동자로서의 지위를 갖는다고 하여도 사회복지실천가의 지위에 걸맞지 않은 태도이고 행동임에 분명하다.

9. 만장장구 상(萬章章句 上)

9-1

효자의 마음은 이처럼 무관심할 수가 없다. 나는 힘을 다해 밭을 갈아 공손히 자식된 직분을 할 따름이니, 부모께서 나를 사랑하지 않음은 나에게 무슨 관계가 있겠는가. (以孝子之心이 爲不若是恝이라 我竭力耕田하여 共(恭)爲子職而已矣니 父母之不我愛는 於我에 何哉오. 만장장구 상-1)

🔶 다리 놓기

제자 만장(萬章)이 순임금이 농사를 지을 때 하늘을 보고 부르짖으며 울었던 일에 대해 질문하였다. 이에 순임금이 공명고(公明高)의 말을 인용하여 부모가 자식을 사랑하지 않은 것에 대해서는 자식이 관여할 바가 아니라고 하면서, 오직 자식으로서의 도리를 다한 사람이라고 맹자는 답하고 있다.

순임금이 효를 다했음에도 부모에게 사랑을 받지 못한 것은 사회복지실천가가 내담자를 돕기 위해 온 힘을 기울였으되 내담자가 전혀 감사하는 마음이 없는 경우에 비유할 수 있다. 이때 사회복지실천가 역시 인간인 관계로 내담자에 대해 서운한 마음을 가질 수도 있으며, 돕고자 하는 동기와 의지가 줄어들 수도 있을 것이다. 그러나 내담자가 도움을 받은 것에 대해 감사하는 것은 그의 몫인 것이고, 사회복지실천가가 가져야 하는 자세는 내담자의 반응에 관계없이 자신의 직위에 따르는 역할에 헌신하는 것뿐이다. 효자로 이름난 순임금이 부귀와 배우자를 얻는 것보다 부모에게 순종하는 것을 가장 중요한 일로 여긴 것처럼, 사회복지실천가 역시 자신의 지위에 걸맞은 역할을 다하는 것에만 온전히 관심을 기울이는 것이 바람직할 것이다.

🔵 9-2

군자는 도로써 속일 수는 있으나, 도가 아닌 것으로 터무니없이 속이기는 어려운 것이다. (君子는 可欺以其方이어니와 難罔以非其道니. 만장
군 자   가 기 이 기 방   난 망 이 비 기 도
장구 상-2)

◈ 다리 놓기

순임금이 자신을 죽이려 하였다는 사실을 알면서도 동생 상(象)이 궁전을 찾아와 마음이 울적하고 해서 형님을 찾아왔다고 말하자 형제의 도리로서 그를 받아들인 일화를 들어, 맹자는 거짓이나 옳지 못한 일로는 군자를 속일 수 없지만 옳은 도로써 대한다면 군자는 그것을 믿고 속아준다고 말하고 있다.

사회복지실천가는 내담자를 믿고 그를 돕기 위해 노력하지만, 일부의 내담자는 사회복지실천가의 개입에 저항하면서 문제해결과는 거리가 먼 아니면 정반대의 행동을 하는 경우도 있다. 이럴 경우 사회복지실천가가 내담자의 잘못된 행동을 늘 믿어주고 수용해야 하는 것은 아니다. 그러나 내담자가 사회복지실천가의 개입과는 다르지만 자신의 문제해결에 도움이 되는 방식으로 행동을 한다면, 사회복지실천가는 알면서 모른 척 한다는 말이 있듯이 눈감아주고 수용해주는 것이 적절할 것이다.

🔵 9-3

상(순임금의 동생)이 그 나라에서 정사를 하지 못하게 하고, 천자가 관리를 시켜 그 나라를 다스리게 하고, 그 세금만을 상에게 바치게 하였다. (象이
상

> 不得有爲於其國하고 天子使吏로 治其國而納其貢稅焉이라. 만장
> 부득유위어기국   천자사리   치기국이납기공세언
> 장구 상-3)

◈ 다리 놓기

만장이 맹자에게 순임금이 자신을 끊임없이 죽이려 한 동생 상을 유비(有庳) 땅
의 제후로 봉한 일에 대해, 그 백성들이 학정을 당할 위험이 있으니 잘못된 조치가
아닌지, 그리고 상을 제후로 봉한 것이 아니라 추방을 시킨 것이라고들 말하고 있
는데 그 중에 무엇이 진실인지를 묻는다. 이에 맹자는 순임금은 상을 유비의 제후
로 봉했지만 정치에는 관여하지 못하도록 관리를 파견하여 정치를 전담케 하고,
다만 동생 상이 경제적 어려움은 겪지 않도록 세금은 받을 수 있도록 허락하였다.
이 일화에서 포악한 상이 정치를 못하게 한 것은 백성들에 대한 학정을 막기 위해
공의(公義)로 한 조치이고, 세금을 받을 수 있게 한 것은 동생에 대해 사사롭게
은혜[私恩]를 베푼 것으로, 순임금이 공의와 사은 모두를 잃지 않았음을 알 수 있다.
　사회복지조직에서 최고관리자가 자신과 친인척 관계에 있는 자를 채용하지 않
는 것이 기본이므로, 순임금과 상의 사례에 해당하는 경우는 없을 것으로 보인다.
이에 포악한 상을 사회복지실천가 역할에 충실하지 않은 자로 대치해 놓으면 이
일화의 사회복지적 함의를 찾을 수 있다. 사회복지조직의 최고관리자가 조직에
서 맡겨진 책무를 이행하지 않을 뿐 아니라 최고관리자에 대한 비방을 일삼지만
취업규칙이나 법을 어기지는 않는 사회복지실천가가 있다고 했을 때, 그를 어떻
게 처우할 것인가를 고민할 수 있다. 이때 가장 적절한 방법은 순임금이 상을 처
우한 방식이라 할 수 있다. 즉, 그 사회복지실천가에게 내담자나 지역주민들에게
피해가 가지 않는 업무를 배정하고, 그에게 급여를 지급하는 방법이 바로 그것이
될 수 있다. 물론 사회복지실천가답지 않은 사회복지실천가에게 국민의 세금으
로 급여를 주어야 하는가의 문제를 제기할 수도 있다. 하지만 법이나 규칙을 어기
지 않았으므로 사회복지실천가를 징계할 수 있는 방법이 없는 상황에서는 내담자
나 지역주민에게 피해를 입히지 않음으로써 공의를 지켜 내면서, 한편으로는 그

의 일자리를 뺏어 경제적 빈곤을 초래하지 않으면서 언젠가 올곧은 사회복지실천 가로 되돌아올 수 있는 길을 열어줌으로써 사사로운 은혜를 베푸는 차선 아니 차 차선의 인사관리 방책이라고 보면 될 것이다.

9-4

《서경》에 이르기를 '순임금이 공경히 섬기는 자세로 고수를 뵙고 공경하 고 삼가며 늘 조심하자 고수도 마침내 믿고 따랐다.'고 하였다. (書曰 祗載
서 왈 지 재
見瞽瞍하사되 夔夔齊栗하신대 瞽瞍亦允若이라하니. 만장장구 상-4)
현 고 수   기 기 재 율   고 수 역 윤 약

다리 놓기

고수는 아들인 순임금을 죽이고자 한 포악한 아버지이다. 그럼에도 순임금이 공경하고 섬기고 늘 삼가고 조심하는 자세로 효도를 다하니, 마침내 포악한 고수 조차 마음의 변화를 일으켜 순임금을 믿고 따르게 되었다.

사회복지실천가의 도움 자체를 거절하거나, 도움을 받기로 계약은 했지만 개 입에 저항하는 내담자들을 자주 볼 수 있다. 이때 사회복지실천가의 원조 동기와 의지가 저하될 수 있으나, 자신을 죽이려 했던 아버지를 공경하고 지극한 효도를 다했던 순임금처럼 진정으로 돕고자 하는 마음으로 내담자를 공경하고 진심을 다 해 돕고자 하는 태도를 사회복지실천가가 보여 준다면, 저항적이고 거부적인 내담 자조차도 그 마음의 동기를 불러일으켜 변화의 길에 접어들게 할 수 있을 것이다.

9-5

하늘이 준 것이고, 백성이 준 것이다. (天與之하며 人與之라. 만장장구
천 여 지   인 여 지
상-5)

다리 놓기

순임금이 요임금을 28년 동안 돕고 요임금이 죽자 궁궐에 머물지 않고 예주(豫

州)라는 곳으로 피했지만, 제후들과 송사를 하는 자들이 요임금의 아들이 아닌 순을 찾아오고 또 순을 찬양하자, 순이 천자의 지위에 오르게 된다. 그러므로 요임금이 하늘에 순을 천자로 천거했을 뿐 순임금에게 천자의 지위를 부여한 것이 아니고 하늘이 부여한 것이며, 순임금이 나라를 잘 다스려 백성들이 편안한 삶을 살 수 있게 되면서 백성들 또한 순임금을 자연스럽게 천자로 받아들인 것이다. 그러므로 순임금의 천자로서의 지위는 하늘이 준 것이고, 백성이 준 것이라고 한 것이다.

사회복지실천가로서의 직업과 지위는 자신이 원하고 노력해서 얻을 것이라고 생각하는 경우가 많다. 그러나 직업을 의미하는 'vocation'은 '신의 부르심'을 뜻하는 라틴어 'vocare'에서 유래된 것이듯, 사회복지실천가로서의 직업은 하늘이 부여해준 것이지 스스로의 의지와 노력만으로 선택한 것은 아니다. 그러므로 사회복지실천가로서의 직업을 갖게 된 것은 사람을 사랑하고 섬기라는 하늘의 명[天命]을 받아 얻게 된 것이다.

또한 사회복지실천가로서의 지위를 얻게 된 것은 국민들이 자신보다는 사람을 돕고 세상을 바꾸는 일을 더 잘할 수 있다고 믿고 그 지위를 위임(sanction)해 주었기 때문이다. 그러므로 국민이 위임한 '사람 섬김이'로서의 지위에 걸맞은 역할을 제대로 수행하지 못할 경우 국민들은 더 이상 그에게 사회복지의 일을 위임하지 않을 것이 분명하다.

이처럼 사회복지실천가라는 직업은 하늘이 뜻한 바가 있어서 부여한 것이고, 그 지위는 국민들의 위임에 의해 부여된 것이다. 그러므로 사람을 사랑으로 돕고, 세상을 사람 살기 좋은 세상으로 변화시키는 직업적 사명을 이행하는 데 한 치의 빈틈이 있어서는 안 될 것이다. 만약 작은 빈틈이라도 보인다면 하늘과 백성들이 그 직업과 지위를 다시 걷어갈 것이 분명하다.

9-6

옛날에 순임금이 우를 천거한지 17년 만에 죽자, 3년상을 마치고 순의 아들을 피해 양성으로 피해 갔는데, 천하의 백성들이 그를 따르기를 요임금이 죽은 후 요의 자식을 따르지 않고 순임금을 따르는 것처럼 하였다.
(昔者에 舜이 薦禹於天十有七年에 舜崩커시늘 三年之喪을 畢하고
　　석자　　순　　천우어천십유칠년　　순붕　　　　삼년지상　　필
禹避舜之子於陽城이러시니 天下之民이 從之를 若堯崩之後에 不
우피순지자어양성　　　　　　천하지민　　종지　　약요붕지후　　부
從堯之子而從舜也하니라. 만장장구 상-6)
종요지자이종순야

❖ 다리 놓기

　이 장에서는 천자의 지위를 덕 있는 자에게 선위(禪位)할 것인지 아니면 천자의
아들에게 계승하게 할 것인지를 결정하는 것은 천자 마음대로 하는 것이 아니라
하늘이 정하는 것이라는 점을 밝히고 있다. 그 중에서 요임금이 순임금에게 선위
하는 과정을 설명한 후, 맹자는 우(禹)가 순임금을 17년 동안 도와 치수사업을 성
공하였고, 순임금이 죽은 다음 그의 자식들을 피해 먼 곳으로 갔으나, 순임금의
선위과정과 동일하게 백성들이 모두 우를 칭송하고 따르므로 자연스럽게 천자의
지위에 오르게 되었다고 말한다.

　사회복지실천가가 어떤 지위에 오르는 것 역시 자신이 원한다고 오를 수 있는
자리가 아니고, 사회복지실천가로서 내담자와 지역주민을 사랑으로 섬기고 자신
의 맡은 바 역할을 성실하게 수행하면 그 자리는 그에게 돌아갈 것이라는 말과 같
다. 즉, 국민을 섬기고 받드는 것이 사명인 인간봉사전문직 종사자로서의 사회복
지실천가는 특정 지위를 탐한다고 얻는 것이 아니라 사람 사랑의 가치에 입각하
여 사람을 돕고 세상을 변화시키는 사명을 헌신적으로 이행하면 그에 대한 보답
으로 자연스럽게 높은 지위에 오를 수 있는 것이다. 맹자의 표현으로 말하면 내담
자에게 덕을 오래 베풀면 하늘이 그에게 높은 자리를 부여할 것이라고 말할 수
있다.

9-7

하늘이 이 백성을 낳은 이유는 먼저 알게 된 사람으로 하여금 뒤에 알게
될 사람을 깨우치며, 먼저 깨우친 자로 하여금 뒤늦게 깨우치는 사람을

깨우치는 데 있다. 나는 하늘이 낳은 백성들 중에서 먼저 깨달은 자이니 나는 장차 이 도로써 이 백성들을 깨우쳐야 할 것이니, 내가 이들을 깨우치지 않고 그 누가하겠는가 하였다. …… 나는 자신을 굽히고서 남을 바로잡았다는 자는 들어보지 못하였으니, 하물며 자신을 욕되게 하고서 천하를 바로잡음에 있어서야. (天之生此民也는 使先知로 覺後知하며 使先覺으로 覺後覺也시니 予는 天民之先覺者也로니 予將以斯道로 覺斯民也니 非予覺之오 而誰也리오하니라 …… 吾未聞枉己而正人者也로니 況辱己以正天下者乎아. 만장장구 상-7)

❖ 다리 놓기

　이 장구는 은나라 이윤(伊尹)은 농사를 지으면서도 요임금과 순임금의 도리를 따르고 어떠한 지위나 부귀에도 욕심을 부리지 않았지만, 탕(湯) 왕이 세 번 사람을 보내 초빙하자 탕왕의 신하가 되기로 마음을 고쳐먹고 한 말이다. 이후 이윤은 탕왕으로 하여금 학정을 일삼던 하나라의 걸(桀) 왕을 벌하게 하여 은나라를 세우게 하는데 큰 공을 세운다.

　사회복지실천가는 세상에서 물러나 뒷짐을 지고 지켜보는 것이 아니라, 불의한 세상에 적극적으로 참여하여 사람 살기 좋은 올바른 세상을 만드는 것이 사명이다. 이윤은 어수선한 세상에서 물러나 있었지만 탕왕의 거듭된 요청에 관직에 오르고 자신이 흠모하는 도를 백성을 돌보는 일에 펼친 사람이다. 사회복지실천가 역시 이윤과 마찬가지의 자세로 불의하고 불공평하여 양극화된 세상에 적극 참여하여, 올바르고 공정하며 사람살기 좋은 세상으로 바꾸어 내는 데 헌신해야 할 것이다.

　탕왕을 도와 하나라를 멸망시키고 은나라가 천하를 평정하는 데 큰 공을 세운 이윤에게는 등용되기 위하여 탕왕에게 고기 요리를 바쳤다는 헛소문이 뒤따랐는데, 이는 요순의 도를 따르고자 한 이윤에게는 너무나 치욕스러운 소문이라 할 수 있다. 이윤이 요순의 도를 따르지 않은 채 신하의 자리만 탐하였다면 은나라가 천하를 평정하는 업적을 남길 수 없었을 것이다. 마찬가지로 사회복지실천가가 자신의 전문성을 버리고서는 내담자나 사회의 변화를 도모할 수는 없을 것이다. 그리고 이윤이 등용되기 위해 탕왕에게 요리를 해다 바칠 정도로 비굴하게 처신했다면 등용조차 되지 못하여 세상을 평정하는 일을 감히 꿈도 꿀 수 없었을 것이다. 사회복지실천가 또한 전문직의 정체성과 개인적 자존감까지 내려놓고서는 내담자를 도울 수 있는 기회조차 갖지 못하였을 것이다. 그러므로 사회복지실천가는 이윤을 본받아 전문직으로서의 정체성과 사명감 그리고 전문역량을 갈고 닦고 유지함으로써 사람과 세상을 변화시키는 길을 올곧게 걸어가야 할 것이다.

9-8

내가 듣기에, '조정의 신하를 관찰할 적에는 누구의 주인이 되었는지로써 하고, 먼 지방에서 와서 벼슬하는 자를 관찰할 적에는 그가 주인으로 삼은 자가 누구인지로써 한다.'하였다. (吾聞 觀近臣호되 以其所爲主요 觀遠臣호되 以其所主라하니. 만장장구 상-8)

다리 놓기

유유상종(類類相從)이라는 말이 있듯이, 사람은 같은 성향을 지닌 사람과 교류하게 된다. 그러므로 주인을 알려면 그를 섬기는 사람을 보면 알 수 있고, 섬기는 사람을 알려면 주인을 보면 알 수 있다. 사회복지조직 역시 이 원리가 그대로 적용될 수 있다. 선한 관리자 아래에는 선한 사회복지실천가가 모이고, 불선한 관리자 아래에는 불선한 사회복지실천가가 모여드는 것이다. 그러므로 사회복지조직의 관리자나 사회복지실천가는 동료 성원들의 태도와 행동에서 자신의 모습을 유추해보고 본받고 고쳐 나가야 하며, 자신이 먼저 다른 동료에게 선한 동료가 되기 위해 노력해야만 한다.

9-9

스스로를 팔아서 군주를 (패자로) 만드는 것은 시골에서 자기 자존심을 지키려는 사람도 하지 않는데, 하물며 현자가 그런 짓을 했겠는가. (自鬻
이 성 기 군   향 당 자 호 자   불 위   이 위 현 자 위 지 호
以成其君을 鄕黨自好者도 不爲거든 而謂賢者爲之乎아. 만장장구
상-9)

◈ 다리 놓기

맹자가 우(虞)나라의 뛰어난 신하인 백리해(百里奚)가 소를 먹여 진나라 목공에게 등용되려 했다는 소문은 잘못된 것이라고 지적하였다. 이 장구에서 맹자는 자신의 자존심을 버려가면서 높은 자리에 오르려 하는 행동은 시골 촌부조차도 하지 않는 짓이라고 했다.

사회복지실천가는 자신이 높은 지위에 올라 부귀를 누리고 사회적 명성을 얻는 직업의 종사자가 아니라, 다른 사람을 잘 이해하고 그들을 받들고 섬겨서 삶의 변화를 도모하는 인간봉사전문직이다. 전문직의 사명감과 정체성은 말할 것도 없고 개인적 자존감마저도 내려놓고 높은 자리에 오르려 애쓰는 사회복지실천가는 없을 것이다. 그러나 혹시라도 섬김의 사역보다는 섬김을 받기를 원하는 사회복지실천가가 있다면, 그를 인간봉사전문직 종사자로서의 자질이 매우 미흡한 사람이라고 칭해도 무리가 없을 것이다.

10. 만장장구 하(萬章章句 下)

> 백이는 성인 중에서도 청렴한 자이고, 이윤은 성인 중에서 책임감이 강한 자이고, 류하혜는 성인 중에서 화합하는 자이고, 공자는 성인 중에서 때를 알아서 일을 그에 맞게 풀어가는 자이다. 공자를 일러 집대성이라 부른다. (伯夷는 聖之淸者也요 伊尹은 聖之任者也요 柳下惠는 聖之和者也 孔子는 聖之時者也시니라 孔子之謂集大成이니. 만장장구 하-1)

◈ 다리 놓기

　맹자는 성인으로 일컬어지는 네 명을 비교하면서, 백이는 청렴함이 뛰어나고, 이윤은 책임감이 뛰어나며, 류하혜는 화합을 잘하는 것으로 평가한 이후에 공자는 앞의 세 성인처럼 어느 하나에 뛰어난 것이 아니라 이 모든 것을 갖추고 있되 어떤 일이 벌어지는 상황에 적절하게 행동할 줄 아는, 즉 시중(時中)의 성인이라고 평가하고 있다. 따라서 다른 성인은 한 가지 부분에서 뛰어난 데 비해 공자는 모든 부분에서 두루 뛰어나므로 집대성한 자라고 평가하고 있다.

　사회복지실천가 역시 청렴해야 하며, 책임감이 강해야 하며, 다른 사람들과 화합할 수 있어야 한다. 그러나 물이 너무 맑으면 물고기가 모여들지 않듯이, 청렴하기만 하면 다른 사람들과 어울리지 못하는 단점이 있다. 사회복지실천가는 책임감을 갖고 맡은 바 일을 완수해야 하지만, 너무 맡은 바 일에만 몰두하게 되면 다른 중요한 부분에 대해 관심을 기울이지 못하여 삶의 불균형이 생길 수 있다. 사회복지실천가에게 있어 화합을 잘하는 것은 매우 큰 장점이지만, 오히려 끊고 맺음이 불확실함으로써 우유부단하다는 평을 들을 수도 있다. 이처럼 청렴, 책임 감, 화합은 사회복지실천가가 갖추어야 할 중요한 자질이고 한 가지를 온전히 갖 추는 것도 쉬운 일은 아니지만, 어느 하나만 뛰어난 것은 다소의 부족함을 유발할 것이므로 이들 모두를 갖추기 위해 노력해야 한다. 그리고 공자가 여러 가지 덕을 두루 갖춘 것, 즉 집대성한 것처럼 사회복지실천가는 인간봉사전문직에게 요구되 는 자질을 두루 갖추고 상황에 따라 적절하게 맞춰 사용할 수 있어야 할 것이다.

🔘 10-2

> **제후들은 그것이 자신들에게 해가 된다고 싫어하여 그 전적(典籍)을 다 없애 버렸다.** (諸侯惡其害己也하여 而皆去其籍이어니와. 만장장구 하-2)
> 제 후 오 기 해 기 야   이 개 거 기 적

🔶 다리 놓기

이 장구에서 맹자는 위나라 사람 북궁의(北宮錡)로부터 주나라의 제도에 대한 질문을 받고 주나라의 계급체계와 녹봉에 대해 설명하지만, 부국강병을 중시한 제후들이 침략전쟁과 독재를 행하는 데 주나라의 예법이나 제도가 오히려 방해가 된다고 생각하여 그 서적들을 다 없애버려 자신도 정확히 알 수 없다고 말하면서 개괄적인 설명만 한다. 이에 대해 송나라 성리학자 주희는 맹자가 정확한 기록을 갖고 있지 않았기 때문에, 맹자가 설명한 주나라 제도가 실제와 다를 수도 있다고 평가한다.

조선왕조실록을 기록한 사관들은 왕이 잘한 점은 물론 잘못한 점을 소상이 기 록하여 전함으로써, 후대의 왕들이 같은 잘못을 하지 않도록 경계하려 하였다. 그 런데 사회복지조직에서 발간하는 사업보고서나 각종 평가자료를 살펴보면, 조직 이 이루어낸 긍정적 성과들에 대한 내용들로 가득한 경우가 거의 대부분이다. 그러나 조직이 그런 성과를 거두는 과정에서 다소간의, 아니 많은 오류를 범했을 것이 분명하다. 그런데 조직은 그런 자신들의 오류를 숨기고 드러내지 않으려 하며, 개별 성원들도 자신의 부족한 점이나 잘못을 굳이 드러내지 않으려 한다. 이런 관습적 행동이 지속되게 되면, 뒤를 잇는 후배 사회복지실천가들은 선배들이 한 것이 모두 잘한 것이라고 믿고 그를 모델로 삼아 그가 한 바대로 서비스를 실시하려 할 것이다. 그러나 그 모델을 따랐음에도 결과는 편차가 크고, 서비스 과정에서 여러 가지 장애물을 만나게 되고, 여러 오류들을 범하게 될 것이 분명하다.

　제후들이 사회제도나 예법에 대한 기록들을 없애 버려 후대 정치인들이 참고할만한 것이 없는 것이나 사회복지조직이 자신의 오류와 한계를 기록하지 않는 것이나 같은 것이다. 따라서 사회복지조직은 자신들이 거둔 긍정적 성과도 드러내어 알려야 하겠지만, 그 과정에서 겪는 장애물이나 오류들을 숨기지 말고 드러내어 다시는 같은 실수를 범하지 않을 수 있는 방법을 찾아나가는 것이 현명할 것이다.

🏵 10-3

> 나이가 많고 적음을 따지지 말고, 귀천을 따지지 말고, 그 사람의 형제를 따지지 말고, 벗을 삼아야 한다. 벗한다는 것은 그 사람의 덕을 벗하는 것이니, 이것 저것 따져서는 안 된다. (不挾長하며 不挾貴하여 不挾兄弟而友니 友也者는 友其德也니 不可以有挾也니라. 만장장구 하-3)

🏵 다리 놓기

　유학에서 벗[朋友]이란 단순하게 친하게 지내는 친구를 의미하는 것이 아니라, 뜻을 함께 하는 동역자의 의미를 지닌다. 이런 벗을 사귐에 있어서 나이나 귀천이나 집안을 따져서 자신에게 이익이 될 만한 사람을 가려 사귀는 것이 아니라, 오로지 덕(德)이 있는 지를 보고 사귀는 것이다. 그러므로 연령, 신분, 서열, 부유함의 차이는 벗을 사귀는 데 의미가 없다.

사회복지조직은 관료조직만큼은 아니지만 나름의 명확한 위계질서가 있고, 조직성원은 그런 질서를 존중하는 선에서 인간관계를 맺는다. 그러므로 조직성원의 연령이나 서열은 진정한 동역자로서의 관계를 맺는 데 때로는 장애물로 작용할 수 있다. 높은 지위에 있는 사람은 아래 지위의 동료를 부하직원으로 생각힐 것이고, 나이 많은 성원은 나이 적은 성원을 동생 대하듯 할 수 있으므로 진정한 동역자로 인정하지 않는 경우가 많다. 그러나 사회복지조직에 몸담은 사람이면 누구나 사람을 돕고 세상을 변화시키는 것을 자신의 덕목으로 생각하고 있는 사람들이므로, 공통의 덕 또는 가치를 추구하는 사람들이 진정한 동역자가 되지 못한다는 것은 말이 되지 않는다. 사회복지실천가라면 이제부터라도 연령, 직위와 직분을 뛰어 넘어 그가 소중히 여기는 덕목 또는 가치를 중심으로 서로 동역자로서의 벗이 되어주기 위해 노력해야 할 것이다.

🏵 10-4

만장이 물었다. "감히 묻겠습니다. 교제하는 것은 무슨 마음으로 합니까?" 맹자가 말했다. "공손함이다." 만장이 말했다. "예물을 거듭 사양하는 것을 공손하지 않은 것이라고 하는 것은 어째서입니까?" (萬章이 問日 敢問交際는 何心也잇고 孟子曰 恭也니라 日 卻之卻之 爲不恭은 何哉잇고. 만장장구 하-4)

❖ 다리 놓기

우리 사회의 부패방지를 위해 일명 김영란법이 시행되고 있다. 물론 사회복지직 공무원이 아니라면 김영란법의 대상이 아니므로, 사회복지실천가들은 이 법으로 인해 행동의 제약을 받지는 않는다. 그러나 공직자가 아닌 사회복지실천가라도 조직의 이용자들로부터 금품을 받는 것은 적절하지 못한 행동이므로, 일체의 부당한 금품을 받지 말아야 한다.

이 장구에서 말하는 교제는 일반적인 개인 간의 사사로운 사귐과는 달리 특별한 용무로 격식을 갖추어 서로 만나는 것을 의미한다. 옛날에 용무가 있어 누군가를 만날 적에는 반드시 성의의 표시로 일정한 폐백을 보내는 것이 예의에 걸맞은 행동이었다. 그러므로 상대방이 보내온 폐백 예물이 의리에 맞는 것인가 아닌가를 따져서 가려 받는 것은 상대를 의심하는 행위이므로, 교제를 함에 지켜야 하는 공손함의 원칙을 어기는 것이라고 맹자가 말하고 있다. 그러나 교제의 목적으로 보내온 폐백 예물이라고 해서 무조건 받아서는 안 되며, 예물이 백성들로부터 빼앗은 물건이거나 도적질한 물건일 경우에는 받지 않는 것이 올바른 행동이라고 맹자는 말하고 있다.

사회복지실천가가 업무상 다른 기관의 사회복지실천가를 만날 때 맨손으로 가기 미안해서 조직에서 만든 작은 홍보물품이나 기념품 한두 개를 들고 가는 것은 옛 사람들의 폐백에 해당하는 것이므로 적절한 행동이라고 할 수 있다. 그러나 교제를 통하여 뭔가 이득을 볼 목적으로 현금이나 과도한 선물을 건네는 것은 적절치 않으며, 이 경우에는 받는 자의 입장에서 거절하는 것이 올바른 교제의 도리라 할 수 있다. 다시 말해, 사회복지조직에서 다른 조직과 업무상의 교류를 할 때 주고받는 예물은 조그만 성의 표시 정도에 그치는 것이 좋으며, 과도한 선물로 사회복지전문직의 윤리적 기준을 위해하는 행위는 적절치 않다. 이처럼 업무상 교류를 위해 예물을 주고받는 데도 상황에 맞게 적절하게 해야 하는 권도(權道)가 필요하다.

10-5

지위가 낮으면서 말을 높게 하는 것이 죄요, 나라의 조정에 서 있으면서 도가 행해지지 않은 것은 부끄러운 일이다. (位卑而言高가 罪也요 立乎人之本朝而道不行이 恥也니라. 만장장구 하-5)

다리 놓기

맹자는 일을 하는 것이 생계 때문이라면 높은 자리에는 오르지 말고 낮은 지위의 어렵지 않은 일을 맡아야 한다고 말하면서, 사회복지실천가에게 지위에 걸맞게 행동할 것을 권면하고 있다. 이 장구에서 지위가 낮으면서 마치 자신이 높은 자리에라도 오른 것처럼 직분에 넘치는 말들을 해댄다면 그것은 죄를 짓는 것이라고 했다. 반면에 조정의 대인과 같이 높은 자리에 올랐으면 사회복지실천가는 섬김의 사명을 충실히 이행해야 하는데, 만약 그러한 역할을 충실히 수행하지 못한다면 그것을 부끄러워해야 한다. 이 말은 낮으면 낮은 데로 높으면 높은 데로 지위에 걸맞게 이행해야 할 역할과 책무가 있으며, 그것을 성실하게 이행하는 것이 사회복지전문직 종사자에게 걸맞은 태도라는 의미를 함축하고 있다.

10-6

관문지기나 야경꾼은 모두 정해진 직무를 갖고 있어 윗사람으로부터 녹봉을 받으니, 일정한 직무도 없이 윗사람이 하사해준다고 해서 그것을 받는 것은 공손치 못한 것이라 한다…… 뛰어난 사람을 좋아하기만 하고 등용하지 않으며, 또 제대로 대우하여 모실 줄 모른다면, 뛰어난 사람을 좋아한다고 말할 수 있겠는가. (抱關擊柝者 皆有常職하여 以食於上하나니 無常職而賜於上者를 以爲不恭也니라…… 悅賢不能擧요 又不能養也면 可謂悅賢乎아. 만장장구 하-6)

🔷 다리 놓기

사회복지실천가가 맡은 바 직책에 걸맞은 역할을 수행하고, 급여를 받는 것은 당연한 일이다. 반면에 자신이 특별한 직책을 맡고 있지 않거나, 맡은바 직무를 적절히 수행하지 못하면서 급여를 받는다는 것은 적절치 못한 것이다. 사회복지 조직에서 주는 급여가 사실은 국민의 세금에 의해 조성된 공적 자금이라는 점을 고려하면, 사회복지실천가가 직책에 걸맞은 역할을 수행하지도 않고 급여를 받는 것은 부끄러움을 넘어선 잘못된 행동이다. 열심히 일하고, 그 일한만큼의 급여를 바라는 것이 인간봉사전문직 종사자의 올바른 자세일 것이다.

사회복지조직이 사람을 섬기고 사회를 변화시키는 사명을 충실히 이행하기 위해서는 인격적으로 성숙하면서도 전문적 역량이 뛰어난 인재를 등용하여, 그의 능력에 적합한 직위와 직무를 배정하고, 그에 합당한 처우를 해 줄 수 있어야 한다. 그런데 사회복지조직의 최고관리자가 인격적 자질과 전문적 역량을 두루 갖춘 사람을 중용해야 한다고 말만하고 그를 채용하지 않거나, 채용은 했더라도 역량을 제대로 활용하지 못하거나, 활용을 하고도 그에 걸맞은 처우를 해 주지 않는다면, 그 조직은 본연의 사명을 이행하는 데 실패할 가능성이 높다. 인간에게 봉사하는 조직이 인간에게 봉사하는 사람을 제대로 처우하지 않음은 뭔가 앞뒤가 맞지 않는 역설이다. 사람을 제대로 섬기려면, 제대로 된 사람을 쓰고, 사람을 썼으면 쓴 만큼의 합당한 처우를 하는 것이 사회복지조직 인사관리의 기본임에 틀림없다.

🔹 10-7

뛰어난 자를 만나 보고자 하면서 올바른 도리를 따르지 않는다면 마치 문에 들어 가고자 하면서 문을 닫는 것이다. 의는 길이요, 예는 문이다. (欲_욕見賢人而不以其道면 猶欲其入而閉之門也니라 夫義는 路也요 禮는 門也니.
견 현 인 이 불 이 기 도   유 욕 기 입 이 폐 지 문 야   부 의   로 야   예
는 門也니. 만장장구 하-7)
  문 야

🔸 다리 놓기

옛날에는 사람의 직위에 따라 부르는 방법이 모두 달랐다. 보통 사람은 비단으로, 선비는 용 두마리가 그려진 깃발로, 대부는 깃대 머리를 깃털로 장식한 깃발을 이용해서 불렀다. 이를 어떤 사람을 등용하고자 할 때에 비교해보면, 인격적 성숙과 전문역량 더 나아가 실무경험이 풍부한 자를 일선 사회복지실천가와 같은 낮은 지위에 등용하는 것은 적절치 않으며, 그 반대인 사람을 관리자로 등용하는 것은 적절치 않다. 따라서 사회복지조직의 최고관리자는 조직성원의 인격, 전문역량, 실천경험 등을 종합적으로 고려하고, 그에게 적합한 지위에 그를 등용하고,

그에 걸맞은 처우를 해야 할 것이다.

10-8

천하의 좋은 선비와 벗하는 것으로 만족하지 못하여서, 또다시 위로 올라 가서 옛 사람을 거론한다. (以友天下之善士로 爲未足하여 又尙論古
_{이 우 천 하 지 선 사   위 미 족   우 상 론 고}
之人하나니. 만장장구 하−8)
_{지 인}

◈ 다리 놓기

　벗한다는 것은 덕이 비슷한 사람들끼리 서로 부족한 인을 채워가는 것[以友輔
_{이 우 보}
仁]에 목적이 있다. 그러므로 덕이 비슷한 사람들과 사귐으로써 그 부족한 인을
_인
채울 수 없다면, 인의 수준이 높은 사람과 벗하고, 거기서도 만족하지 못하면 더
높은 수준의 사람과 벗한다. 그런데도 부족함이 있다면, 윗세대의 모델이 되어줄
수 있는 사람이 쓴 책이나 글을 읽고, 그 사람이 처했던 시대상황을 논함으로써,
그를 본받을 수 있는 것이다. 사회복지실천가들도 자신의 조직에 속한 동료 사회
복지실천가들과 실천지혜를 공유하고, 상급자의 수퍼비전을 통하여 실천역량을
길러야 한다. 그러나 그들과 벗하여 만족하지 못하다고 하여, 외부의 자문이나 이
론에만 의지하려 하는 자세는 바람직하지 않다. 오히려 동시대를 같이 살아가는
사회복지실천가끼리 서로의 뜻과 가치관, 지식과 기술을 길러주고 보완해주기 위
해 애쓰는 것이 더욱 바람직한 사회복지실천가의 태도이다.

10-9

군주가 큰 잘못이 있으면 간하고 반복하여도 듣지 않으면, 군주의 자리를
바꾼다 …… 군주가 잘못이 있으면 간하고 반복하여도 듣지 않으면, 떠
나는 것이다. (君有大過則諫하고 反覆之而不聽則易位니이다 ……
_{군 유 대 과 즉 간   반 복 지 이 불 청 즉 역 위}

> 君有過則諫하고 反覆之而不聽則去니이다. 만장장구 하-9)
> 군 유 과 즉 간　　　반 복 지 이 불 청 즉 거

✤ 다리 놓기

옛날의 경(卿) 벼슬은 오늘날로 말하면 정부의 장관급 인사를 말하는데, 예전에는 친척인 경과 친척이 아닌 경이 있었다. 제나라 선왕(宣王)이 맹자에게 경의 역할에 대해 묻자, 맹자는 친인척이든 아니든 경 벼슬을 하고 있다면 군주가 잘못이 있을 때 간언해야 하지만, 반복하여 간언을 해도 잘못을 고치지 않으면 친척인 경은 군주를 바꿀 수 있고, 친척이 아닌 경은 자신이 벼슬을 내놓고 떠나는 것이 올바른 출처(出處)라고 답한다.

사회복지조직에서 친인척을 고용하는 사례는 없으므로, 친척인 경을 조직의 운영을 총괄하는 법인에, 친척이 없는 경을 조직의 중간관리자에 비유해 보고자 한다. 조직의 인사권을 행사할 수 있는 법인은 조직의 최고관리자가 조직운영을 적절히 하지 못할 경우 이를 개선하도록 명령하여 최고관리자 스스로 바로 잡을 수 있는 기회를 부여해 주어야 하며, 그래도 개선이 되지 않는다면 최고관리자를 징계하거나 심한 경우 그 직을 박탈하여야 할 것이다. 반면 조직의 중간관리자는 최고관리자에게 잘못을 다시 범하지 않도록 간언해야 하지만 반복해도 개전의 기미가 보이지 않는다면, 무도한 조직을 스스로 떠나는 것이 올바른 출처이다.

11. 고자장구 상(告子章句 上)

11-1

고자가 말했다. "사람의 본성은 땅버들나무와 같고, 의리는 나무로 만든 그릇과 같으니, 사람의 본성을 가지고 인의를 행하도록 하는 것은 땅버들나무를 가지고 그릇을 만드는 것과 같다." 맹자가 말했다. "그대는 땅버들나무의 성질을 그대로 둔 채 술잔을 만드는가? 장차 땅버들나무를 해친 뒤에야 술잔을 만들 것이니, 만일 장차 땅버들나무를 해쳐서 술잔을 만든다면 또한 장차 사람을 해쳐서 인의를 하도록 한단 말인가? 천하 사람을 끌고 다니면서 인의를 해치게 할 것은 반드시 그대의 이 말일 것이다."

(告子曰 性은 猶杞柳也요 義는 猶桮棬也니 以人性爲仁義는 猶以
고자왈 성   유기류야   의   유배권야   이인성위인의   유이

杞柳爲桮棬이니라 孟子曰 子能順杞柳之性而以爲桮棬乎아 將戕
기류위배권   맹자왈 자능순기류지성이이위배권호   장장

賊杞柳而後에 以爲桮棬也니 如將戕賊杞柳而以爲桮棬이면 則亦
적기류이후   이위배권야   여장장적기류이이위배권   즉역

將戕賊人以爲仁義與아 率天下之人而禍仁義者는 必子之言夫인
장장적인이위인의여   솔천하지인이화인의자   필자지언부

저. 고자장구 상-1)

◈ 다리 놓기

　고자는 제나라 사상가로, 한때 맹자로부터 배우기도 했으나 인간 본성에 대해 맹자와 논쟁을 벌인다. 고자는 인간의 본성은 본래 선하지도 악하지도 않으므로, 어떻게 교육하는가에 따라 어느 쪽으로도 될 수 있다고 본다. 말하자면 성무선무

악설(性無善無惡說)로써, 서양심리학의 행동주의 심리학(behaviorism)의 인간관과
유사한 점이 있다.

　이러한 고자의 인간본성에 대한 관점에 대해 맹자는 버드나무 술잔은 땅버들
나무의 본성을 해친 후에 만들 수 있듯이, 사람의 본성을 해친 다음에 사람들로
하여금 인의를 행하도록 하게 하는 방법이라고 비판한다. 즉, 맹자는 사람들이 자
신의 본성을 해쳐야만 인의를 행할 수 있기 때문에, 인의를 행하려 하지 않을 것
이라고 비판하고 있다. 이처럼 맹자는 인간은 선한 본성을 타고 태어났는데, 고자
의 주장처럼 교육을 통해 타고난 본성을 바꾸려 한다면 그것은 인간본성을 잘못
이해한 것이라고 비판한 것이다.

　사회복지실천가가 고자의 인간관을 따른다면 자신이 돕는 사람이 선한 행동을
하고 더 나은 삶을 살 수 있도록 외부의 강화나 벌 또는 교육훈련을 통하여 그를
통제하고 변화시키기 위해서 노력할 것이다. 서구심리학으로 말하자면, 사회복
지실천가는 행동주의의 행동수정기법이나 훈련법을 활용하여 사람을 변화시키
려 할 것이다.

　반면 맹자의 인간관을 따른다면, 자신이 돕는 사람이 본래 갖고 있는 본성을 스
스로 회복할 수 있도록 돕는 방법을 선택할 것이다. 서구심리학으로 말하자면, 사
회복지실천가는 인본주의이론에서 말한 바와 같이 내담자가 현재 자신을 반성적
으로 고찰하고, 자기 향상(self enhancement)을 위한 노력을 기울임으로써 타고난
자기실현(self actualization)의 잠재력을 펼쳐갈 수 있도록 지지하는 방법을 선택할
것이다.

　사회복지실천가가 어떤 관점을 선택하는가는 자신의 몫이지만, 타고난 선한
본성을 해쳐가며 인간의 변화를 돕는 것은 적절한 개입방법이 아니라는 맹자의
권고를 새겨들을 만하다.

🏵 11-2

고자가 말했다. "인간 본성은 물결이 맴도는 여울물과 같다. 이것을 동쪽

으로 터놓으면 동쪽으로 흐르고 서쪽으로 터놓으면 서쪽으로 흐르니, 인간 본성이 선하고 선하지 않음에 구분이 없음은 마치 물이 동과 서에 구분이 없는 것과 같다." 맹자가 말했다. "물은 진실로 동과 서에 구분이 없거니와 상하에도 구분이 없다는 말인가. 인성의 선함은 물이 아래로 내려가는 것과 같으니, 사람은 선하지 않은 사람이 없으며, 물은 아래로 내려가지 않는 것이 없다. 지금 물을 쳐서 뛰어 오르게 하면 이마를 지나게 할 수 있으며, 물을 가로막아 역류하게 하면 산에 오르게 할 수 있거니와 이것이 어찌 물의 본성이겠는가? 그 외부의 힘에 의해 그렇게 만든 것이니, 사람이 선하지 않은 일을 할 수 있겠지만, 그 본성은 역시 이와 같은 것이다." (告子曰 性은 猶湍水也라 決諸東方則東流하고 決諸西方則西流하나니 人性之無分於善不善也 猶水之無分於東西也니라 孟子曰 水信無分於東西어니와 無分於上下乎아 人性之善也 猶水之就下也니 人無有不善하며 水無有不下니라 今夫水를 搏而躍之면 可使過顙이며 激而行之면 可使在山이어니와 是豈水之性哉리오 其勢則然也니 人之可使爲不善이 其性이 亦猶是也니라. 고자장구 상-2)

🌸 다리 놓기

　고자는 인간 본성에는 선과 불선이 없지만, 외부 환경이나 힘에 의해 인간 본성은 선이나 악으로 변할 수 있다고 말하고 있다. 이는 인간이 선을 닦으면 선한 사람이 되고 악을 하면 악한 사람이 된다는 전한 말기의 양자(揚子)의 인간관과 유사하다. 즉, 고자는 인간의 본성은 여울물이 동쪽으로 터주면 동쪽으로 흐르고, 서쪽으로 터주면 서쪽으로 흐르는 것과 같다고 말하고 있다.

　이에 대해 맹자는 물의 흐름에 동서가 없는 것처럼 물이 위아래의 구분도 없느냐고 비판하면서, 물은 아래로 흐르는 것이 본성이며 이 물을 위로 흐르도록 하기 위해서는 외부의 힘이 물의 본성을 깨뜨릴 때만 가능하다고 말한다. 이처럼 맹자는 인간의 본성은 본질적으로 선하며, 만약 인간이 선하지 않은 행동을 한다면 그것은 외부의 힘에 의해 인간 본성이 왜곡되거나 손상을 입은 경우에 한정된 것이라고 주장하고 있다.

이러한 맹자의 인간 본성에 대한 관점에 근거해 보면, 사회복지실천가의 도움을 받는 내담자가 본래 개인적 결함이나 문제를 지닌 것이 아니라 삶의 과정에서 선한 본성이 표현될 수 없도록 방해하는 외부의 힘에 의해 삶의 고난을 겪거나 문제행동을 한 것이라고 봐야 할 것이다. 이러한 맹자의 관점을 수용한다면, 사회복지실천가는 인간의 선한 본성에 대한 굳건한 신념 다시 말해 인간존엄성을 존중하는 신념을 갖고 외부의 힘에 의해 손상당한 내담자의 본성을 다시 회복할 수 있도록 도와야 할 것이며, 전문적 개입이라는 미명하에 외부에서 영향을 미쳐 내담자의 잘못된 부분을 뜯어 고치려 해서는 안 될 것이다.

11-3

고자가 말했다. "타고난 것[生]을 본성이라 한다." 맹자가 말했다. "타고난 것이 본성이라는 것은 흰색을 흰색이라고 하는 것과 같은 것인가?" 고자가 말했다. "그렇습니다." "그렇다면 흰 깃털의 흰색은 흰 눈의 흰색과 같고, 흰 눈의 흰색은 흰 옥의 흰색과 같은 것인가?" "그렇습니다." (맹자가 말했다) "그렇다면 개의 본성은 소의 본성과 같고, 소의 본성은 사람의 본성과 같다는 말인가?" (告子曰 生之謂性이니라 孟子曰 生之謂性也는 猶白之謂白與아 曰 然하다 白羽之白也 猶白雪之白이며 白雪之白이 猶白玉之白與아 曰 然하다 然則犬之性이 猶牛之性이며 牛之性이 猶人之性與아. 고자장구 상-3)

❖ 다리 놓기

고자는 타고난 것, 즉 생물적 본능이 인간의 본성이라고 하였는데, 주자(朱子)는 이런 고자의 관점이 눈으로 보고 귀로 들으며 손으로 잡고 발로 걷는 등의 모든 작용(作用)을 인간의 본성이라고 보는 불교의 관점과 유사하다고 했다. 고자의 주장에 맹자는 개와 소 그리고 사람의 본성이 같다는 말이냐고 반문함으로써, 고자의 인간 본성에 대한 관점을 비판한다. 이에 대해 주자는 인간과 동물이 삶의 본능적 욕구를 지니고 있고 또 운동하고 지각하는 점에서는 서로 다르지 않은 듯하나, 하늘로부터 인의예지(仁義禮智)의 본성을 받아서 태어났으므로, 인간의 본성은 선하지 않음이 없고 이 때문에 만물의 영장이 된다고 하였다. 이와 같이 인간과 사물의 본성이 같은가 다른가에 대한 관점은 조선 후기 노론학자들 사이에 벌어진 인물성동이론(人物性同異論), 즉 호락논쟁(湖洛論爭)으로 이어지게 된다.

　사회복지실천가는 인간봉사전문직이므로, 사실 인간과 사물의 본성이 같은가 다른가라는 논쟁에 깊이 빠져들 필요는 없다. 왜냐하면 빼어난 하늘의 이치와 기운을 받아 태어난 인간이 돕는 대상이기 때문이다. 본래 선한 본성을 타고 태어난 사람이 어찌하여 선하지 않은 행동을 하는 것에 대해 공자는 《논어》양화편 2장에서 일상의 습성(習性)이 다르기 때문이라 하였다. 따라서 사회복지실천가는 선한 본성과 거리가 먼 일상적 습성을 바로잡아, 내담자가 본연지성(本然之性)을 회복할 수 있도록 돕는 데 주안점을 두면 될 것이다.

🔵 11-4

고자가 말했다. "식욕과 색욕은 본성입니다. 인은 안에 있지 밖에 있지 않고, 의는 밖에 있지 안에 있지 않습니다." 맹자가 말했다. "무슨 근거로 인은 안에 있고, 의는 밖에 있다고 말하는가?" (告子曰 食色이 性也니 仁은 內也라 非外也요 義는 外也라 非內也니라 孟子曰 何以謂仁內義外也오. 고자장구 상-4)

🔶 다리 놓기

고자는 마치 Freud의 정신분석이론에서처럼 인간을 본능적 존재라고 하면서, 인이라는 덕목은 인간 내면에 있는 반면에 의는 인간 내면 바깥에 존재한다고 주

장하여 맹자의 관점에 도전한다. 이에 맹자가 인의가 인간 내면의 안팎에 있다고
판단한 근거가 무엇이냐고 고자에게 묻는다. 이에 고자는 자신의 아우면 사랑하
고 진나라 사람의 아우면 사랑하지 않는 것은 자신의 마음속에 그러고자 하는 마
음이 있었기 때문에 인은 인간 내면에 있다고 말한 것이고, 자신이 윗사람을 공경
하는 것은 마음속에 공경하고자 하는 마음이 있었던 것이 아니라 남들이 윗사람
을 공경하는 것이 옳다고 하여 자신이 공경한 것에 불과한 것이니 의는 인간 내면
의 외부에 있다고 말했다고 답한다. 이에 맹자는 자신이 구운 불고기나 진나라 사
람이 구운 불고기나 모두 자신이 좋아하는 것이므로, 인의가 인간 외부에 있는 것
이 아니라 모두 인간 내면에 있는 것이라고 반박한다.

　세상 사람들이 인간을 사랑해야 한다고 해서 인간을 존중하고 섬기는 것이 아
니라, 인간봉사전문직인 사회복지실천가는 자신 속에 인간을 사랑하고 세상을 올
바르게 바꾸어 내려는 마음이 있어서 그렇게 하는 것이다. 다시 말해 내담자를 사
랑하고 내담자에게 이렇게 해주는 것이 옳은 것이라고 배운 대로 행하는 것이 아
니라, 바로 사회복지실천가 자신의 마음속에 갖추고 있는 인의에 기반을 두고 내
담자를 돕고 세상을 변화시켜야 하는 것이다. 남의 말이 아니라 자신의 선한 마음
에 따라 원조와 실천을 해야 하는 것이 사회복지실천가인 것이다.

11-5

맹계자가 공도자에게 물었다. "어찌하여 의가 내면에 있다고 하셨는가?"
공도자가 말했다. "내 (속의) 공경하는 마음을 행하는 것이니 내면에 있
다고 한 것이다." (孟季子問公都子曰 何以謂義內也오 曰 行吾敬故
로 謂之內也니라. 고자장구 상-5)

다리 놓기

　경(敬)은 내면에서 상대방을 공경하는 마음이며, 공(恭)은 겉으로 드러난 공손
한 모습이나 행동을 말한다. 맹계자는 자신의 형보다 나이가 많은 동네 형에게 먼

저 술을 따르고, 아우가 제사에서 역할을 맡은 시동이 되면 평상시 아우를 대하는 것보다 시동이 된 아우를 더 공경하는 것은 의(義)가 인간 외면에 있기 때문이라고 주장한다. 이에 제대로 대답을 할 수 없었던 공도자는 스승인 맹자에게 자문을 구하여, 겨울에 따뜻한 물을 마시고 여름에 찬물을 마시는 것이나 타인을 공경하는 마음 모두 외부에 있는 것이 아니라 바로 자신의 마음속에 있는 것이라고 맹계자의 견해를 반박한다.

이 장은 앞장과 같은 내용을 다루고 있다. 사회복지실천가는 내면에 있는 인의의 마음을 바탕으로 내담자를 사랑하고 공경해야 한다. 동시에 사회복지실천가는 내담자의 내면에 있는 타고난 인의의 선한 본성을 일깨우고 이를 표출할 수 있게 함으로써, 내담자가 인간다운 삶을 살아갈 수 있도록 도와야 할 것이다.

11-6

맹자가 말했다. "그 정으로 말하면 선하다고 할 수 있으니, 이것이 내가 말하는 선하다는 것이다. 불선을 하는 것으로 말하면, 타고난 재질이 잘못되어서가 아니다. 불쌍해하는 마음은 모든 사람들이 다 갖고 있고, 부끄러워하고 미워하는 마음도 모든 사람들이 다 갖고 있고, 공경하는 마음도 모든 사람들이 다 갖고 있고, 옳고 그름을 가리는 마음도 사람들이 모두 다 갖고 있다. 불쌍해하는 마음은 인에 속하고, 부끄러워하고 미워하는 마음은 의에 속하고, 공경하는 마음은 예에 속하고, 옳고 그름을 가리는 마음은 지에 속한다. 인의예지는 외부에서 나에게 녹아들어온 것이 아니라 내가 본래 갖고 있는 것인데 사람들이 생각하지 못할 뿐이다. 그러므로 말하기를 '구하면 얻고 버리면 잃는다.'고 한 것이니, 혹은 (선악의) 차이가 서로 배가 되고 다섯 배가 되어서 계산할 수 없는 것은 그 타고난 재질을 온전히 다하지 못했기 때문이다." (孟子曰 乃若其情則可以爲
맹자왈 내약기정즉가이위
善矣니 乃所謂善也니라 若夫爲不善은 非才之罪也니라 惻隱之心
선의   내소위선야   약부위불선   비재지죄야   측은지심
을 人皆有之하며 羞惡之心을 人皆有之하며 恭敬之心을 人皆有之
  인개유지   수오지심 인개유지   공경지심 인개유지

하며 是非之心을 人皆有之하니 惻隱之心은 仁也요 羞惡之心은 義
  시비지심   인개유지   측은지심   인야 수오지심   의
也요 恭敬之心은 禮也요 是非之心은 智也니 仁義禮智 非由外鑠我
야   공경지심   예야 시비지심   지야 인의예지 비유외삭아
也라 我固有之也언마는 弗思耳矣라 故로 曰 求則得之하고 舍則
야   아고유지야   불사이의   고   왈 구즉득지   사즉
失之라하니 或相倍蓰而無算者는 不能盡其才者也니라. 고자장구
실지   혹상배사이무산자   불능진기재자야
상-6)

◈ 다리 놓기

맹자가 인간의 선한 본성을 주장한 장구이다. 인의예지의 선한 본성은 인간이 외부에서 받아서 후천적으로 만들어낸 것이 아니라 날 때부터 받아서 갖고 태어난 것이다. 이러한 선한 본성이 제대로 작동하면, 인간관계에서 측은지심, 수오지심, 공경지심 또는 사양지심, 시비지심이 작용하여 사람을 사랑하고, 자신의 잘못은 부끄러워하고 남의 잘못은 미워하며, 윗사람을 마음으로 공경하고 남에게 사양할 줄 알며, 옳고 그름을 가릴 줄 아는 선한 행동을 하게 된다. 선한 본성은 인간이면 누구나 보편적으로 갖고 있는 공통적 특성인데, 누구는 선한 행동을 이어가고 또 누구는 불선한 행동을 하는 이유는 물욕(物慾)에 빠져서 선한 본성을 지키려고 노력하지 않고, 그 본성을 놓아 버리기 때문에 악한 행동을 하는 것이라고 주자(朱子)는 말하고 있다.

맹자의 성선설(性善說)에 입각해 보면 사회복지실천가의 도움을 받는 내담자 역시 선한 본성을 지닌 존재이다. 그런데 삶에 문제를 겪거나 부적응 행동을 하게 되는 이유는 선한 본성을 생각하고 지키고자 하는 마음이 부족하거나 없었던 점에 기인한 것으로 볼 수 있다. 이처럼 부적응행동을 하는 내담자의 본성 자체가 악한 것이 아니므로, 물욕이나 다른 이유로 잃어버린 본래의 마음을 회복하면 얼마든지 문제나 부적응 행동을 해결할 수 있다. 따라서 사회복지실천가는 내담자에 대해 사회적 낙인을 찍거나 변화가 불가능하다는 부정적 관점이 아닌 언제든지 선한 본성을 회복하여 더 나은 삶의 단계로 나아갈 수 있음을 굳게 믿어야 할 것이다.

11-7

맹자가 말했다. "풍년에는 젊은 사람들이 선행을 많이 하고, 흉년에는 젊은이들이 많이 포악해지니, 하늘이 내린 재질이 이와 같이 다른 것이 아니라, 그 마음이 빠져들게 하는 것이 그렇기 때문이다 …… 그러므로 무릇 같은 종류는 대부분 서로 같으니, 어찌 유독 사람의 경우에만 의심을 하겠는가. 성인도 나와 같은 부류의 사람이다." (孟子曰 富歲엔 子弟多 賴하고 凶歲엔 子弟多暴하나니 非天之降才 爾殊也라 其所以陷溺 其心者 然也니라 …… 故로 凡同類者 擧相似也니 何獨至於人而疑 之리오 聖人도 與我同類者시니라. 고자장구 상-7)

💮 다리 놓기

　풍년과 흉년에 젊은이들의 행동이 달라지는 것은 타고난 본성이 달라서가 아니라, 환경이나 상황에 따라 사람이 마음을 두는 바가 달라서 그렇다고 맹자는 말하고 있다. 다시 말해 인간은 처한 환경이나 상황에 따라 보이는 행동이 달라질 수는 있지만, 타고난 선한 본성은 동일하다는 것이다. 그러므로 일반 백성들도 환경이나 상황의 유·불리를 따지지 않고 인간으로서의 올바른 이치를 따르고 행하게 되면 언제든지 선한 본성을 회복할 수 있고, 종국에는 완전한 인간인 성인의 경지에도 이를 수 있게 되는 것이다.

　이러한 맹자의 인간관에 근거해 본다면, 내담자는 먹고사는 문제나 고통스러운 현재의 삶에서 벗어나는 데 마음을 기울일 수밖에 없는 비지지적 환경으로 인하여 부적응 행동이나 문제를 겪고 있지만 주어진 선한 본성을 회복할 수 있는 가능성은 언제든 열려 있는 존재인 것이다. 그러므로 사회복지실천가는 내담자와 그의 변화가능성에 대해 언제나 긍정적 시각에서 바라보고, 선한 본성을 회복할 수 있도록 원조해야 한다.

비록 사람에게 보존된 것인들 어찌 인의의 마음이 없으리오마는 그 양심을 잃는 것이 또한 도끼로 나무를 아침마다 베어내는 것과 같으니, 이렇게 하고서 아름답게 될 수 있겠는가 …… 그러므로 만일 제대로 기르면 물건마다 자라지 않는 것이 없고, 만일 제대로 기르지 못하면 물건마다 사라지지 않음이 없는 것이다. 공자가 "잡으면 보존되고 놓으면 잃게 되어, 나가고 들어옴이 정해진 때가 없으며 그 방향을 알 수 없는 것은 오직 사람의 마음을 말함일 것이다."고 하였다. (雖存乎人者인들 豈無仁義
之心哉리오마는 其所以放其良心者 亦猶斧斤之於木也에 旦旦而
伐之어니 可以爲美乎아 …… 故로 苟得其養이면 無物不長이요 苟
失其養이면 無物不消니라 孔子曰 操則存하고 舍則亡하여 出入無
時하여 莫知其鄕(向)은 惟心之謂與인저하시니라. 고자장구 상-8)

🌸 다리 놓기

누구든 인간이라면 아름다운 인의의 선한 마음[良心]을 갖고 있다. 그런데 풀과 나무가 우거져 아름다운 산을 나무꾼이 하루가 멀다 하고 벌목을 하고, 연이어 가축을 방목하게 되면 민둥산이 되듯이, 아무리 선한 마음이라도 산을 벌목하고 방목하듯이 그 마음을 다잡아 지켜서 잘 기르지 않으면, 악한 마음이 자라날 수 있게 되는 것이다. 그래서 공자는 마음은 들고 나는 시간도 방향도 없으므로, 잘 잡아 지키고 선한 마음을 잃지 말 것을 권고하고 있다.

이처럼 내담자든 아니든 모든 사람은 인의의 선한 마음을 갖고 있다. 그런데 사람이 외부 사물의 유혹에 빠지거나, 사사로운 이익을 탐하는 데 마음을 뺏기게 되면 그 선한 마음이 상하게 되고 이것이 반복되게 되면 점차 선한 본성을 잃어 가게 된다. 내담자가 삶의 어려움을 경험하는 것은 공자와 맹자의 말에 의하면 바로 이 선한 마음을 보존하지 못하고 잃어버린 결과, 즉 방심(放心)의 결과인 것이다. 그러므로 사회복지실천가는 내담자가 잃어버린 마음을 다시 구해서, 즉 구방심

(求放心)하여 선한 마음을 되찾아 보존, 즉 존심(存心)하게 하여 타고난 본성을 기를 수[養性] 있도록 도와야 한다.
양 성

11-9

비록 천하에 쉽게 잘 자라는 사물이 있다고 해도 하루만 햇볕을 쬐고 열흘 동안은 춥게 하면 제대로 자랄 수 있는 것은 없다 …… (바둑을 잘 두는) 혁추로 하여금 두 사람에게 바둑을 가르치게 하거든 그 중에 한 사람은 온 마음을 기울이고 뜻을 다하여 오로지 혁추가 하는 말을 듣고, 다른 한 사람은 비록 듣기는 하지만 마음 한편에는 기러기와 큰 새가 장차 날아오르면 실을 매단 화살을 당겨서 쏘아 맞힐 생각을 한다면 비록 함께 배우더라도 그만 못할 것이니, 이것은 지혜가 그만 못해서인가? 그렇지 않다.

(雖有天下易生之物也나 一日暴之요 十日寒之면 未有能生者也니
수유천하이생지물야　　일일폭지　　십일한지　　미유능생자야

…… 使奕秋로 誨二人奕이어든 其一人은 專心致志하여 惟奕秋之
사혁추　　회이인혁　　　기일인　　전심치지　　　유혁추지

爲聽하고 一人은 雖聽之나 一心에 以爲有鴻鵠將至어든 思援弓繳
위청　　일인　수청지　일심　　이위유홍곡장지　　사원궁작

而射之하면 雖與之俱學이라도 弗若之矣나니 爲是其智弗若與아 曰
이석지　　수여지구학　　　불약지의　　　위시기지불약여　왈

非然也니라. 고자장구 상-9)
비연야

◈ 다리 놓기

　아무리 잘 자라는 식물도 햇볕이 부족하고 추위에 오래 노출되면 잘 자라지 못한다. 그리고 아무리 바둑을 잘 두는 선생에게 배우더라도, 그 선생의 가르침에 온 마음을 다하고 배우고야 말겠다는 의지를 불태우면 바둑실력이 일취월장하겠지만, 배우기는 하되 다른 곳에 마음을 쓴다면 지혜가 부족해서가 아니라 전심전력을 다하지 못한 점 때문에 바둑실력은 쉽게 늘지 않을 것이다.

　이를 사회복지실천에 비유해 보면, 높은 수준의 전문역량을 갖춘 사회복지실천가가 내담자를 잘 돕기 위해 노력한다고 하더라도, 내담자 스스로 자신의 문제를 해결하고 변화되고자 하는 굳은 의지를 갖고 전심전력하지 않는다면 변화가

쉽게 일어날 수 없다는 사실을 알 수 있다. 그러므로 사회복지실천가는 내담자의 변화와 성장을 이끌어 내기 위해서는 내담자의 변화에 대한 동기와 의지를 불러일으키고, 원조 또는 변화의 과정에서 내담자가 변화를 위한 노력을 꾸준히 기울일 수 있도록 변화의 동기를 유지시키기 위한 개입을 해야 한다.

🏵 11-10

삶도 내가 원하는 바요 의도 내가 원하는 바이지만, 두 가지를 겸하여 얻을 수 없을진댄 삶을 버리고 의를 취하겠다. …… 한 그릇의 밥과 한 그릇의 국을 얻으면 살고 얻지 못하면 죽더라도 꾸짖으면서 주면 길 가는 사람도 받지 않으며 발로 차서 주면 걸인도 좋게 여기지 않는다. 많은 급여는 예의를 분별하지 않고 받나니 많은 급여가 나에게 무슨 보탬이 있는가 …… 이것을 일러 '그 본심을 잃었다.'고 하는 것이다. (生亦我所欲

也며 義亦我所欲也언마는 二者를 不可得兼인댄 舍生而取義者也

로리라 …… 一簞食와 一豆羹을 得之則生하고 弗得則死라도 嘑爾而

與之면 行道之人도 弗受하며 蹴爾而與之면 乞人도 不屑也니라 萬

鍾則不辨禮義而受之하나니 萬鍾이 於我何加焉이리오 …… 此之謂

失其本心이니라. 고자장구 상-10)

🔷 다리 놓기

이 장구에서 사생취의(捨生取義)라는 유명한 사자성어가 나왔다. 사회복지실천가라고 해서 많은 급여를 받고, 여유로운 삶을 살고 싶지 않은 사람은 없을 것이다. 그러나 많은 급여나 여유로운 삶보다 더 중요한 전문직의 사명이자 핵심 가치가 있다. 바로 섬김의 도리이다. 이 섬김의 도리가 사회복지실천가라면 끝까지 놓치거나 버려서는 안 되는 의리(義理)이자, 사회복지실천가로서의 양심(良心)이다.

삶의 곤궁함을 겪는 내담자를 탓하고 꾸짖으며 무례한 서비스를 제공하면서,

많은 급여를 받으면 삶에 어떤 보탬이 되느냐고 맹자가 사회복지실천가에게 묻는
이 말을 가슴 깊이 간직하고, 인간봉사전문직으로서의 사명과 사회복지의 핵심가
치를 마음에 담고 섬김의 도리를 지켜나가야만 한다. 한 인간으로서 그리고 노동
자로서의 사회복지실천가의 권리보다 더 중요한 것은 바로 내담자를 인간적으로
존중하고 그를 바로 섬기는 것이다. 이것이 바로 사회복지실천가가 사생취의하
는 방법이다.

11-11

맹자가 말했다. "인은 사람의 마음이요, 의는 사람의 길이다. 그 길을 버
리고 따르지 않으며, 그 마음을 잃어버리고 찾을 줄을 모르니, 애처롭다.
사람이 닭과 개가 도망가면 찾을 줄을 알되, 마음을 잃고서는 찾을 줄을
알지 못하니, 학문하는 길은 다른 것이 없다. 그 잃어버린 마음을 찾는
것일 뿐이다." (孟子曰 仁은 人心也요 義는 人路也니라 舍其路而不
由하며 放其心而不知求하나니 哀哉라 人이 有鷄犬放則知求之호되
有放心而不知求하나니 學問之道는 無他라 求其放心而已矣니라.
고자장구 상-11)

🔷 다리 놓기

인, 즉 사람을 사랑하는 것은 사회복지실천가가 가져야 할 마음이다. 의, 즉 일
을 처리하는 마땅하고 올바른 방법은 사회복지실천가가 서비스를 제공함에 있어
반드시 따라야 할 실천원칙이다. 따라서 사회복지실천가로서 일하면서 사람을
사랑하는 마음이 옅어지거나 없어진다면 반드시 이를 다시 회복하기 위한 노력을
기울여야 한다. 그리고 사회복지실천가가 서비스를 제공함에 있어서 마땅히 따
라야 할 원칙을 준수하지 않는 일이 하나 둘 생겨난다면, 다시 원칙으로 되돌아가
기 위한 노력을 기울여야 한다. 그런데도 맹자의 말처럼 닭이나 개를 잃어버리면
찾으러 나서지만, 사회복지실천가 자신의 가치, 즉 사람을 사랑하는 마음을 다잡

지 않고 올바른 실천의 원칙을 따르지 않는다면 이는 사회복지실천가로서 갖추어야 할 기본적 태도를 갖추지 못한 것이다.

학문의 방법에 잃어버린 마음을 되찾아 오는 것만큼 중요한 것이 없다는 맹자의 말처럼, 사회복지실천가는 사람 사랑의 가치를 굳건히 지켜나가고 올바른 실천원칙의 길을 따라 걸어가려는 뜻을 굳건히 지켜나가야 한다. 그 이유는 인의를 지키는 것이 사회복지실천가에게 그 무엇보다 중요하게 지켜야 할 가치이고 원칙이기 때문이며, 그것을 잃는 순간 인간봉사전문직이라 말할 수 없기 때문이다.

> **11-12**

손가락이 남들과 같지 않으면 이것을 싫어할 줄 알되, 마음이 남들과 같지 않으면 이것을 싫어할 줄 모르나니, 이것을 일러 경중을 알지 못한다고 하는 것이다. (指不若人이면 則知惡之호되 心不若人이면 則不知惡하나니 此之謂不知類也니라. 고자장구 상-12)

◈ 다리 놓기

무명지(無名指)로 불리는 네 번째 손가락은 평소에는 특별하게 쓰이지 않는 손가락으로써 약을 맛볼 때나 쓰인다고 하여 약지(藥指)라고도 불린다. 크게 쓰임새가 없는 손가락이 펴지지 않으면 그것을 고치기 위해 먼 길을 마다하지 않으면서, 마음이 다른 사람과 다른 것에 대해서는 관심을 기울이지 않는 것은 어떤 일의 경중을 모르는 애석한 일이라고 맹자는 보고 있다.

사회복지실천가에게 비유한다면, 무명지는 서비스에 그리고 마음은 가치와 원칙에 비유할 수 있다. 개입방법이나 서비스의 양과 그 결과에 대해서는 많은 관심을 기울이면서도, 서비스를 제공하는 사회복지실천가가 따라야 할 가치와 실천원칙에 대해서는 크게 관심을 기울이지 않는다면, 과연 그 서비스의 양과 성과는 좋다고 할 수 있는가? 아니라고 단언할 수 있다. 사회복지전문직의 가치와 실천원칙이 준수되지 않는다면, 제공된 서비스나 개입의 양이나 결과는 모두 그 의미를 상실하게 된다. 사회복지실천가라면 누구든 눈앞에 보이는 서비스나 사업의 성과라는 지엽적 측면에 초점을 둘 것이 아니라 가치와 실천원칙이라는 본질적 측면에 초점을 두어야만 한다.

11-13

> 한두 움큼의 오동나무와 가래나무를 만일 사람들이 생장시키고자 한다면 모두 이것을 기르는 방법을 알지만, 자기 몸에 대해서는 기르는 방법을 알지 못하니, 어찌 자기 몸을 사랑함이 오동나무와 가래나무만 못해서 이겠는가. 생각하지 않음이 심하기 때문이다. (拱把之桐梓를 人苟欲生之인댄 皆知所以養之者로되 至於身하여는 而不知所以養之者하나니 豈愛身이 不若桐梓哉리오 弗思甚也일새니라. 고자장구 상-13)

◈ 다리 놓기

　사회복지실천가는 내담자와 사회의 변화를 도모하는 서비스는 어떻게 제공하는 것이 올바르다는 것을 알고 있지만, 자기 자신의 성장과 발전을 위해서는 크게 관심을 기울이지 않는다. 그런데 사회복지실천가 자신이 전문직의 가치와 역량을 기르지 않으면, 내담자와 사회의 변화를 돕는 서비스의 질은 지속적으로 낮아지거나 시대에 뒤떨어질 것이 분명하다. 다시 말해 사회복지서비스의 가장 중요한 도구이자 수단은 사회복지실천가 자신의 전문역량을 기르는 것이며, 이것이 내담자에게 질 높은 전문서비스를 제공하고 사회변화를 도모하는 데 가장 기본이 된다는 점을 유념해야 한다. 사회복지실천가는 남을 섬기는 사역도 잘 감당해야 하지만, 그러기 위해서는 자신의 역량을 계발하는 것이 우선이라는 점을 명심하고 전문가로서의 자질을 끊임없이 갈고 닦아 나가야 한다.

11-14

사람이 자기 몸에 대해서는 사랑하는 바를 겸하였으니, 사랑하는 바를 겸한다면 기르는 바를 겸하는 것이다. ······ 잘 기르고 잘못 기르는 것을 살펴보는 방법이 어찌 다른데 있겠는가. 자신에게서 취할 뿐이다. 몸에는 귀천이 있으며 크고 작음이 있으니, 작은 것을 가지고 큰 것을 해치지 말며, 천한 것을 가지고 귀한 것을 해치지 말아야 하니, 작은 것을 기르는 자는 소인이 되고 큰 것을 기르는 자는 대인이 되는 것이다. (人之於身인 지 어 신 也에 兼所愛니 兼所愛면 則兼所養也라 ······ 所以考其善不善者는야 겸 소 애 겸 소 애 즉 겸 소 양 야 소 이 고 기 선 불 선 자 豈有他哉리오 於己에 取之而已矣니라 體有貴賤하며 有小大하니 無개 유 타 재 어 기 취 지 이 이 의 체 유 귀 천 유 소 대 무 以小害大하며 無以賤害貴니 養其小者 爲小人이요 養其大者 爲大이 소 해 대 무 이 천 해 귀 양 기 소 자 위 소 인 양 기 대 자 위 대 人이니라. 고자장구 상-14)인

◈ 다리 놓기

사람은 누구나 자신을 아끼며, 자신을 아끼는 만큼 자신을 돌보고 성장시키기 위해 노력한다. 그러나 손가락만 아끼고 기를 줄 알고, 그 근원이 되는 팔과 어깨에는 전혀 신경을 쓰지 않는다면 이는 자신을 아끼고 기르는 방법이 잘못된 것이다. 손가락의 문제를 해결하기 위해서는 그 병의 근원이 되는 어깨와 팔의 병증을 먼저 살펴야 하는 것이다.

사회복지실천가는 인간봉사전문직 종사자지만, 섬김의 사명을 이행하기 위해서는 먼저 자신의 전문역량을 갈고 닦는 것이 우선임을 알아야 한다. 자신의 역량이 모자라면, 내담자에게 제공할 수 있는 서비스의 종류와 질은 한계를 보일 수밖에 없다. 그러므로 내담자를 원조하기 이전에 자기 자신을 먼저 갈고 닦는 일을 근본으로 삼아야 한다. 즉, 내담자에게 서비스를 제공하는 것보다 더 중요한 것은 사회복지실천가 자신이 사회복지전문직의 지식, 가치와 기술을 먼저 갖추는 것이다. 자신을 갈고 닦는 일에 소홀한 사회복지실천가는 내담자를 잘 돕지 못하고 오히려 그에게 피해를 입힐 수도 있다. 남을 돕는다고 하면서 남에게 피해를 입힐

수는 없는 일이니, 사회복지실천가는 지위 고하를 막론하고 자신의 전문적 가치와 지식, 기술을 먼저 갈고 닦아야 한다.

11-15

공도자가 물었다. "똑같이 사람인데, 누구는 대인이 되고 누구는 소인이 되는 것은 어째서 입니까?" 맹자가 말했다. "그 대체(크고 귀중한 것)를 따르면 대인이 되고 소체(작고 하찮은 것)를 따르면 소인이 되는 것이다." 공도자가 말했다. "똑같이 사람인데, 누구는 그 대체를 따르며 누구는 그 소체를 따름은 어째서입니까?" 맹자가 말했다. "귀와 눈의 기능은 생각하지 못하여 외물에 가려지니 외물이 귀와 눈을 만나면 그것을 끌어당겨 버릴 뿐이다. 마음의 기능은 생각할 수 있으니 생각하면 얻고 생각하지 못하면 얻지 못한다. 이것은 하늘이 우리 인간에게 부여해 준 것이니, 먼저 그 큰 것[心志]을 세운다면, 그 작은 것(귀와 눈)이 능히 빼앗지 못할 것이니, 이것이 대인이 되는 이유일 뿐이다." (公都子問曰 鈞是人也로되 或爲大人하며 或爲小人은 何也잇고 孟子曰 從其大體 爲大人이요 從其小體 爲小人이니라 曰 鈞是人也로되 或從其大體하며 或從其小體는 何也잇고 曰 耳目之官은 不思而蔽於物하나니 物交物則引之而已矣요 心之官則思라 思則得之하고 不思則不得也니 此天之所與我者라 先立乎其大者면 則其小者 不能奪也니 此爲大人而已矣니라.
고자장구 상-15)

◆ 다리 놓기

사회복지실천가 역시 사람이기에 좋게 들리고 좋아 보이는 것에 귀와 눈을 빼앗길 수 있다. 그러나 귀와 눈에 보기 좋은 것은 바로 높은 지위, 명예, 부유함 등과 같은 외부의 유혹이다. 이와 같이 사회복지실천가가 오감의 본능에 이끌리게 되면, 자신만을 위하는 작은 사람이 될 것이다. 반대로 사회복지실천가가 남을 돕고 세상을 바꾸고자 하는 마음의 뜻, 즉 심지(心志)를 굳건히 하고, 어떻게 하면 남을 잘 도울 수 있고 어떤 방법으로 더 좋은 세상을 만들 수 있을까를 끊임없이 생각한다면 자신에게 부여된 사명을 잘 이행할 수 있게 된다. 그러나 마음의 뜻이 약하고, 사람과 세상을 돕고 변화시키는 방법으로 무엇이 좋은지에 대해 생각하지 않는다면, 사회복지실천가로서의 역할을 이행하는 데 어려움을 겪게 될 것이다. 그러므로 사회복지실천가는 인간을 사랑하고 세상에 헌신하고자 하는 마음의 뜻을 굳건히 세워, 외부의 유혹에 흔들리지 않아야 할 것이며, 남을 돕고 세상을 변화시켜야 하는 사명을 어떻게 하면 잘 이행할 수 있을지를 늘 생각하고 깊이 고민해야 한다.

11-16

맹자가 말했다. "하늘이 내려주는 벼슬이 있고 사람이 내려주는 벼슬이라는 게 있다. 인의와 충신을 행하고, 선을 즐거워하며, 게으르지 않은 것이 하늘이 내려주는 벼슬이고, 공, 경, 대부는 사람이 내려주는 벼슬이다. 옛사람은 하늘이 내려주는 벼슬을 닦으면 사람이 내려주는 벼슬이 따라왔다. 지금 사람들은 하늘이 내려주는 벼슬을 닦아서 사람이 내려주는 벼슬을 요구하고, 이미 사람이 내려주는 벼슬을 얻고 나면 하늘이 내려주는 벼슬을 버리니, 이것은 의혹됨이 심한 것이다. 끝내는 반드시 사람이 내려주는 벼슬마저 잃을 뿐이다." (孟子曰 有天爵者하며 有人爵者하니 仁義忠信樂善不倦은 此天爵也요 公卿大夫는 此人爵也니라 古之人은 修其天爵而人爵從之러니라 今之人은 修其天爵하여 以要人爵하고 旣得人爵이어든 而棄其天爵하나니 則惑之甚者也라 終亦必亡而已矣니라. 고자장구 상-16)

◈ 다리 놓기

사회복지실천가는 하늘로부터 다른 사람을 받들고 섬기라는 사명과 직위를 부

여받은 인간봉사전문직이다. 그러므로 사회복지실천가는 하늘로부터 받은 바,
즉 맹자의 말처럼 천작을 닦아야 한다. 따라서 사회복지실천가는 사람을 사랑하
고[仁], 올바르고 마땅한 것을 추구하며[義], 자신이 할 수 있는 최선을 다하고[忠],
다른 사람의 신뢰를 얻고[信], 선한 것을 즐겨하고[樂善], 맡은 직무를 부지런히 이
행하여야[不倦] 한다. 이렇게 사회복지실천가에게 요구되는 덕목을 갈고 닦게 되
면 사회복지조직에서 지위를 얻게 될 것이고, 덕목을 더 닦을수록 지위는 더 올라
가게 될 것이다.

　그런데 맹자의 지적처럼 오늘날의 사회복지실천가는 인간봉사전문직에 요구
되는 덕목을 갈고 닦기보다는 조직 내에서 더 높은 자리에 오르기를 바라고, 자리
가 높아지는 만큼 사회복지실천가의 덕목을 소홀히 하는 경향이 있다. 정치인이
나 비즈니스맨이라면 모를까 사회복지실천가는 그래서는 안 된다. 특히 사회복
지조직의 지도자는 더더욱 그래서는 안 될 것이다. 자리가 높아질수록 사회복지
실천가에게 요구되는 덕목을 갈고 닦아 그 덕목을 확충해 나가는 것이 사회복지
실천가가 걸어가야 할 바른 길이다.

11-17

맹자가 말했다. "귀하게 되고 싶은 것은 사람이라면 다 같은 마음이다. 사
람마다 자기 자신에게 귀한 것이 있지만, 생각하지 않을 뿐이다. 다른 사
람이 귀하게 해주는 것은 진정한 귀함이 아니니, (진나라의 경 벼슬을 하는)
조맹이 귀하게 해준 것은 조맹이 능히 천하게 할 수 있다." (孟子曰 欲
　　　　　　　　　　　　　　　　　　　　　　　　　　　　　맹자왈 욕
貴者는 人之同心也니 人人이 有貴於己者언마는 弗思耳니라 人之
귀자　　인지동심야　　인인　　유귀어기자　　　　　　불사이　　　인지
所貴者는 非良貴也니 趙孟之所貴를 趙孟이 能賤之니라. 고자장구
소귀자　　비양귀야　　조맹지소귀　　조맹　　능천지
상-17)

❖ 다리 놓기

　사람마다 선한 본성을 타고난 것이 바로 귀하고 소중한 것이다. 하늘이 내려준

벼슬[天爵], 즉 인의와 충신, 선을 좋아하고 부지런한 자질을 타고난 것이야말로
사회복지실천가에게 가장 귀한 것이다. 그러므로 이것을 갈고 닦아 전문가로서
의 자질과 역량을 키워나가야 한다. 그런데 이런 자신이 가진 귀한 자질을 생각하
지 않고, 사회복지조직 내의 높은 지위나 부귀만을 탐한다면 그것은 선후가 바뀐
것이다. 자리를 탐한다 하여 자리가 주어지는 것은 아니며, 다른 사람이 높은 자
리를 부여해 주었더라도 그 자리에 요구되는 역할을 수행하는 데 한계가 있다는
판단이 서면 얼마든지 자리를 준 사람이 그 자리를 빼앗아갈 수도 있다. 그러므로
사회복지실천가는 다른 사람이 부여해주는 지위를 탐하기보다는 자신의 타고난
선한 본성을 기르는 데 더욱 힘을 기울여야 한다.

11-18

맹자가 말했다. "인이 불인을 이김은 물이 불을 이김과 같으니, 지금에 인
을 행하는 자들은 한 잔의 물로 한 수레에 가득 실린 장작의 불을 끄는
것과 같다. 그리하여 불이 꺼지지 않으면 물이 불을 이기지 못한다고 말
하니, 이는 또 불인을 돕기를 심히 하는 것이다. 또한 끝내 반드시 잃을
뿐이다." (孟子曰 仁之勝不仁也 猶水勝火하니 今之爲仁者는 猶以
一杯水로 救一車薪之火라 不熄則謂之水不勝火라하나니 此又與
於不仁之甚者也니라 亦終必亡而已矣니라. 고자장구 상-18)

🔷 다리 놓기

사회복지실천가는 사람 사랑의 마음, 즉 인(仁)을 서비스나 개입으로 전환하여
내담자와 사회의 변화를 도모한다. 그런데 한 수레의 장작에 붙은 불을 한 잔의
물로 끄려다가 안 되면 물이 불을 이길 수 없다고 말하고 포기해 버린다는 맹자의
말처럼, 요즈음 사회복지실천가들이 진정으로 인간 사랑의 가치를 굳건히 믿고
내담자를 돕고 세상을 변화시키는 데 최선의 노력을 기울이지 않는 것은 아닌지
되돌아봐야 한다. 적당히 돕고 내담자나 세상이 변하지 않는다고 그들의 변화가

불가능하다고 포기해 버린다면, 그들이 변하지 않는 것은 물론 사회복지실천가 자신의 마음속에 있던 사람 사랑의 가치마저 희미해지고 결국에는 모두 사라져 버릴 것이다. 그렇게 되면 사회복지실천가는 인간봉사전문직 종사자가 아니라 그냥 급여를 받기 위해 일하는 노동자로 전락해 버릴 것이다. 단순히 먹고 살기 위해 일을 하는 사회복지실천가를 어찌 진정한 인간봉사전문직이라 할 수 있겠는가? 따라서 사회복지실천가는 사람 사랑의 마음이 약해지지 않도록 늘 자신을 성찰하고, 그 마음을 바탕으로 내담자를 돕고 세상을 변화시키기 위한 서비스와 개입에 혼신의 힘을 기울여 나가야 할 것이다.

11-19

맹자가 말했다. "오곡은 종자가 우수한 것들이지만 만일 익지 않으면 피만도 못하니, 인 또한 그것을 익숙히 함에 달려 있을 뿐이다." (孟子曰
맹 자 왈
五穀者는 種之美者也나 苟爲不熟이면 不如荑稗니 夫仁도 亦在乎
오 곡 자　　종 지 미 자 야　　구 위 불 숙　　불 여 이 패　　부 인　　역 재 호
熟之而已矣니라. 고자장구 상-19)
숙 지 이 이 의

🔶 다리 놓기

우리들이 식량으로 삼는 곡식이 여물지 못하면 먹지 못하는 볏과에 속하는 한해살이 풀인 피만도 못하듯이, 사회복지실천가의 사람 사랑의 마음 역시 동일하다. 사회복지실천가가 사람 사랑, 즉 인(仁)으로 대표되는 가치관을 정립하지 못하면, 그가 가진 전문지식이나 기술은 잘못 사용되어 사람에게 피해를 입힐 수도 있다. 그러므로 사회복지실천가는 자신의 인간 사랑의 가치를 매일 점검하고, 날마다 새롭게 하고 굳건히 하려는 노력을 게을리해서는 안 된다.

11-20

큰 목수가 사람을 가르칠 적에 반드시 자[規矩]를 사용해서 하니, 목수 일
규 구

을 배우는 자들 역시 반드시 자를 사용한다. (大匠이 誨人에 必以規矩
하나니 學者도 亦必以規矩니라. 고자장구 상-20)

❖ 다리 놓기

도편수와 같은 큰 목수로부터 목공 일을 배울 때 목수가 자를 사용하듯이, 사회
복지실천가가 사람을 돕고 세상을 변화시키는 일을 함에 있어서도 반드시 따라야
할 원칙이 있다. 사회복지실천가는 머리에는 전문지식을, 가슴에는 사람 사랑의
가치를, 손과 발에는 능수능란한 전문기술을 익혀야 한다. 그런데 가끔 쉽게 변화
를 일으킬 수 있는 얄팍한 지식, 즉 소혜(小慧)를 사용하거나, 사람을 사랑하고 아
끼는 마음 없이 도움을 받는 사람을 존중하지 않고 무시하고, 원칙에서 벗어난 편
법(便法)의 기술을 사용하여 사람들을 돕고자 한다면, 그것이 어떤 긍정적 변화와
좋은 결과를 가져올지라도 옳지 않은 방법을 선택한 것이므로 칭찬이 아닌 비판
의 대상이 되어야 한다. 사회복지실천은 따라야 할 원칙이 있고, 사회복지실천가
가 따라 걸어야만 하는 바른 길이 있다. 원조과정에서 원칙과 바른 길을 무시하거
나 벗어난 실천은 그 결과가 아무리 좋더라도, 과정이 잘못된 것이므로 제대로 된
사회복지실천이 아님을 기억해야 한다.

12. 고자장구 하(告子章句 下)

> 그 근본을 헤아리지 않고, 그 끝만을 가지런히 한다면 한 치 되는 나무를 높은 누각(岑樓)보다 높게 할 수 있다. (不揣其本而齊其末이면 方寸之 木을 可使高於岑樓니라. 고자장구 하-1)

🔶 다리 놓기

임(任)나라 사람이 맹자의 제자 옥려자(屋廬子)에게 예(禮)와 본능 중에서 무엇이 더 중요한지에 대해 난처한 질문을 하자, 옥려자가 대답을 못하고 맹자에게 답을 구했다. 이에 맹자는 예와 본능 중에 분명 예가 중요하지만, 예를 지키느라 생명을 잃는다면 예의 의미가 없는 것이므로 특정한 경우에는 본능이 예보다 우선할 수도 있다고 말한다. 그러면서 예와 본능 중에 무엇이 중요한지를 비교하기 위해서는 말단의 것이 아닌 본질적인 것을 기준으로 상호 비교하는 것이 옳다고 옥려자에게 알려주고 있다.

사회복지분야에서 빈곤문제에 대해서는 그 원인과 해결방안에 대해 정책입안자나 학자들 사이에 이견이 많다. 예를 들어, 건설일용직으로 일해오던 50대 가장이 실직을 하여 빈곤가족으로 전락한 사례를 들어 보자. 미시적 관점에서는 50대 가장이 직업 역량이 부족하고, 구직을 위한 노력을 게을리하고, 미래에 대비하여 저축을 해두지도 않고, 나태한 태도를 지니고 있는 점 등을 빈곤의 원인으로 지적

할 것이다. 한편 거시적 관점에서는 노동시장 유연화 정책에 따른 기업의 무분별한 비정규직 노동자의 해고 조치, 지속적 경기침체로 인한 건설경기의 둔화 등과 같은 사회경제적 요인이 이 가족의 빈곤의 원인이라고 볼 것이다.

이 사례에서 단순히 개인의 무능함과 나태함이 빈곤의 원인이라 보고 내담자의 태도변화를 위한 집단개입 프로그램만 실시한다면 과연 가족의 빈곤문제가 해결될 수 있을 것인가? 그렇지 않다는 데 모두 동의할 것이다. 이 내담자가 실직하게 된 원인은 노동시장 유연화 정책과 장기적 건설경기의 불황에도 기인하고 있다. 그러므로 노동정책의 변화와 경기 부양을 위한 정책이 마련되지 않는다면, 내담자와 그 가족의 빈곤문제는 해결할 수 없다. 이처럼 내담자의 특정 문제를 단순히 개인적 귀책사유에서 찾기만 해서는 안 되며 그를 둘러싼 거시적 환경 요인을 동시에 고려하는 자세가 필요하다. 따라서 사회복지실천에서는 맹자의 말처럼 지엽적이고 말단의 것으로 문제와 그 원인을 판단하고 해결하려 해서는 안 되며, 반드시 근본적 원인에 대한 고찰과 그에 맞는 개입방안을 모색해야 함을 잊어서는 안 된다.

12-2

조교가 물었다. "사람이 모두 요순과 같은 성인이 될 수 있다 하니, 그런 말이 있습니까?" 맹자가 말했다. "그러합니다." …… "사람이 어찌 해내지 못함을 걱정하겠습니까? 하지 않을 뿐인 것입니다." (曹交問曰 人皆可以爲堯舜이라하니 有諸잇가 孟子曰 然하다 …… 夫人은 豈以不勝爲患哉리오 弗爲耳니라. 고자장구 하-2)

다리 놓기

조나라 군주의 아우인 조교가 맹자에게 보통 사람도 요순과 같은 성인이 될 수 있는지를 물어왔다. 이에 맹자는 모든 사람이 그리 될 수 있지만, 사람들이 성인이 되는 것에 뜻을 두되 자신의 힘이 부족하다고 말하며 성심을 다하여 노력하지 않는 것이 문제라고 지적하고 있다.

사회복지실천에서는 변화를 통한 문제해결이나 성장과 성숙을 목표로 한다. 그리고 내담자의 현재 문제나 상황을 변화시키기 위해 사회복지실천가들이 열심히 도와주지만, 결국 변화를 이끌어 내기 위해 노력해야 하는 것은 내담자 자신이다. 그럼에도 내담자 중의 상당수는 자신은 역량이 부족하고, 처한 환경과 현실이 열악하여 노력해도 변화할 수 없을 것이라고 미리 한계를 짓고, 변화를 위한 노력을 적극적으로 기울이지 않는 경우가 있다. 이처럼 내담자 스스로가 역부족(力不足)이라고 미리 한계를 짓고 노력하지 않는다면, 아무리 뛰어난 사회복지실천가라도 내담자의 삶과 문제를 변화시킬 수 없다. 따라서 사회복지실천에서는 내담자의 자발적 변화 의지와 이를 실행에 옮길 수 있도록 동기를 촉진하고 지지하는 개입이 필수적이다.

12-3

공손추가 물었다. "고자가 말하기를 '《시경》 소아편의 시 소반은 소인의 시이다.'라고 하였습니다." 맹자가 말했다. "무엇 때문에 그렇다고 하던가?" "원망했기 때문입니다." 맹자가 말했다. "고루하다. 고자의 시를 해석함이여." (公孫丑問曰 高子曰 小弁은 小人之詩也라하더이다 孟子曰 何以言之오 曰 怨이니이다 曰 固哉라 高叟之爲詩也여. 고자장구 하-3)

🔗 다리 놓기

《시경》 소아편의 소반이라는 시는 주나라 유왕(幽王)이 후궁에게서 자식을 얻은 후 왕후가 낳은 태자를 폐위하자, 태자의 스승이 태자의 애통한 심정을 담아낸 시이다. 이에 대해 제나라 사람 고자는 태자가 자신을 내친 아버지의 큰 잘못을 원망하는 감정을 담은 시이므로, 소인들의 시에 다름 아니라고 평가한다. 이에 대해 맹자는 부모와 자식은 매우 친밀한 관계이고 부모의 큰 잘못에 대해서 원망조차 하지 않는다면 장차 그 관계가 더욱 소원해질 수 있기 때문에, 부모의 잘못에 대해 원망하는 감정을 표현하는 것은 불효에 해당하지 않는데도, 고자가 그 시에 담긴 내용만 보고 소인의 시라고 폄하한 것은 앞뒤가 꽉 막힌 고루한 언행이라고 비판하고 있다.

사회복지실천에서 아무리 전문가라고 할지라도 사회복지실천가가 사정과 개입과정에서 오류를 범하는 경우가 있을 수 있다. 이에 대해 내담자가 사회복지실천가의 잘못을 지적하는 것은 너무도 당연한 것이며, 그 잘못이 바로 잡히지 않을 때 내담자가 저항하거나 계약된 기간이 남았음에도 조기에 서비스를 중단하기로 선택하는 것도 잘못된 행동은 아니다. 그럼에도 불구하고 내담자의 전문가에 대한 비판과 원망, 저항이나 서비스 조기 종결 등의 태도가 잘못되었다고 판단하는 것은 지나친 전문가 또는 서비스 제공자 중심적 사고임에 다름 아니다. 따라서 내담자가 저항하거나 거부적 태도를 보일 경우 사회복지실천가는 자신의 실천과정을 재점검하여, 혹여 저질렀을 수도 있는 자신의 오류를 찾아내어 바로잡고, 내담자에게 그 잘못을 솔직하게 인정하고 사과하는 자세를 갖는 것이 더 바람직하다.

전문가라는 지위에 부여된 권력을 휘두르는 것은 전문가답지 못한 행동이다. 진정한 전문가가 되려면 자신의 잘못에 대해서도 솔직히 인정하고 그 잘못을 반복하지 않기 위해 자신을 갈고 닦는 자세를 갖춰야 한다.

12-4

> 신하된 자가 이익을 생각하여 그 군주를 섬기며, 자식된 자가 이익을 생각하여 그 부모를 섬기며, 아우된 자가 이익을 생각하여 그 형을 섬긴다면, 이는 군신과 부자와 형제가 마침내 인의를 버리고 이익을 생각하여 서로 대하는 것이니, 이렇게 하고서도 망하지 않은 자는 있지 않습니다.

(爲人臣者 懷利以事其君하며 爲人子者 懷利以事其父하며 爲人
위인신자 회리이사기군　　　위인자자 회리이사기부　　　위인
弟者 懷利以事其兄이면 是는 君臣父子兄弟 終去仁義하고 懷利以
제자 회리이사기형　　시　군신부자형제 종거인의　　　회리이
相接이니 然而不亡者 未之有也니라. 고자장구 하-4)
상접　　　연이불망자 미지유야

🔷 다리 놓기

　송나라 학자인 송경이 초나라와 진나라의 왕에게 전쟁이 얼마나 불리(不利)한
지를 설득하여 전쟁을 멈추려 한다고 하자, 맹자가 위와 같이 이익[利]이 아니라
인의(仁義)가 전쟁 종식을 설득하는 명분이 되어야 한다고 반박하고 있다.

　간혹 사회복지실천가가 내담자의 문제를 보다 빠르게 해결해 줌으로써 내담
자를 이롭게 하기 위해 사회복지실천의 원칙에는 다소간 위배되는 방법들을 활
용하는 경우가 있다. 물론 내담자의 문제가 빠르게 해결된다면 내담자에게 유익
한 것은 사실이다. 하지만 사회복지전문직의 기본 가치를 준수하지 않고 이루
어지는 개입이나 원조는 그 빠르고 긍정적인 효과가 있더라도 분명 잘못된 원조
과정이다. 아무리 내담자 원조라는 목표를 달성하는 것이 중요하다지만, 사회
복지실천의 기본 가치와 원칙을 준수하는 것이 사회복지실천가의 올바른 자세
이다.

🔘 12-5

《서경》에 이르기를 향견례(윗사람에게 예물을 보내어 교제를 청하는 예의)에
서는 의식과 절차를 중시하니, 의식과 절차가 예물에 미치지 못하면 향
견례를 하지 않았다 하니, 이는 향견례에 마음을 쓰지 않았기 때문이다.
(書曰 享은 多儀하니 儀不及物이면 曰 不享이니 惟不役志于享이라
서왈 향　다의　　의불급물　　왈 불향　　유불역지우향
하니. 고자장구 하-5)

🔷 다리 놓기

　이 장구에서 맹자는 《서경》의 말을 인용하여, 사회적 교류를 목적으로 예물을

보낼 때는 예물만큼 중요한 것이 의식과 절차이고, 그 속에 담긴 마음이 더 중요하다는 것을 제자인 거려자(居廬子)에게 가르치고 있다.

지금의 사회복지실천가는 내담자와 원조관계를 형성하기 위해서 맹자가 살았던 시절처럼 예물을 주고받지는 않으며, 특별한 의식을 치르지도 않는다. 그러나 이 장구에서 강조하는 예물과 의식에 담긴 뜻[志]의 중요성은 사회복지실천가의 원조관계 형성 노력에 매우 중요한 부분임에 틀림없다. 다시 말해 사회복지실천가가 기술이나 자원을 동원하여 내담자 문제를 해결해 주는 것보다 더 중요한 것은 진정으로 돕고자 하는 마음을 전달하는 것이다. 따라서 사회복지실천가가 내담자와 촉진적 원조관계를 맺기 위해서는 내담자의 문제와 상황을 정확히 이해하고 진정으로 그를 돕고자 하는 마음을 표현하고, 내담자 문제의 원인에 대한 판단을 내리지 않고 내담자를 있는 그대로 수용하고 존중하며, 온화한 태도로 대함으로써 원조를 받는 것에 따르는 불안을 줄여나갈 수 있도록 해야 한다. 즉, Rogers가 말하는 촉진적 원조관계의 핵심요소인 진실성 또는 일치성, 무조건적인 긍정적 관심, 온화함이라는 태도를 보임으로써 진정으로 그를 돕고자 하는 사회복지실천가의 뜻 또는 의지를 보여주어야 한다.

12-6

> 군자는 또한 인(仁)일 뿐이니, 어찌 반드시 같아야 하는가. (君子는 亦仁
> 而已矣니 何必同이리오. 고자장구 하-6)

🔷 다리 놓기

제나라의 달변가 순우곤이 맹자가 제나라에서 벼슬을 했음에도 쌓은 공적이 없다고 비난하자, 맹자는 옛 현인들의 행적을 언급하며 그들이 서로 다른 방법으로 나라와 백성을 섬겼지만 인(仁)의 가치를 구현하려는 점에서는 동일했다는 점을 들어 비난에 대응하였다. 그러면서 군자는 오로지 인의 가치를 실현하기 위해 노력할 뿐 그 방법까지 동일하게 하려고 하지는 않았다는 점을 맹자는 역설하고 있다.

사회복지실천가는 사람들이 인간다운 삶을 살 수 있도록 돕고, 그들이 사는 세상을 사람 살기 좋은 곳으로 변화시키려는 인의 가치를 행동으로 실천하는 인간봉사 전문직이다. 사회복지전문직에서는 사회복지실천가가 인의 가치를 구현하기 위해서는 개인의 변화를 돕는 미시적 접근이 중요하다고 말하는 자가 있는가 하면, 반대로 세상을 변화시키는 거시적 접근이 더 중요하다고 말하는 사람이 있다. 그리고 누군가는 이 땅의 오늘이 있을 수 있도록 헌신한 노인들에게 보상하는 것이 중요하다고 말하고, 또 누군가는 이 땅의 미래를 이끌어 갈 아동을 돕는 것이 중요하다고 말한다. 성소수자의 인권을 보호하기 위해서는 그들과 함께 하면서 그들의 고통을 덜어주는 직접적 서비스를 제공하는 사람이 있는가 하면, 성소수자에 대한 사회적 편견과 차별에 맞서서 그들의 권리를 옹호하는 사회행동(social action)에 헌신하는 사람도 있다.

사회복지실천가가 누구를 돕고, 어떤 접근법을 사용하는지가 중요하지 않다는 것은 아니지만, 누구를 어떤 방법으로 돕는가보다 더 중요한 것은 바로 사람 사랑의 인의 가치를 구현하기 위하여 얼마나 노력하는가 하는 점이다. 인의 가치를 실현하는 데 여러 가지 길이 있다는 맹자의 말처럼, 사람을 사랑하고 세상에 헌신하는 인의 가치만 제대로 구현할 수 있다면 사회복지실천가가 어떤 길을 어떻게 걷는지는 그리 중요한 문제가 아닐 것이다.

12-7

군주의 악을 조장하는 것은 그 죄가 작고, 군주의 악을 미리 유도하는 것은 그 죄가 크다. 그러므로 내가 지금 대부들은 지금 제후의 죄인이라고 말하는 것이다. (長君之惡은 其罪小하고 逢君之惡은 其罪大하니 今之大夫 皆逢君之惡하나니 故로 曰 今之大夫는 今之諸侯之罪人也

라하노라. 고자장구 하-7)

 다리 놓기

사회복지조직에서 아랫사람은 윗사람의 잘못된 가치관이나 언행에 대해 간
(諫)하여 바로잡아야 한다. 그렇지 않고, 조직의 윗사람이 잘못된 가치관을 근거
로 사람을 섬기고 세상에 헌신해야 하는 사명 이행에 관심을 기울이지 않고, 자신
의 명성을 높이려 하고 개인적 이익을 탐하려 하는 행동들을 수용하는 것은 윗사
람의 잘못을 더욱 키우는 결과를 낳게 된다. 거기에서 더 나아가 아직 어떤 잘못
도 범하지 않은 윗사람을 감언이설로 유혹하여 그를 잘못된 길로 인도하는 것은
맹자가 말하는 군주의 악을 미리 유도하는 큰 죄목에 해당한다.

사회복지조직에서 일정한 지위에 오른 자들은 스스로 잘못된 길로 접어들지
않기 위해 자기통제를 엄격히 해야 한다. 그리고 사회복지조직의 사회복지실천
가는 그런 윗사람을 잘 보필하여 잘못된 길로 접어들지 않도록 미리 예방하고, 잘
못된 길로 접어든 윗사람에게는 간언을 통하여 올바른 길로 되돌아오게 해야 할
책무가 있다. 그래야만 사람과 세상을 변화시키는 사회복지의 기본적 사명을 이
행할 수 있는 조직으로 존재할 수 있기 때문이다. 윗사람이 선한 길로 가려 하고
아랫사람이 그의 뜻을 받들고 바르지 않은 길로 들어서는 것을 막아서지 못한다
면, 사회복지조직의 존립 가치 자체가 없어질 것이고, 종국에는 문을 닫는 지경에
이를 것이다. 그로 인해 그 조직의 도움을 받아야 하는 사람들과 지역사회는 고통
의 길을 걷게 될 것이 분명하다.

12-8

군자가 군주를 섬기는 것은 힘써 그 군주를 이끌어 도리에 합당하도록 하여 인에 뜻을 두도록 하는 것뿐이다. (君子之事君也는 務引其君以當道하여 志於仁而已니라. 고자장구 하-8)

다리 놓기

사회복지조직은 인간봉사조직이다. 그러므로 조직 자체의 성장이나 확대보다 더 중요한 것은 사람을 섬기고 세상의 변화에 기여하는 것이다. 그런데 간혹 사회복지조직의 최고관리자 중에는 사업 영역을 확대하고, 조직의 양적 확대를 도모하고, 사회적 명성을 얻는 데 더 강조점을 두는 경우가 있다. 이와 같은 사회복지조직의 경영방식은 바로 맹자가 말하는 이익[利]을 우선시하는 전략이며, '제사보다 젯밥에 관심이 많은' 경우에 해당한다. 이런 조직은 양적 성장을 이루고 사회적 인정을 받을지는 모르지만, 사람을 섬기고 세상을 변화시킨다는 조직 본래의 사명을 이행하는 데는 한계를 보일 것이다. 그리고 그에 대한 사회적 비판을 받게 되고 조직에 대한 외부 지원이 줄어들면서 결국에는 조직이 위축되고 소멸되어 갈 것이다.

그러므로 사회복지조직의 최고관리자는 조직의 성장과 확대에 초점을 맞춘 경영전략보다는 인, 즉 사람을 사랑하고 세상을 변화시키고자 하는 마음에 초점을 두고 이를 서비스로 변환시켜 조직 이용자와 지역주민의 삶의 질 개선에 헌신하는 경영전략을 채택해야 할 것이다. 그리고 조직의 성원은 최고관리자가 지속적으로 인에 뜻을 둘 수 있도록 간언하고 지원하여야 할 것이며, 성원 자신도 밥 먹는 짧은 순간조차도 인의 마음을 떠나서는 안 될 것이다.

12-9

지금의 도를 따라가서 지금의 그릇된 풍속을 바꾸지 않는다면, 그에게 천하를 준다고 하더라도 하루 아침도 지킬 수 없을 것이다. (由今之道하여 無
유 금 지 도   무
變今之俗이면 雖與之天下라도 不能一朝居也리라. 고자장구 하-9)
변 금 지 속   수 여 지 천 하   불 능 일 조 거 야

❖ 다리 놓기

맹자는 이 장의 앞부분에서 백성의 삶을 힘들게 만들면서 군주만을 섬기는 신하를 백성의 적이라고 비판하고 있다. 이런 신하는 사회복지조직이 내담자의 삶과 지역사회의 조건을 변화시키는 데는 관심이 없고, 조직 자체의 성장과 발전 그리고 조직성원의 개인적 목적 성취에만 관심을 기울이는 경우에 비유할 수 있다.

사회복지조직의 1차적 사명인 내담자를 섬기고 지역사회의 변화를 도모하기보다는 조직 자체나 조직성원의 성장발전에만 관심을 두는 기존의 잘못된 운영방식을 변화시키지 않고 지속한다면, 이 조직에 아무리 많은 인적 자원과 물적 자원을 투입하더라도 조직은 위축되고 소멸되어 갈 것이 분명하다. 사회복지조직이 이러한 쇠퇴의 길로 접어들지 않기 위해서는 조직의 사업과 운영 실태를 냉철하게 분석하여 섬김의 사명을 다하는 데 부족함이나 잘못된 부분이 없는지를 진단하고, 혹시라도 사명 이행에 장애를 유발하는 잘못된 경영방식이 있다면, 이를 과감히 폐지하거나 변경하는 혁신의 길로 나아가는 방법 외에는 다른 길이 없다.

12-10

백규가 말했다. "나는 (조세로) 20분의 1을 취하고자 하는데 어떻습니까?" 맹자가 말했다. "그대의 방법은 오랑캐인 맥나라의 세법이다. 인구가 1만 호인 나라에서 한 사람이 질그릇을 굽는다면 되겠는가?" 백규가 말했다. "불가능합니다. 그릇이 모자랄 것입니다." (白圭曰 吾欲二十而取一하
백 규 왈 오 욕 이 십 이 취 일

노니 何如하니잇고 孟子曰 子之道는 貉道也로다 萬室之國에 一人이
　　하여　　　　맹자왈　자지도　　　맥도야　　　　만실지국　　일인

陶則可乎아 曰 不可하니 器不足用也니이다. 고자장구 하-10)
도즉가호　　왈 불가　　기부족용야

🔶 다리 놓기

　주나라 사람인 백규가 당시의 세법인 정전제(井田制)의 절반 수준인 20분의 1
을 세금으로 걷어 백성들과 고락을 함께 하는 것이 어떠냐는 제안을 한다. 이에
맹자는 그것은 빈곤하면서 사회제도가 거의 갖추어지지 않은 국가에서는 가능한
일이지만, 이미 사회제도가 완비되어 있고 이를 운용하기 위한 인적 및 물적 자
원이 투입되어야 하는 국가에서는 조세를 경감하는 것이 불가능하다고 말하고
있다.

　현재 우리 사회에서도 사회복지에 투입되는 비용이 지나치게 과다하다고 말하
고, 심지어는 사회복지에 투입되는 재정을 '밑 빠진 독에 물 붓는 격'이라고 비판
하기도 한다. 우리 사회가 보릿고개와 같은 빈곤 탈출이 최대의 정책과제였던 시
대에는 경제성장이 우선이었기에 사회복지에 재정을 투입할 수 있는 여력이 없었
다. 하지만 선성장 후분배 정책, 즉 경제성장에 따른 낙수효과를 통해 복지를 증
진시키고자 한 결과, 사회적 양극화가 심화된 상황에서는 복지를 확대하는 것은
회피할 수 없는 국가정책의 핵심과제가 되었다. 그로 인해 사회보험제도와 공적
부조제도가 갖추어지고, 사회복지서비스가 확대되고 이를 실행에 옮길 사회복지
조직이 확대되었다.

　이러한 사회복지제도의 운용을 위해서는 복지재정의 확대가 필수적이다. 이런
상황에서 국민의 조세부담을 줄여 주기 위해 조세를 인하하는 것은 불가능한 것이
다. 그러나 사회복지재정의 지나친 확대에 대한 비판의 목소리를 반영하여, 사회
복지조직에서는 재정을 최대한 절약하여 복지급여와 서비스에 투입될 수 있도록
하는 절용애인(節用愛人)의 재정운용방식을 지켜나가야 할 것이다.

12-11

백규가 말했다. "제가 물을 다스리는 것이 우왕보다 낫습니다." 맹자가 말했다. "그대가 지나치다. 우왕이 물을 다스린 것은 물의 길을 따른 것이다. 이 때문에 우왕은 사해를 물을 받는 곳으로 삼았는데, 지금 그대는 이웃 나라를 물을 받는 곳으로 삼았다." (白圭曰 丹之治水也 愈於禹호
백 규 왈 단 지 치 수 야 유 어 우
이다 孟子曰 子過矣로다 禹之治水는 水之道也니라 是故로 禹는 以
맹 자 왈 자 과 의   우 지 치 수   수 지 도 야   시 고   우   이
四海爲壑이어시늘 今에 吾子는 以鄰國爲壑이로다. 고자장구 하-11)
사 해 위 학   금   오 자   이 인 국 위 학

🔷 다리 놓기

주나라 백규가 나라에 홍수가 나자 제방을 쌓아 물이 이웃 나라로 들어가게 하고는 자신이 치수사업을 잘했던 우왕보다 치수에 더 뛰어나다고 자랑한다. 그런데 우왕은 물길을 바다로 향하도록 하여 어떤 나라에도 홍수 피해를 입히지 않은데 비해, 백규는 자기 나라의 홍수를 막기 위해 이웃 나라에 홍수를 일으키는 피해를 입혔다. 이는 자신의 이익을 위해 남에게 피해를 입히는 것으로 사람을 사랑하는 인(仁)의 가치와는 반대되는 것이다.

사회복지실천가 중에서도 자신이 돕고 있는 내담자를 더 잘 도와주고 싶은 마음이 강하여 다른 내담자나 다른 서비스에 투입되어야 할 재원을 당겨서 자신의 내담자를 위해 투입하여 그의 삶의 문제를 해결하려 할 수 있다. 이것은 진정한 인의 실천이 아니라 이기적 행위[利]이다. 이처럼 이익을 놓고 사회복지실천가끼리 또는 내담자끼리 다툰다면 결국 경쟁으로 인해 한쪽은 만족하고 다른 한쪽은 불만인 상황이 야기되고, 종국에는 이익을 얻었던 쪽도 피해를 입는 상황을 맞이하게 될 것이다. 따라서 사회복지실천가가 인의 가치가 아닌 이익을 추구하는 행동을 해서는 안 되며, 백규처럼 눈앞의 작은 이익이나 성과를 자랑으로 여겨서도 안 된다.

12-12

군자가 성실하지 않으면 어찌 (무슨 일인들) 다잡아서 할 수 있겠는가. (君子不亮이면 惡乎執이리오. 고자장구 하-12)

◈ 다리 놓기

　사회복지실천가가 성실하여 내담자든, 지역사회든, 조직이든 어디에서나 신뢰를 받을 수 있어야만 서비스든, 사회행동이든, 행정업무처리든 무슨 일이든 제대로 해낼 수 있다. 만약 내담자, 지역사회 또는 조직의 믿음을 얻지 못하면, 사회복지실천가는 자신이 맡은 모든 일을 제대로 해낼 수 없게 된다. 이 장구에서 보듯 사회복지실천가는 서비스나 업무처리와 관련된 전문역량을 기르기에 앞서 인간봉사전문직으로서의 가치관과 인간적 자질을 함양하는 데 더 많은 노력을 기울여야 한다.

12-13

만일 선을 좋아하면 온 세상 사람들이 천리를 멀다하지 않고 찾아와 선한 일을 말해주고, 만일 선을 좋아하지 않으면 사람들이 말하기를 '잘난 체 함을 내가 이미 안다.'고 할 것이니, 잘난 체 하는 음성과 얼굴빛이 사람을 천리 밖에서 막는다. (夫苟好善이면 則四海之內 皆將輕千里而來하여 告之以善하고 夫苟不好善이면 則人將曰 訑訑를 予旣已知之矣로라하리니 訑訑之聲音顏色이 距人於千里之外하나니. 고자장구 하-13)

◈ 다리 놓기

　사회복지조직이 내담자를 섬기고 사회를 변화시키는 사명을 이행하는 선한 일을 하기 위해 최선의 노력을 기울이면, 사회성원 누구든 그 조직이 더 발전할 수 있는 방안들을 알려 주려 할 것이다. 반면에 사람을 돕고 섬기는 것이 사회복지조직의 사명임에도 불구하고, 마치 자신들이 선한 일을 하고 있다고 자랑하고 우쭐대면 사람들은 원래 할 일을 하면서 자랑한다며 그 조직에 등을 돌릴 것이다.

사회복지실천가 개인도 마찬가지이다. 사회복지실천가가 내담자를 돕고 주민을 원조하는 것은 선한 일이고, 요즘 같이 이기적인 사회에서 하기 쉽지 않은 일을 하고 있음을 내담자와 주민은 물론 국민이면 누구나가 다 안다. 그런데 작은 선한 일을 떠벌리고 다닌다면, 그것은 볼썽사나운 모습에 다름 아니다. 왼손이 하는 일을 오른손이 모르게 하지는 못할망정, 자신이 당연히 해야 할 일을 해놓고 자랑하고 다니지는 말아야 할 것이다. 그런 사회복지조직과 사회복지실천가의 으스대는 모습이 내담자, 주민 그리고 국민들의 마음과 발길을 떠나게 만들 것이다. 그보다는 사회복지조직과 사회복지실천가 모두 묵묵히 맡은 바 사명을 다하는 데 최선의 노력을 기울이면 모두가 그들의 발전을 진정으로 빌어주고 적극적으로 도와주려 할 것이다.

12-14

진자가 말했다. "옛날 군자들은 어떠하면 벼슬하였습니까?" 맹자가 말했다. "나아간 것이 세 가지요, 떠난 것이 세 가지였다." (陳子曰 古之君
진자왈 고지군
子 何如則仕니잇고 孟子曰 所就三이요 所去三이니라. 고자장구 하-
자 하여즉사   맹자왈 소취삼   소거삼
14)

🔷 다리 놓기

맹자는 옛날의 군자들이 벼슬길에 나가는 세 가지 경우를 가장 먼저 예를 다해 맞아 주고 자신이 말한 바를 장차 실천에 옮기겠다고 하는 경우라 했고, 그다음은 말을 실천에 옮기지는 않으나 예를 다해 맞아 주는 경우, 그다음으로는 힘든 상황에 처했을 때 잘 보살펴 주고 자신의 과오를 인정하는 경우의 순으로 들고 있다.

반대로 자신이 말한 바를 실천에 옮기지 않거나, 예를 다하지 않거나, 힘든 처지를 보살펴 주지 않는 경우에는 벼슬에서 물러난다고 하였다.

사회복지실천가가 자신이 몸담을 조직을 선택함에 있어서도 맹자의 이러한 세 가지 출처관은 적용될 수 있다. 사회복지조직이 사회복지실천가를 존중할 뿐만 아니라 최고관리자의 언행에서 사람을 섬기는 사명을 실천에 옮길 것이 명확해 보이고, 아랫사람을 하대하기보다는 예의를 갖추어 대해주고, 노동에 대한 적정 수준의 보상을 해주되 그렇지 못할 경우 최고관리자가 처우를 개선하기 위한 노력을 기울이는 모습이 보인다면, 그 조직에는 몸을 담아도 좋다. 그와 반대로 아랫사람을 무시하고 하대하며, 섬김의 사명보다는 개인적 목적 성취에 치중하고 있으며, 사회복지실천가의 노동권에 대한 관심조차 없는 조직이라면 몸담기보다는 떠나야 할 조직이다.

12-15

하늘이 장차 이 사람에게 큰 일을 내리려 할 때는 반드시 먼저 사람의 마음을 힘들게 하고, 그의 육체를 고달프게 하고, 그의 배를 굶주리게 하고, 그 몸을 곤궁하게 만들고, 하는 일마다 어긋나고 뒤엉키게 하였다. 이는 그의 마음을 분발하게 하고 타고난 본성을 강인하게 만들어, 그 능하지 못한 부분을 키워주기 위함이다 …… 그런 뒤에야 사람은 우환에서 살고 안락에서 죽음을 알 수 있는 것이다. (天將降大任於是人也신댄 必先苦其心志하며 勞其筋骨하며 餓其體膚하며 空乏其身하여 行拂亂其所爲하나니 所以動心忍性하여 曾(增)益其所不能이니라 …… 然後에 知生於憂患而死於安樂也니라. 고자장구 하-15)

다리 놓기

말이 쉽지 사람을 사랑으로 섬기고, 세상을 살기 좋은 곳으로 바꾸는 일은 결코 쉬운 일이 아니다. 이 쉽지 않은 일을 함에 있어서 사회복지실천가는 인간봉사전문직으로서의 군은 심지와 함께 갖은 고통과 노고를 견뎌낼 수 있는 내적 역량을 갖추어야 한다. 그래서 이 장구에서 보듯이 하늘이 어떤 사람에게 큰 임무를 맡기려고 할 때 먼저 그의 마음을 분발시키고 그의 본성을 강하게 만들고, 육체적 고통을 극복할 수 있도록 연단(鍊鍛)한다. 바로 좋은 칼을 만들기 위해 쇠를 달구고 두드리는 작업을 끊임없이 하듯이 하는 것이다.

사람과 세상은 쉽사리 바뀌지 않기에, 사회복지실천가는 서비스를 제공하는 과정에서 미리 연단이 되어 있지 않으면 역부족(力不足)을 핑계로 그들의 변화를 중도에 포기해버릴 것이다. 그래서 사회복지실천가로서의 직책을 맡기 전에 자신을 갈고 닦는 일에 소홀해서는 안 된다. 그리고 사회복지실천가로서의 직책을 맡고 있는 와중에도 편하고 쉬운 것, 즉 안락을 추구하고 그곳에 머물러서는 안 되며, 늘 부딪힐 수 있는 장애요인과 환란에 미리 대비하는 자세를 갖추어야 한다. 안락에 머물면 죽고, 우환에 대비하면 산다는 맹자의 말을 뒤늦게 깨닫고 후회하는 일이 모든 사회복지실천가에게 일어나지 않기를 바란다.

🔹 12-16

맹자가 말했다. "가르치는 방법이 많으니, 내가 좋게 여기지 아니하여 거절함으로써 그를 일깨우는 것, 이 또한 사람을 가르치는 것일 뿐이다."
(孟子曰 敎亦多術矣니 予不屑之敎誨也者는 是亦敎誨之而已矣
니라. 고자장구 하-16)

🔶 다리 놓기

사회복지조직에서 인사관리를 하고 수퍼비전을 함에 있어서 조직성원의 잘못을 지적하고 이를 고치도록 요구할 수도 있고, 모르는 것을 깨우쳐 줄 수도 있다. 그러나 사회복지실천가에게 직접적으로 잘못과 부족한 부분을 지적하면 그것을 고치고 채우려고 노력할 수도 있지만, 반대로 자신을 비난하고 비하한다고 생각하여 그 가르침에 저항할 수도 있다.

　이러한 직접적 가르침이 갖는 부정적 영향을 줄이고 동일한 교육효과를 거둘 수 있는 방법이 바로 이 장구에 나타난 불설지교회(不屑之敎誨)의 방법이다. 사회복지실천가의 행동을 탐탁하게 여기지 않아, 수퍼바이저나 상급 관리자가 직접 가르쳐주고 수퍼비전하는 것을 거절하는 방법이다. 상대방의 감정을 상하지 않게 하면서 자신의 잘못과 부족함을 스스로 깨닫고 이를 고치고 채우기 위한 노력을 기울이도록 하는 방법이다. 사회복지조직의 수퍼바이저는 교육적 수퍼비전, 행정적 수퍼비전, 지지적 수퍼비전을 통해 수퍼바이지인 사회복지실천가의 역량을 길러야 한다고들 한다. 그러나 이런 수퍼비전의 방법과 함께 맹자가 말한 불설지교회의 방법을 함께 사용해보는 것도 권장할 만해 보인다.

13. 진심장구 상(盡心章句 下)

13-1

맹자가 말했다. "그 마음을 다하는 자는 그 본성을 알게 되니, 그 본성을 알면 하늘을 알게 된다. 그 마음을 보존하여 그 본성을 기름은 하늘을 섬기는 것이요. 요절하거나 장수하는 것을 의심하지 않고, 몸을 닦고 천명을 기다리는 것은 명을 세우는 것이다." (孟子曰 盡其心者는 知其性
맹자왈 진기심자 지기성
也니 知其性則知天矣니라 存其心하여 養其性은 所以事天也요 夭
야 지기성즉지천의 존기심 양기성 소이사천야 요
壽에 不貳하여 修身以俟之는 所以立命也니라. 진심장구 상-1)
수 불이 수신이사지 소이입명야

◈ 다리 놓기

　인간이 살고 있는 세상은 바로 하늘의 이치, 즉 우주만물의 이치에 따라 작동한다. 그러므로 세상을 이해하기 위해서는 하늘의 이치를 깨우쳐야 한다. 하늘의 이치를 인간이 부여받은 것을 본성이라 하며, 맹자에 의하면 이 본성은 본래적으로 선한 것이다. 이 선한 본성은 인간의 내면, 즉 마음에 보존되어 있다. 그러므로 마음에는 세상을 움직이는 하늘의 이치가 담겨 있다. 이 세 가지는 보는 관점에 따라 다르게 표현된 것으로, 송나라 학자 정이천의 말처럼, 인간의 마음, 본성, 그리고 하늘의 이치는 결국 하나로 연결되어 있는 것이다.

　그런데 인간의 마음이라는 것이 신묘하여 알기가 쉽지 않을 뿐 아니라 안정되어 있는 것이 아니라 끊임없이 변하며, 때론 흔들리고 때론 외물의 유혹에 빠질 수 있다. 따라서 인간은 만나는 모든 사물에 나아가 이치를 깨닫기 위해 노력해야 하며, 이를 통해 우주만물이 작동하는 근본 이치를 알기 위해 노력해야 하고, 그 깨달은 바를 마음에 잘 보존해야 한다. 이것이 바로 맹자가 말하는 존심(存心), 즉 마음을 보존하기 위한 노력이며, 그 결과로 인간의 선한 본성, 즉 인의예지(仁義禮智)라는 타고난 인간의 본성을 깨닫게 된다.

마음에 선한 본성이 있다는 것을 깨닫는 것만으로 그 선한 본성을 보존하고 키워갈 수 있는 것은 아니다. 선한 본성을 키우기 위해서는 뜻을 돈독히 하고 마음을 바르게 다잡아 마음이 흐트러지는 일이 없도록 노력하여야 한다. 《대학》에서 말하는 격물치지 성의정심(格物致知 誠意正心)하여, 자신을 갈고 닦으면 바로 하늘이 자신에게 부여한 명령, 즉 천명을 이행하려는 뜻을 바로 세울 수 있게 된다.

사회복지실천가가 하늘로부터 부여받은 명령은 사람을 섬기고 세상을 바꾸는 일이다. 이 명령을 성공적으로 이행하기 위해서 사회복지실천가가 가장 먼저 해야 하는 일은 사람의 인생살이와 세상의 작동원리를 깨우치고, 사람을 돕고 세상을 바꾸려는 마음을 다잡고, 타고난 인의예지의 선한 본성을 더욱 키워나가야 한다. 그런 수신의 노력을 하였을 때 추기급인(推己及人)하여 사람을 돕고 세상을 바꿀 수 있는 것이다. 그러므로 사회복지실천가가 부여받은 사명을 이행하고자 하는 마음과 뜻을 세우기 위해서 가장 먼저 해야 할 일은 자신의 마음을 다잡아 보존하고, 타고난 선한 본성을 길러 나가는 일, 즉 존심양성(存心養性)하는 일이다.

13-2

맹자가 말했다. "명이 아닌 것이 없으나, 그 바른 명을 순리대로 받아들여야 한다. 이 때문에 정명을 아는 자는 위험한 돌담장 아래에 서지 않는다. 그 도를 다하고 죽는 것은 정명이요, 죄나 짓다가 죽는 것은 정명이 아니다." (孟子曰 莫非命也나 順受其正이니라 是故로 知命者는 不立乎巖墻之下하나니라 盡其道而死者는 正命也요 桎梏死者는 非正命

也니라. 진심장구 상-2)
야

◈ 다리 놓기

　인간 삶의 길흉화복은 모두 하늘이 정한 이치에 따르게 된다. 그러므로 사회복
지실천가는 하늘이 정한 바른 이치, 즉 사람을 섬기고 세상을 바꾸는 사명을 정확
히 깨닫고, 이러한 사명 이행을 방해하는 세상의 높은 지위, 명예나 부귀를 탐하
는 잘못된 길로 들어서지 않도록 늘 조심하여야 한다. 사회복지실천가가 사람을
섬기고 세상을 바꾸는 일보다는 편안한 삶이나 부귀영화와 같은 자신의 이익을
도모하는 행위를 하는 것은 맹자의 말처럼 위험한 돌담장 아래에 자신을 위치시
키는 것에 다름 아니다.

　사회복지실천가로서의 지위를 부여받은 자들이 생명이 다하는 날까지 전문직
의 사명을 이행한다면 이는 하늘의 명을 온전히 이행한 것이다. 반대로 인간봉사
전문직이면서 자기 개인의 이익만을 탐하는 것에 몰두한다면 그것은 죄를 짓는
것이고, 전문직 종사자의 사명을 이행하지 않은 것이다. 사람을 돕고 세상을 바꾸
는 일에 헌신하는 것이 사회복지실천가가 걸어야 할 올바른 길이고, 부여받은 전
문직의 사명을 성실하게 이행하는 것이 가장 올바른 삶이다.

13-3

　맹자가 말했다. "구하면 얻고 버리면 잃는다. 이렇게 구한다는 것은 얻는
데 유익함이 있으니, 자신에게 있는 것을 구하기 때문이다. 구하는 데는
도리가 있고 얻음에는 명이 있으니, 이렇게 구하는 것은 얻는데 유익함이
없으니, 밖에 있는 것을 구하기 때문이다." (孟子曰 求則得之하고 舍
맹자왈 구즉득지　사
則失之하나니 是求는 有益於得也니 求在我者也일새니라 求之有道
즉실지　　　　시구　유익어득야　　구재아자야　　　　　구지유도
하고 得之有命하니 是求는 無益於得也니 求在外者也일새니라. 진심
　　득지유명　　　시구　무익어득야　　구재외자야

장구 상-3)

◈ 다리 놓기

　구하면 얻고, 버리면 잃는다는 것은 너무도 당연한 말이다. 그런데 구하는 것에
도 지켜야 할 도리가 있고, 얻는 데도 따라야 할 명령이 있다. 사회복지실천가가
사람을 섬기고 세상을 바꾸는 사명을 충실히 이행하기 위해서는 자신 안에 있는
선한 본성을 갈고 닦을 경우에는 사명을 이행하는 데 유익할 것이다. 반대로 높은
지위와 명예 등의 외적인 것의 화려함, 즉 세속적 성공과 개인적 영달을 추구한다
면 사회복지실천가의 사명을 이행하는 데 도움이 되지 않으므로 이것을 구하려고
애써서도 안 되며, 그것을 얻어 누리려고 욕심을 내서도 안 되는 것이 바른 이치
이다. 사회복지실천가 역시 사람이고 노동자이므로 인간다운 삶을 누리는 데 필
요한 물질이나 사회적 지위를 구하고 또 얻어야 한다. 그러나 반드시 명심할 것은
인간봉사전문직 종사자로서의 내적 역량과 올바른 가치관을 기르기 위해 지속적
노력을 하고 이를 자신의 일에 투영하기 위해 노력할 뿐 바깥 세상에서의 성공을
추구하거나 얻어 누리려는 마음이 앞서서는 안 된다는 점이다. 즉, 사회복지실천
가는 순수한 자기 의지로 자기 계발을 추구하고, 세속적 성공을 버릴 수 있어야
한다. 그 이유는 사회복지실천가가 자신을 갈고 닦아 인간봉사전문직의 사명을
이행하는 데 충실히 한다면, 애쓰지 않아도 알려질 것이고, 또 삶에 필요한 외적
인 조건들이 구해져서 인간다운 삶을 누릴 수 있을 것이기 때문이다.

13-4

맹자가 말했다. "만물이 모두 내 안에 갖추어져 있으니, 내 몸에 돌이켜
성실하면 즐거움이 이보다 더 클 수 없고, 서(恕)를 힘써 행하면 인(仁)을
구함이 이보다 가까울 수 없다." (孟子曰 萬物이 皆備於我矣니 反身
　　　　　　　　　　　　　　　　맹자왈 만물　 개비어아 의　 반신
而誠이면 樂莫大焉이요 强恕而行이면 求仁이 莫近焉이니라. 진심장
　이성　　　낙막대언　　　강서이행　　　구인　　막근언

구 상-4)

◈ 다리 놓기

　세상 만물의 이치가 모두 자신 안에 갖추어져 있다는 맹자의 말처럼, 사회복지
실천가가 내담자 그리고 사회와의 관계에서 따라야 할 이치 역시 사회복지실천가
자신의 안, 즉 본성에 모두 갖추어져 있다. 그러므로 내담자를 돕고 세상을 변화
시키기 위해 자신의 바깥에서 그 원리를 찾아 헤맬 일이 아니다. 사회복지실천가
는 먼저 자신이 왜 남을 돕는 일에 헌신하려 하는지 그 동기를 성찰하고, 전문직
의 가치, 지식 그리고 기술에 부족함이 없는지를 성찰하여 부족한 것은 채우고,
이미 갖추고 있는 것은 성실히 갈고 닦는다면 자신에게 부여된 사명과 업무를 이
행하는 데 부족함이 없을 것이니, 내면에서 느끼는 즐거움은 어느 것에도 비유할
수 없을 것이다.

　사회복지실천가가 자신을 갈고 닦는 것으로만 본연의 직무를 다할 수 있는 것
은 아니다. 바로 그 역량을 펼쳐 타인의 삶을 향상시키고, 살기 좋은 세상으로 변
화시키기 위해 끊임없이 노력해야 한다. 맹자의 말처럼 타인의 마음과 입장, 상황
을 정확히 헤아리고 그를 돕고 변화시키기 위한 서비스, 즉 서(恕)를 이행하기 위
한 노력을 기울인다면, 사람 사랑이라는 인간봉사전문직의 가치를 현실에서 구현
하는 데 더욱 가까워질 것이다.

13-5

맹자가 말했다. "행하면서도 밝게 알지 못하며, 익히면서도 살피지 못한
다. (그리하여) 종신토록 행하면서도 그 도를 모르는 자가 많은 것이다."
(孟子曰 行之而不著焉하여 習矣而不察焉이라 終身由之而不知其
道者 衆也니라. 진심장구 상-5)

◈ 다리 놓기

　사회복지실천가가 내담자를 원조하고 있으면서 자신에게 주어진 일이니 단순

하게 돕는 일을 하고 있을 뿐 힘든 상황에 놓인 사람을 돕는 것이 인간봉사전문직의 당연한 이치라는 사실을 알지 못하는 경우도 있다. 내담자를 돕는 일을 반복하여 몸에 원조활동이 익었음에도, 왜 그들을 도와야 하고, 그들의 문제가 무엇이며, 그 문제를 해결할 수 있는 방법이 무엇인지를 모르는 사회복지실천가도 있다. 이런 사회복지실천가는 평생 동안 내담자를 돕는 일에 헌신하더라도 올바로 내담자를 돕지 못할 것이 분명하다.

사회복지실천가는 단순히 원조활동에 헌신하는 것만으로 제 할 일을 다 했다고 생각해서는 안 되며, 무턱대고 돕는다고 하여 내담자와 사회에 도움이 될 것이라고 생각해서도 안 된다. 사회복지실천가는 먼저 인간과 세상에 대한 올바른 가치관을 정립하고, 내담자와 사회를 변화시키는 데 필요한 전문지식을 학습하고, 인간과 사회의 문제를 왜 해결해야 하고, 그것을 해결하는 데 어떤 지식과 기술이 필요한지를 깨닫고 이를 배우고 익히기 위한 노력을 부단히 전개해 나가야 한다.

13-6

맹자가 말했다. "사람이 부끄러움이 없어서는 안 되니, 부끄러워할 줄 모르는 것을 부끄러워한다면 치욕스러운 일이 없을 것이다." (孟子曰 人
不可以無恥니 無恥之恥면 無恥矣니라. 진심장구 상-6)

다리 놓기

사회복지실천가로 살아간다는 것은 부끄러울 일보다는 뿌듯한 일을 경험할 가능성이 더 높다. 그런데 사회복지실천가가 남을 돕는 일을 왜 해야 하는지도 모르고, 어떻게 돕는 것이 잘 돕는 것이고, 돕는 과정에서 내담자를 어떻게 대하고, 어떤 기술을 활용해야 하는지를 치열하게 고민하여 적용하지도 않고, 그냥 주어진 일이니 설렁설렁해서 끝마치려고만 한다면 이것은 인간봉사전문직이라는 이름에 어울리지 않는 진정 부끄러운 일이다. 인간봉사전문직이 사람을 돕는 일을 함에 있어서 순간순간 최선을 기울이지 않고, 무엇이 올바른 것인지에 대한 고민조차 하지 않는다면 그것은 인간봉사전문직 종사자의 기본적 자세가 아니다.

그런데 그보다 더 문제가 되는 것은 그러한 행동을 부끄러워하는 수오지심(羞惡之心)조차 없는 것이다. 부끄러워 할 줄 모르는 것이 부끄러운 일이라는 사실을 지각하지 못한다면, 그것이 진정으로 부끄러운 일이다. 부끄러운 부분을 개선하여 부끄럽지 않게 되기 위해 노력하지 않는다면, 결국 사회복지실천가는 치욕스러운 일을 당할 것이 분명하다. 따라서 사회복지실천가는 늘 자기를 안으로 반성하여 자신의 부족한 점, 잘못된 점을 깊이 깨닫고, 이를 채우고 바로잡기 위해 노력함으로써, 인간봉사전문직 종사자로서 갖추어야 할 자질을 배양하여 부끄럽지 않은 떳떳한 실천가가 되기 위해 날마다 애써야 한다.

13-7

맹자가 말했다. "부끄러워하는 것은 사람에게는 매우 중요하다. 기묘한 사술을 일삼는 자에게는 부끄러움이 아무 소용이 없다." (孟子曰 恥之
맹자왈 치지
於人에 大矣라 爲機變之巧者는 無所用恥焉이니라. 진심장구 상-7)
어인 대의 위기변지교자 무소용치언

◈ 다리 놓기

낯가죽이 두꺼워 부끄러움을 모르는 것을 흔히 후안무치(厚顏無恥)라 한다. 스스로가 부족하거나 잘못한 점에 대해 돌이켜 부끄러워하고 반성하여 고쳐 나갈 줄 아는 것이 인간의 기본태도이다. 인간을 돕고 사는 사회복지실천가가 후안무치해서는 안 된다. 알지도 못하면서 도우려 하고, 제대로 돕는 방법을 알지도 못하면서 무리해서 돕고, 돕는 사람과 그가 지닌 문제를 동일시하고, 얕은 꾀를 부려 빨리 대충 도우려 하고, 돕는 일이 잘못된 결과를 낳으면 남이나 상황을 탓하는 행동 등은 사회복지실천가로서 부끄러워해야 하는 것이다. 그런데 이런 부끄러운 행동을 일삼는 사회복지실천가는 부끄러움이라고는 아예 없는 경우가 대부분이다. 부끄러운 일을 하고 있으면서 부끄러워할 줄도 모르는 사회복지실천가가 진정으로 인간봉사전문직 종사자일까? 아님에 분명하다.

13-8

맹자가 말했다. "옛날 어진 왕들은 선을 좋아하여 자신의 권세를 잊었으니, 옛날 어진 선비라고 해서 어찌 유독 그렇지 않았겠는가? 그 도를 (행하기를) 즐거워하고 남의 권세를 잊었다. 그러므로 왕이 지극히 공경하고 예를 다하지 않으면 자주 그를 만나볼 수 없었으니, 만나보는 것도 오히려 자주 할 수 없는데 하물며 그를 신하로 삼는 일이야." (孟子曰 古之맹자왈고지 賢王이 好善而忘勢하더니 古之賢士 何獨不然이리오 樂其道而忘현왕 호선이망세   고지현사 하독불연   낙기도이망 人之勢라 故로 王公이 不致敬盡禮면 則不得亟見之하니 見且猶不인지세 고 왕공 불치경진례   즉부득기견지   견차유부 得亟온 而況得而臣之乎아. 진심장구 상-8)득기 이황득이신지호

❖ 다리 놓기

예전의 어진 왕들은 선정(善政)을 베풀고, 어진 선비는 도를 행하는 데 관심을 가질 뿐 세상의 권세에는 신경 쓰지 않았다. 마찬가지로 사회복지조직의 최고관리자는 조직이 사람을 섬기고 세상을 바꾸는 일을 잘해낼 수 있도록 조직을 관리하는 데만 신경을 쓰고, 자신의 지위에 따르는 권세를 휘두르는 일에는 관심조차 두지 말아야 한다. 사회복지조직의 사회복지실천가는 사람을 섬기는 활동과 세상을 변화시키는 행동에 집중하여야 하며, 알량한 지위에 붙어 있는 권력을 행사하려 해서는 안 된다.

사회복지조직의 최고관리자든 실무자든 누구든 간에 그들의 최고 관심사는 내담자와 사회여야 하며, 남을 돕는 일을 하면서 주인 행세를 하려 해서는 안 되며 섬김의 종(從)으로서의 역할을 성실히 수행할 수 있어야 한다. 이와 같이 사회복지조직의 최고관리자부터 일선 사회복지실천가에 이르기까지 모든 조직성원이 섬김의 사명 이행에 충실하고 그 외의 것들에는 관심조차 기울이지 않을 때만이 진정한 사회복지조직으로써의 정체성을 유지할 수 있고 조직의 사명을 성공적으로 이행해 나갈 수 있다.

선비는 궁벽한 상황에서도 의를 잃지 않으며, 영달하여도 도를 떠나지 않는 것이다. 궁벽한 상황에서도 의를 잃지 않기 때문에 선비는 자신의 지조를 지키고, 영달하여도 도를 떠나지 않기 때문에 백성들이 실망하지 않는 것이다. (士는 窮不失義하며 達不離道니라 窮不失義故로 士得己焉하고 達不離道故로 民不失望焉이니라. 진심장구 상-9)

◈ 다리 놓기

　맹자가 유세를 좋아하는 송구천이라는 사람에게 한 말이다. 맹자는 유세란 남들이 알아주든 알아주지 않든 들뜨지 않는 것이라고 하면서, 그렇게 되기 위해서는 덕을 높이고 의를 행하기를 즐거워하면 된다고 그 방법을 알려준다. 송구천이 세상의 명예와 권력을 좇는 유세객이라면, 사회복지실천가는 섬김의 역할을 담당하는 자이다.

　맹자는 사회복지실천가에게 그 섬김의 행위를 남들이 알아주기를 바라지도 말고, 알아주더라도 우쭐대지 말아야 한다고 권면하고 있다. 누가 알아주든 않든 간에 선한 본성을 보존하여 사람을 사랑하고 섬김의 사역을 잘 감당하고, 올바르고 정의로운 세상을 만드는 데 헌신하는 것이 올바른 사회복지실천가의 자세이다.

　사회복지실천가는 세상의 부귀영화에 현혹되지 말아야 하며, 세상에서 많은 것을 이룬 상황에서도 섬김의 도리를 굳건히 지켜서 자신의 도움을 받는 사람들의 삶에 긍정적 영향을 미쳐야 한다. 반대로 궁핍하고 어려운 상황에서도 의(義)를 굽혀 이익[利]을 추구해서는 안 될 것이며, 자신을 갈고 닦아 앞으로 섬김의 사역을 더 잘할 수 있는 역량을 길러나가야 한다. 다시 말해 사회복지실천가는 세상의 헛된 명예와 부귀를 추구하기보다는 곤궁한 상황에도 편안할 수 있어야 하며, 섬김의 도리를 이행하는 데 필요한 역량을 기르고 이를 실천에 옮기는 데서 즐거움을 얻을 수 있는 안빈낙도(安貧樂道)의 자세를 갖추어야 한다.

13-10

맹자가 말했다. "문왕 같은 성군(聖君)을 기다린 뒤에 흥기하는 자는 일반 백성이니, 호걸의 선비로 말하면 비록 문왕 같은 성군이 없더라도 오히려 흥기한다." (孟子曰 待文王而後에 興者는 凡民也니 若夫豪傑之 士는 雖無文王이라도 猶興이니라. 진심장구 상-10)

다리 놓기

맹자는 모든 인간이 우주만물의 이치를 동일하게 부여받아 선한 본성을 마음에 지니고 있다고 했다. 그러므로 모든 인간은 선한 본성을 기반으로 사람을 사랑하고 서로 도우며 살 수 있는 능력을 갖고 있는 것이다. 그러나 보통 사람이나 내담자는 그러한 선한 본성을 스스로 깨닫고 펼치기 어려우며, 좋은 모델이 있을 때 그를 본받아서 선한 본성을 펼쳐갈 수 있다고 했다.

뛰어난 어진 선비와 사회복지실천가는 선한 본성을 깨닫고 이를 스스로 실행할 능력이 있는 사람들이다. 이들은 누구를 보고 따르지 않아도 그리고 누가 동기화를 시켜주지 않더라도 선한 본성을 바탕으로 사람을 보살피고 올바른 세상을 만들어 가고자 하는 선한 의지를 불러일으키고 이를 실행에 옮길 수 있다. 그러므로 사회복지실천가는 남을 돕고 세상을 변화시키려는 선한 의지를 굳건히 하고 이를 바탕으로 내담자와 지역주민이 선한 본성을 회복하고 삶의 조건들을 변화시키는 일에 참여할 수 있도록 동기화시키고, 그러한 변화에 필요한 도움들을 적극적으로 제공해야 한다.

13-11

맹자가 말했다. "한(韓)이나 위(魏) 같은 큰 부잣집을 덤으로 주겠다고 하는 데도 스스로 대수롭지 않게 여긴다면 이는 남들보다 아주 많이 뛰어난 자이다." (孟子曰 附之以韓魏之家라도 如其自視欿然이면 則過人

이 遠矣니라. 진심장구 상-11)
　　원 의

✤ 다리 놓기

사회복지실천가도 인간인 이상 누군가가 많은 재물이나 높은 지위를 주겠다고 하면, 기뻐하고 좋아할 것이다. 그런데 맹자는 이 장구를 통해 남들보다 뛰어난 사람은 재물이나 높은 지위에 얽매이지 않는 사람이라고 말하고 있다. 사회복지실천가는 인간봉사전문직이기에 재물이나 지위보다 남을 돕는 일에 더 높은 가치를 두어야 한다. 세속적 삶의 가치를 추구하게 되면 섬김의 사명을 이행하는 데 소홀해질 수밖에 없다. 사회복지실천가는 세상의 헛된 명예나 재물보다는 사람을 돕고 세상을 바르게 변화시키는 전문직 본연의 사명과 가치에 더 많은 관심을 기울여야 할 것이다.

🔷 13-12

맹자가 말했다. "편안하게 해주는 방법으로써 백성을 부리면 비록 수고롭더라도 백성이 원망하지 않으며, 살려주는 방법으로써 백성을 죽이면 비록 죽더라도 죽이는 자를 원망하지 않는다." (孟子曰 以佚(逸)道使民이
　　　　　　　　　　　　　　　　　　　　　　　　　　맹 자 왈 이 일 일 도 사 민
면 雖勞나 不怨하며 以生道殺民이면 雖死나 不怨殺者니라. 진심장구
　　수 노　　불 원　　이 생 도 살 민　　수 사　　불 원 살 자
상-12)

✤ 다리 놓기

사회복지실천은 내담자의 삶을 현재보다 편안한 삶으로 변화시키는 데 목표를 둔다. 내담자가 보다 편안한 삶에 이르게 하는 데는 여러 가지 방법이 있을 수 있다. 사회복지실천가가 모든 책임을 지고 주도적 역할을 맡아, 전문가적 관점에서 내담자 삶의 문제를 일으킨 원인을 정확히 찾아내고 이를 해결하기 위한 계획을 수립하여 서비스를 제공함으로써 삶의 변화라는 결과를 만들어 낼 수도 있다. 내담자를 돕는 방법이기에 틀렸다고는 할 수 없지만, 이러한 방법을 옳은 방법이라고 말하기는 어렵다.

내담자는 자기 삶을 스스로 결정해야 하는 주체이므로, 자신의 삶을 변화시키는 과정에 온전히 참여하여 자기결정을 할 권리가 있다. 그러므로 사회복지실천가는 내담자가 개입이 필요한 대상이 아니라 주체로 인정하고, 내담자의 동기를 불러일으키고(motivation), 스스로 삶을 변화시키는 데 필요한 역량을 길러주고(capacity), 이러한 역량을 활용하여 내담자 스스로 삶을 변화시키고 문제를 해결할 수 있는 기회(opportunity)를 제공해야 한다.

물론 내담자 스스로 자기 삶을 변화시킨다는 것은 어려운 일이고 수고로운 일임에 분명하다. 그럼에도 이러한 방식으로 내담자를 원조하게 되면, 내담자는 변화의 과정에서 난관에 봉착하더라도 사회복지실천가를 탓하거나 원망하지 않고 스스로 그 난관을 극복하기 위해 노력할 것이다. 이런 방법으로 내담자를 돕다가 원래 목표로 한 바를 성취하지 못하고 실패하는 경우에도, 내담자가 사회복지실천가를 원망하는 경우는 드물 것이다. 따라서 사회복지실천가는 쉽게 목표를 이룰 수 있는 전문가 위주의 방법이 아닌, 다소 힘들고 때로는 목표를 성취하지 못하고 실패할 위험이 있더라도 내담자 중심주의의 사회복지실천을 해나가는 것이 올바른 원조방법임을 기억해야 한다.

🏮 13-13

> 맹자가 말했다. "패도정치를 하는 임금의 백성들은 매우 기쁜 듯이 하고, 왕도정치를 하는 임금의 백성들은 자연스럽고 밝다. 죽여도 원망하지 않고, 이롭게 해주어도 공이라 여기지 않는다. 그러므로 백성들이 날로 선하게 바뀌어가면서도 누가 그렇게 만드는지를 알지 못한다." (孟子曰 霸者之民은 驪虞如也요 王者之民은 皥皥如也니라 殺之而不怨하며 利之而不庸이라 民日遷善而不知爲之者니라. 진심장구 상-13)

🔷 다리 놓기

패도정치를 하는 임금은 전문가 중심주의에 입각하여 실천을 하는 사회복지실천가에 비유할 수 있고, 왕도정치를 하는 임금은 내담자 중심주의에 입각하여 실천을 하는 사회복지실천가에 비견된다. 전문가인 사회복지실천가가 문제의 원인을 파악하고 이를 해결할 계획을 수립하여 문제를 해결해 주면, 내담자는 자신의 문제를 해결하기 위해 노력한 사회복지실천가에게 감사한 마음을 가져야 하며, 문제가 해결된 것 자체에 대해 기뻐해야 한다. 그러나 그 감사와 기쁨은 진정으로 마음에서 우러나서 하는 것이 아니고 누군가의 힘을 빌려 얻은 것에 대한 외현적 표현이라고 보는 것이 타당할 것이다.

　반면에 내담자가 스스로 자신을 변화시키고자 하는 동기를 갖도록 지지하고, 문제의 원인을 스스로 발견하여, 스스로 변화계획을 수립하고 스스로 이를 실행에 옮겨서, 변화된 삶을 얻을 수 있도록 도우면, 내담자는 자신의 노력으로 변화를 이루었기에 마치 당연한 듯이 여길 것이다. 즉, 힘든 변화의 과정에서 사회복지실천가의 도움을 받기는 했지만, 변화를 일으킨 주체는 내담자 본인이기 때문에 누군가에게 억지로 감사할 일도 기쁜 듯이 보여야 할 필요도 없이 담담하게 아무렇지도 않은 듯 자신의 변화를 받아들이고 그 변화를 유지하기 위해 노력하게 된다.

　이처럼 사회복지실천가가 앞장서 이끌어서 내담자를 변화시키는 실천보다는 내담자 스스로가 변화의 길을 걸을 수 있도록 함께 걷는 실천이 더욱 효과적이며, 그 효과 또한 오래 지속될 수 있는 것이다.

13-14

좋은 정치는 좋은 교화가 백성을 얻는 것만 못하다. 좋은 정치는 백성들이 그것을 두려워해서 따르지만, 좋은 교화는 백성들이 그것을 좋아해서 따른다. 좋은 정치는 백성들의 재물을 얻지만, 좋은 교화는 백성의 마음을 얻는다. (善政이 不如善敎之得民也니라 善政은 民이 畏之하고 善敎는 民이 愛之하나니 善政은 得民財하고 善敎는 得民心이니라. 진심장구 상-14)

🔹 다리 놓기

　좋은 정치란 제도와 법령을 통해 다스리는 것으로 백성은 이를 어겼을 때 따르는 벌을 두려워한다. 반면 좋은 교화는 지도자가 덕으로 백성을 인도하여 그들의 마음을 얻고 자발적으로 따르게 만든다는 차이가 있다. 이를 사회복지에 비유해 보면 좋은 정치, 즉 선정(善政)은 전문가가 내담자와 촉진적 원조관계를 맺는 것보다는 문제를 해결하고 변화를 일으키는 것을 우선시하는 실천이라면, 좋은 교화, 즉 선교(善敎)는 변화보다는 원조관계를 형성하는 것을 우선시하는 실천이라할 수 있다.

　하지만 내담자와 사회복지실천가 간의 촉진적 원조관계가 형성되지 않은 상태, 즉 서로 간의 마음이 통하지 않은 상태에서 내담자의 삶이나 문제의 실질적 변화를 도모하는 것은 불가능하다. 설령 변화가 일어난다고 해도 진정한 변화인지를 확신할 수 없으며, 그 변화의 효과도 지속하기 어렵다. 그러므로 사회복지실천가는 내담자의 삶과 문제에 진정한 변화를 일으키기 위해서는 먼저 내담자의 마음을 얻는 촉진적 원조관계 형성을 우선적 실천과업으로 삼아야 할 것이다.

13-15

> 맹자가 말했다. "사람들이 배우지 않고도 능한 것은 양능이요, 깊이 생각하지 않고도 아는 것은 양지이다." (孟子曰 人之所不學而能者는 其
> 　　　　　　　　　　　　　　　　　　　　맹자왈　인지소불학이능자　　기
> 良能也요 所不慮而知者는 其良知也니라. 진심장구 상-15)
> 양능야　소불려이지자　　기양지야

🔹 다리 놓기

　사회복지실천가는 사람을 사랑하고 세상을 아름답게 변화시키는 사명을 가지며, 이를 이행하기 위해 전문적 가치, 지식, 기술을 갈고 닦는다. 그런데 맹자는 사회복지실천가를 포함한 모든 인간은 배우고 깊이 생각하지 않아도 능히 알 수 있고 할 수 있는 양지와 양능을 지니고 있다고 했다. 내담자를 존중하고 수용하고 아끼는 것, 즉 인(仁)의 가치는 사회복지의 기본 가치인데, 이러한 가치를 배우고

익혀야 하는 것은 아니며 선천적으로 타고났기 때문에 배우지 않아도 알 수 있고 실행할 수 있는 가치이다. 그리고 세상에 인간이 살기에 적절하지 않은 일들이 벌어진다면 이를 고쳐 사람이 살기 좋은 곳으로 바꾸어야 한다는 의(義)의 가치 역시 선천적으로 갖고 있는 본성의 가치이므로 굳이 깊이 생각하고 따져보지 않아도 알 수 있고 실천할 수 있게 되는 것이다. 그러므로 사회복지실천가는 인간으로서 선천적으로 타고난 좋은 가치를 보존하고, 더욱 갈고 닦아 인간봉사전문직 종사자가 갖추어야 할 올바른 가치관을 함양해 나가야 한다.

13-16

맹자가 말했다. "순임금이 깊은 산속에 살고 있을 적에 나무와 돌과 함께 지내고, 사슴과 멧돼지와 함께 놀았으므로 깊은 산속의 야인과 다른 것이 별로 없었는데, 좋은 말 한마디를 듣고 좋은 행동 하나를 보게 되면 마치 강이나 냇물을 탁 터놓은 듯 세차서 막을 수가 없었다." (孟子曰 舜之居深山之中에 與木石居하시며 與鹿豕遊하시니 其所以異於深山之野人者 幾希러시니 及其聞一善言하시며 見一善行하시는 若決江河라 沛然莫之能禦也러시다. 진심장구 상-16)

◈ 다리 놓기

맹자는 성인인 순임금이 역산(歷山)이라는 곳에 살 때 고고한 척하며 살아간 것이 아니라 주변의 모든 것과 어울리고 그 속에서 배우는 삶을 살았으며, 좋은 말이나 행동을 보면 이를 자신의 삶에서도 실현하기 위해서 최선의 노력을 경주하였다고 전하고 있다. 보통 사람인 사회복지실천가 역시 사람들과 어울려 살면서 그 삶의 현장에서 인간을 이해하고 세상을 알기 위해 노력해야 하며, 사람을 돕고 세상을 변화시키는 데 적합한 가치를 발견하면 이를 자신의 실천과정에 녹여내기 위해 분연히 노력해야만 할 것이다.

13-17

맹자가 말했다. "하지 않아야 할 것을 하지 않으며, 하고자 하지 않아야 할 것을 하고자 하지 않아야 하니, 이와 같을 뿐이다." (孟子曰 無爲其 所不爲하며 無欲其所不欲이니 如此而已矣니라. 진심장구 상-17)

다리 놓기

인간은 누구나 하지 말아야 할 일을 하거나, 하고자 해서는 안 되는 일들을 하려고 하기도 한다. 그러나 단 한 번뿐인 인생을 살아가는 내담자를 돕는 과정에서 사회복지실천가가 해서는 안 되는 일과 하고자 해서는 안 되는 일이 있다. 만약 사회복지실천가가 내담자를 돕는 과정에서 해서는 안 될 일을 하거나, 하려고 해서는 안 되는 것들을 하려고 하게 되면, 내담자의 단 한 번뿐인 인생을 때로 실패로 귀결시키게 될 수 있다.

그러므로 사회복지실천가는 실천과정에서 반드시 지켜야만 할 윤리적 원칙이 있다. 가치가 '보다 바람직한 것'으로 사회복지실천가가 선택할 수 있는 기준이라면, 윤리는 '옳은 것'으로 반드시 지키고 따라야 하는 기준이다. 만약 사회복지실천가가 전문직이 추구하는 가치를 따르지 않을 경우에는 도덕적 책임은 지게 되겠지만 법적 처벌은 받지 않을 것이다. 그러나 윤리를 어길 경우에는 도덕적 책임과 법적 책임 모두를 지게 된다. 인간봉사전문직이라면 책임의 문제를 떠나서 진정으로 인간적 서비스를 제공하기 위해서 하지 말아야 할 일, 하고자 해서는 안 되는 일을 엄격히 가려내고 정확히 인지하여, 이를 원조과정에서 행동으로 옮겨야 할 것이다. 더 좁히자면 사회복지사 윤리강령에 정해진 윤리적 기준과 행동원칙 만큼은 반드시 준수해야 한다. 그런 의미에서 오늘 다시 한번 사회복지사 윤리강령을 읽어 보고 기억해야 할 것이다.

13-18

맹자가 말했다. "사람 중에 덕의 지혜와 기술의 지혜를 가지고 있는 자는 항상 어려움 속에 있다." (孟子曰 人之有德慧術知(智)者는 恒存乎 疢疾이니라. 진심장구 상-18)

◇ 다리 놓기

'아픈 만큼 성숙해진다.'는 말이 있다. 이 장구의 요지를 압축한 표현이다. 사회복지실천가가 사람을 돕고 세상을 변화시키는 일은 말처럼 쉽지 않다. 사회복지실천과정에서 사회복지실천가는 수많은 장애물에 직면하기도 하고, 이러지도 저러지도 못하는 윤리적 딜레마에 부딪히기도 한다. 또한 어떤 기술이 효과가 있는지 확신이 서지 않을 때도 있고, 때로는 돕는 행동 자체를 포기하고 싶을 때도 있다. 이런 수많은 난관이나 딜레마에 직면하고 이를 극복하는 과정에서 사회복지실천가는 한 단계 성장하고 성숙되어 간다.

Adler의 개인심리이론에 입각하면, 모든 인간은 자신의 열등한 부분을 지각하는 순간 이를 보상하고 더욱 우월한 상태로 발전하고자 하는 성장동기를 불러일으키게 된다고 하였다. 사회복지실천가가 자신의 전문직 가치와 기술을 더욱 향상시키고자 한다면, 자신에게 주어진 난관이나 딜레마라는 시련을 묵묵히 수용하고 이를 극복하고 해결할 방안을 치열하게 고민하는 과정이 필수적으로 뒤따라야 한다. 시련을 시련으로만 보지 말고, 성장과 성숙의 기회로 바라보는 성숙한 관점이 사회복지실천가에게 요구된다.

13-19

대인인 자가 있으니, 자기를 바로잡아서 남을 바로잡는 자이다. (有大人

者하니 正己而物正者也니라. 진심장구 상-19)
_{자   정 기 이 물 정 자 야}

◈ 다리 놓기

　대인은 덕을 갖춘 자로서 자신은 물론 남까지 바르게 만들어주는 자이다. 문맥상 대인은 임금의 잘못을 바로잡을 용기와 식견을 갖춘 고위급 신하로 볼 수 있다. 사회복지조직으로 말하자면, 대인은 최고관리자 바로 아래에 있는 부장이나 사무국장 등의 중간관리자 중 최고 직위에 있는 자에 비견된다.

　조직의 중간관리자가 되기 위해서는 기본적으로 자기 자신의 전문적 역량을 최대한으로 길러야 한다. 그리고 중간관리자가 되어서는 조직의 사명을 이행할 수 있도록 최고관리자를 보좌하면서, 최고관리자의 잘못된 행동과 선택에 대해서는 간언을 통해 바로잡는 역할을 수행할 수 있어야 한다. 또한 부하직원들이 전문적 서비스를 제공할 수 있도록 체계적인 수퍼비전을 제공하고, 전체 부서의 화합을 도모하여 조직결속력을 증진시켜야 하며, 조직의 행정업무에 대한 관리도 성실하게 수행할 수 있어야 한다. 다시 말해 사회복지조직의 최고 중간관리자는 자신을 갈고 닦아 이를 바탕으로 위아래의 조직성원이 주어진 역할과 과업을 성실히 이행할 수 있도록 돕거나 지도함으로써, 조직이 본연의 사명을 이행할 수 있도록 안내하는 맹자가 말한 대인의 풍모와 자질을 갖추어야 한다.

13-20

　맹자가 말했다. "군자에게는 세 가지 즐거움이 있는데, 천하에 왕 노릇하는 것은 여기에 포함되지 않는다. 부모가 모두 생존해 계시고 형제가 무고한 것이 첫 번째 즐거움이요, 우러러 하늘에 부끄럽지 않고 굽어보아 인간에게 부끄럽지 않은 것이 두 번째 즐거움이요, 천하의 영재를 얻어 교육하는 것이 세 번째 즐거움이니, 군자에게는 세 가지 즐거움이 있는데, 천하에 왕 노릇하는 것은 여기에 포함되지 않는다. (孟子曰 君子有三
_{맹 자 왈 군 자 유 삼}
樂而王天下 不與存焉이니라 父母俱存하며 兄弟無故 一樂也요 仰
_{락 이 왕 천 하 불 예 존 언   부 모 구 존   형 제 무 고 일 락 야   앙}

不愧於天하며 俯不怍於人이 二樂也요 得天下英才而教育之 三樂
불 괴 어 천   부 부 작 어 인   이 락 야   득 천 하 영 재 이 교 육 지 삼 락

也니 君子有三樂而王天下 不與存焉이니라. 진심장구 상-20)
야   군 자 유 삼 락 이 왕 천 하 불 여 존 언

❖ 다리 놓기

　맹자가 말한 군자의 세 가지 즐거움에 관한 장구에서 '천하의 왕 노릇하는 것은
여기에 포함되지 않는다.'는 구절이 앞뒤로 반복되고 있다. 이를 볼 때, 군자가 군
자다운 모습을 갖추는 데 있어서 권력은 큰 의미가 없다는 것을 알 수 있다. 인간
봉사전문직인 사회복지실천가에게도 사회적 권력이나 지위는 진정한 사회복지
실천가로서의 자질을 갖추는 데 있어서 의미를 지니지 못한다. 사회복지실천가
가 실천가다운 모습을 갖추기 위해서는 이 장구에서 보듯이 가장 먼저 가족과 조
화로운 관계를 맺고 행복한 가정생활을 영위할 수 있어야 한다. 그리고 이를 바탕
으로 사람을 사랑하고 섬기며 세상을 변화시키는 데 헌신함으로써 사회복지실천
가로서의 사명을 충실히 이행하고, 후배 사회복지실천가들에게 수준 높은 수퍼비
전을 통하여 그들이 더욱 성장·발전할 수 있는 기회를 만들어 주는 세 가지 즐거
움을 누릴 수 있다면 좋을 것이다.

13-21

군자의 본성은 인의예지가 마음속에 뿌리하고 있어, 그것이 얼굴에 나타
날 때는 조금의 꾸밈도 없이 얼굴에 그대로 나타나며, 뒷모습에도 가득하
며, 팔다리에도 퍼져 굳이 팔다리가 말하지 않아도 저절로 깨달아 올바
르게 되는 것이다. (君子所性은 仁義禮知根於心이라 其生色也 睟
　　　　　　　　　　군 자 소 성   인 의 예 지 근 어 심   기 생 색 야   수

然見於面하며 盎於背하며 施於四體하여 四體不言而喩니라. 진심장
연 현 어 면   앙 어 배   시 어 사 체   사 체 불 언 이 유

구 상-21)

❖ 다리 놓기

　군자가 하늘로부터 받은 본성은 인의예지라는 네 가지 덕[四德]이다. 이런 군자
　　　　　　　　　　　　　　　　　　　　　　　　　　　사 덕

의 사덕은 사회복지실천가가 지녀야 할 자질과 동일하다. 사회복지실천가라면 누구나 사람을 사랑하고, 올바른 것을 따르며, 사회적 행위규범을 존중하고 따르며, 높은 수준의 지식을 지녀야 하는 것이다. 이러한 네 가지 덕목 또는 자질을 내면에 깊이 함양하게 되면, 사회복지실천과정에서 굳이 드러내려고 애쓰지 않아도 사회복지실천가의 언행과 원조행위에 그대로 드러나게 되어 있다. 진정한 사회복지실천가가 되기 위해 무엇을 해야 하고 무엇을 더 갖추어야 할지 고민이 될 때, 다름 아닌 인의예지의 네 가지 가치를 더욱 갈고 닦는 것이 가장 좋은 방법일 것이다.

🔷 13-22

천하에 노인을 잘 봉양하는 자가 있으면 인자가 자기의 돌아갈 곳으로 삼을 것이다. …… 문왕[西伯]이 노인을 잘 봉양했다는 것은 농지를 가지런히 정리해주고, 뽕나무 심고 가축을 기르는 법을 가르치며, 그 처자를 인도하여 그들로 하여금 노인을 봉양하게 한 것이다. (天下에 有善養老면 則仁人이 以爲己歸矣리라 …… 所謂西伯이 善養老者는 制其田里하여 敎之樹畜하고 導其妻子하여 使養其老니. 진심장구 상-22)

🔶 다리 놓기

현대적 사회복지정책에서는 일반적으로 국가가 조세나 사회보험료를 기반으로 하여 삶에 필요한 급여나 서비스를 제공하는 것을 강조한다. 하지만 맹자가 말한 주나라 문왕의 노인복지정책은 현대적 노인복지정책과는 다소 다르다. 문왕은 먼저 토지의 구획을 공평하게 정리해줌으로써 백성들의 생산터전과 일터를 마련해주고, 이를 경작하는 데 필요한 영농법을 가르치고 가족이 그 성원을 돌보게 하는 가족복지기능을 최대한 활용하려 하였다.

시대상황이 달라진 현재에 문왕의 사회복지정책을 그대로 적용하는 것은 문제가 있다. 그러나 사회복지의 핵심 주체가 개인과 가족, 국가 그리고 시장(market)

이기 때문에 가족의 복지기능을 회복시키기 위한 노력을 기울여야 하는 것은 문왕의 시대나 지금의 시대나 할 것 없이 사회복지정책에서 반드시 고려해야 하는 정책과제이다. 가족에게 복지의 일차적 책임을 부여하는 것이 아니라 가족이 스스로 가족성원을 돌볼 수 있는 경제적 및 윤리적 토대를 구축해가는 노력이 동시에 이루어질 때, 국가의 복지재정에 대한 압박도 감당이 가능해질 것이다. 그러므로 사회복지정책에서는 가족의 손에서 국가가 넘겨받아 사회복지의 온전한 책임을 지기보다는 가족을 복지책임을 나누어질 책임주체로 바라보고, 그 가족의 복지기능과 역량을 키워 가기 위한 정책들을 적극적으로 시행해 나가야 할 것이다.

13-23

맹자가 말했다. "농지의 경계를 잘 정리해주고 세금을 적게 거둔다면, 백성들을 부유하게 할 수 있다." (孟子曰 易其田疇하며 薄其稅斂이면 民可使富也니라. 진심장구 상-23)

◈ 다리 놓기

정치든 복지든 목표는 국민들이 안정된 삶을 영위하도록 하는 데 있다. 맹자의 말처럼 국민들이 스스로 일을 할 수 있도록 경제활동의 터전이 되는 일자리를 개발하는 것은 복지정책의 핵심과제 중 하나임에 분명하다. 국민 스스로가 스스로의 힘으로 적정수준의 생활을 영위할 수 있다면 시혜적 또는 보충적 복지급여의 필요성은 줄어들 수 있으며, 국민들이 느끼는 상대적 박탈감은 줄어들 것이다. 더 나아가 제한된 자원을 서로 차지하기 위해 서로 다투는 경쟁사회의 모습 또한 줄어들 것이다. 따라서 사회복지정책의 기본 목표와 방향은 국민 스스로의 힘으로 삶을 꾸려 나갈 수 있도록 돕는 것, 즉 자립생활의 지원이 되어야 마땅하다.

13-24

흐르는 물이 흐를 수 있는 것은 웅덩이가 차지 않으면 흘러가지 않은 것에 있듯이, 군자가 도에 뜻을 두더라도 문장을 이루지 않으면 통달할 수가 없다. (流水之爲物也에 不盈科면 不行하나니 君子之志於道也에도 不成章하면 不達이니라. 진심장구 상-24)

🪷 다리 놓기

사회복지실천가는 높은 수준의 가치, 지식, 기술을 갖추어야 하지만, 이 셋은 하루 아침에 갖출 수 있는 것이 아니다. 물이 웅덩이를 채운 다음에야 흐를 수 있는 것과 마찬가지로, 사회복지실천가가 전문적 역량을 기르기 위해서는 단계적 교육훈련과정을 차근차근 밟아 나가야만 한다. 그렇지 않고 엽등(躐等), 즉 특정 단계를 건너뛰는 경우에는 사상누각이 될 위험이 높다. 높이 올라갔으나 기초가 부실하여 한순간에 무너져 내릴 수 있는 것이다. 그러므로 힘들고 오랜 시간이 걸릴지라도 밑바닥부터 하나하나 계단을 밟아 올라 꼭대기에 이르는 자기계발의 과정을 밟아 나가야만 전문 사회복지실천가로서의 자질을 갖추게 될 것이다.

13-25

순임금과 도척을 나누는 차이를 알고자 한다면, 다른 것이 없다. 이익[利]과 선(善)의 작은 차이이다. (欲知舜與蹠之分인댄 無他라 利與善之間也니라. 진심장구 상-25)

🪷 다리 놓기

순임금은 성인인 반면 도척은 노나라의 도둑이다. 순임금은 부지런히 선행을 한 반면 도척은 부지런히 이익을 추구하는 행동을 했으니, 이 둘은 굳이 비교하지 않아도 서로 다르다. 그런데 맹자는 선한 행동과 이익 추구 행위 사이에는 아주 작은 차이만 있다고 말하면서, 사회복지실천가에게 이익 추구 행위와 선행을 잘 구분하여야 한다고 경고하고 있다.

　　사회복지실천가가 내담자의 삶의 형편을 보살피는 것은 분명 선한 행동이지만, 내담자가 필요로 하는 물건을 모두 가져가자니 너무 짐이 많아 내담자의 의사도 확인하지 않고 그 중의 일부를 다음에 가져다주기로 결정했다고 해보자. 이때 내담자가 살아가는 데 필요한 물품의 일부를 놓고 가는 것은 사회복지실천가 스스로 편안하게 서비스하는 방법을 선택한 것이다. 사회복지실천가에게는 단순히 짐으로 보일지 모르지만, 내담자에게는 생활필수품이다. 생활필수품을 짐으로 여기는 것은 내가 편하고자 하는 작은 이기심이 작동한 것에 다름 아니다. 이처럼 사회복지실천가가 열심히 내담자를 돕는 선행을 하더라도, 그 과정에 작디작은 이익 추구 행위가 개재될 위험성은 얼마든지 있다. 이런 눈에 잘 띄지 않는 작은 이익 추구 행위를 스스로 검속하고 통제하는 것도 사회복지실천가의 책임 중 하나이다.

13-26

한 쪽을 잡는 것을 미워하는 까닭은 도를 해치기 때문이니, 하나를 들고 백가지를 폐하는 것이다. (所惡執一者는 爲其賊道也니 擧一而廢百也니라. 진심장구 상-26)

다리 놓기

　　맹자는 이 장구에서 양자(楊子)는 자신의 이익만 취할 뿐 다른 사람을 사랑으로 보살피지 않았으며, 묵자(墨子)는 차별 없는 보편적 사랑인 겸애(兼愛)를 주장하여 인륜을 무시하였으며, 자막(子莫)은 양자와 묵자의 중간을 취했으나 그 중간에 고착되어 있는 문제가 있다고 비판한다. 그러면서 어느 한쪽에 치우침으로써 생겨나는 병폐를 이 장구에서 지적하고, 이런 병폐에서 벗어나는 방법은 중도를 잡는 것이라고 말하고 있다.

　　사회복지에서 논쟁의 대상이 되는 것이 바로 개인의 변화와 환경의 변화 중에서 어느 것이 더 우선되어야 하는가의 문제이다. 그러나 답은 정해져 있지 않다.

상황에 따라 개인의 변화가 우선시되어야 할 때가 있고, 환경의 변화가 우선시되어야 할 때가 있다. 내담자의 문제를 해결하기 위한 개입의 우선순위는 바로 때와 상황에 따라 달라지기 때문에, 상황에 맞게 권도를 발휘하여 그 상황에 적합한[時中시중] 개입방법을 선택하는 것이 사회복지실천가의 가장 바람직한 실천원칙이다.

🔵 13-27

사람이 굶주림과 목마름의 해로움으로써 마음의 해로움을 받지 않는다면, 남에게 미치지 못함을 걱정할 것이 없을 것이다. (人能無以饑渴之害로
인 능 무 이 기 갈 지 해

爲心害면 則不及人을 不爲憂矣리라. 진심장구 상-27)
위 심 해   즉 불 급 인   불 위 우 의

🔷 다리 놓기

목마름과 굶주림과 같은 본능적 욕망과 부귀영화를 누리는 것에 마음이 동요되지 않고 사람 사랑의 가치를 보존할 수 있다면, 사회복지실천가는 자신의 사명과 과업을 이행하는 데 걱정하지 않아도 된다. 반면 본능과 사욕, 외물의 유혹에 휘둘리게 되면, 사람 사랑의 가치는 마음에 보존되지 않고 도망쳐 없어질 것이 분명하다. 사회복지실천가 또한 인간이기에 본능을 충족하고 부귀영화를 누리고 싶은 사심(私心)이 생기는 것은 어쩔 수 없을지 모르지만, 그것 때문에 사람을 섬기고 세상에 헌신하고자 했던 본연의 마음까지 흔들려서는 안 될 것이다.

🔵 13-28

맹자가 말했다. "류하혜는 삼공(三公)의 벼슬로 그 절개를 바꾸지 않았다." (孟子曰 柳下惠는 不以三公易其介하니라. 진심장구 상-28)
맹 자 왈   류 하 혜   불 이 삼 공 역 기 개

🔷 다리 놓기

노나라의 뛰어난 신하였던 류하혜는 더러운 임금을 섬기는 것을 수치로 생각하지 않았고, 미관말직이라도 사양하지 않았으며, 내침을 당해도 원망하지 않았

고, 곤궁한 상황에 빠져도 번민하지 않았다. 즉, 류하혜는 다른 사람과 조화로운 관계를 맺으면서도 잘못된 세상의 시류(時流)와 결탁하지 않았다.

　　사회복지실천가 역시 세상을 살다보면 못된 윗사람을 만나 험한 일을 당할 수도 있고, 열심히 일했음에도 자리는 높아지지 않아 좌절할 때도 있고, 원치 않게 조직을 떠나야 할 때도 있고, 먹고 살기 힘든 빈천한 상황에 내몰릴 수도 있다. 일반적으로 사람들은 이러한 상황에서 자신의 지조나 절개를 내다 버리고, 현실과 타협하는 경우가 많다. 그러나 류하혜처럼 사회복지실천가는 사람을 사랑하고 섬기며 아름다운 세상을 만들기 위해 헌신하겠다는 올바른 신념과 원칙을 지키려는 의지, 즉 사회복지실천가로서의 지조(志操)를 잃어서는 안 될 것이다. 지조를 잃고 시류를 타고 흘러가는 사회복지실천가의 삶은 뿌리가 없어 물 위를 이리저리 떠다니는 부초(浮草)가 될 뿐이니, 지조를 끝까지 잡아 지켜내야 한다.

🔷 13-29

맹자가 말했다. "좋은 일을 하는 자는 비유하면 우물을 파는 것과 같으니, 우물을 아홉 길을 팠더라도 샘물에 미치지 못하면 오히려 우물을 버리는 것이 된다." (孟子曰 有爲者 辟(譬)若掘井하니 掘井九軔이라도 而 不及泉이면 猶爲棄井也니라. 진심장구 상-29)

🔶 다리 놓기

　　남을 돕고 세상을 밝게 만드는 사회복지실천가는 분명 좋은 일을 하는 사람이다. 그러나 우물을 아무리 깊게 파도 물이 솟아나오지 않은 지점에서 파기를 멈추면 그 우물을 스스로 포기[自棄]하는 것이라는 맹자의 말처럼, 내담자를 도와서 그의 삶의 조건이 긍정적으로 변화하지 않는 상황에서 도움을 멈추게 되면 사회복지실천가 스스로 내담자를 포기해 버리는 것과 같다. 사회복지실천가는 어떤 상황에 처하든 내담자를 스스로 포기할 수 있는 권리는 없다. 내담자의 상황이 아무리 열악하고, 내담자가 원조과정에 저항하거나 거부하여도, 내담자가 앞으로 개

선될 기미가 보이지 않더라도, 사회복지실천가는 힘이 부족하여[力不足] 더 이상
은 안 되겠다며 내담자의 변화를 포기해서는 안 된다. 이것은 사회복지실천가가
반드시 따라야 하는 실천원칙이며 사회복지실천가의 기본 자세이다.

13-30

맹자가 말했다. "요임금과 순임금은 본성대로 한 것이고, 탕왕과 무왕은
몸으로 실천한 것이요, 다섯 패자는 빌린 것이다. 오래도록 빌리고 돌아
가지 않으니, 어찌 그것이 자신의 것이 아님을 알겠는가?" (孟子曰 堯
맹 자 왈 요

舜은 性之也요 湯武는 身之也요 五覇는 假之也니라 久假而不歸하
순   성 지 야   탕 무   신 지 야   오 패   가 지 야   구 가 이 불 귀

니 惡知其非有也리오. 진심장구 상-30)
오 지 기 비 유 야

🔹 다리 놓기

중국의 춘추시대의 제후 가운데, 가장 강대하여 한때 패업을 이룬 다섯 사람,
즉 제(齊)나라의 환공(桓公), 진(晉)나라의 문공(文公), 진(秦)나라의 목공(穆公),
송(宋)나라의 양공(襄公), 초(楚)나라의 장왕(莊王)을 오패(五覇)라고 부른다. 요임
금과 순임금은 타고난 선한 본성을 그대로 펼쳐 보이고, 탕왕과 무왕은 수신하여
도를 체득하여 그 본성을 회복하여 베푼 데 반하여, 이들 다섯 패자들은 인의(仁
義)의 가치를 전면으로 내세워서 자신의 권력욕을 충족시킨 자들이다. 오랫동안
인의의 가치를 내세워 백성들을 지배하게 되면서, 오패는 마치 자신들이 인과 의
를 실행하는 군주처럼 느끼게 되었다는 말이다.

사회복지실천가는 요임금과 순임금처럼 어떤 수련과정을 거치지 않고서 있는
그대로의 선한 본성대로 사람을 섬기고 세상을 변화시키기는 어렵다. 대신 탕왕
이나 무왕처럼 힘든 수신(修身) 과정을 거쳐 선한 본성을 다시 회복하여, 사회복
지실천가에게 주어진 사명과 과업을 이행할 수 있을 것이다. 그러므로 사회복지
실천가가 요순을 닮는 것이 어려울지라도 최소한 탕왕이나 무왕을 닮아가기 위해
수신의 과정을 한 순간도 멈춰서는 안 된다. 이렇게만 한다면 칭찬받을만한 사회

복지실천가가 될 것이 분명하다.

그런데 맹자의 말처럼 인의의 가치를 바깥에 내걸었지만 속으로는 자신의 권력욕을 채웠던 오패를 닮은 사회복지실천가는 없을까? 아니 분명 있다. 겉으로는 내담자를 돕고 세상을 변화시키는 데 헌신하는 것처럼 보이지만, 그 모두가 자신이 인정받고자 하는 욕구, 높은 지위와 권세를 차지하기 위한 욕심, 그리고 부귀영화를 누리기 위한 방편일 뿐이라면, 그 사회복지실천가는 춘추시대의 오패에 버금가는 선하지 못한 사회복지실천가라 칭할 수 있다. 요순, 탕무 그리고 오패 중 사회복지실천가가 닮아야 할 사람과 닮지 말아야 할 사람이 누구인지 분명해졌다. 결국 좋은 일 하는 선한 사회복지실천가가 되기 위해서는 자신의 마음속에 들어있는 선한 본성, 즉 인의예지의 덕성을 갈고 닦는 것이 가장 우선이다.

13-31

현자가 남의 신하가 되어 그 군주가 어질지 못하면 진실로 추방할 수 있습니까? (賢者之爲人臣也에 其君이 不賢이면 則固可放與잇가. 진심장구 상-31)

❖ 다리 놓기

탕왕(湯王)의 명재상이었던 이윤이 태갑(太甲)이 탕왕의 법도를 뒤집어엎자 그의 개과천선을 바라고 동(桐) 땅으로 추방하고, 태갑이 자신의 잘못을 뉘우치고 어질게 되자 다시 그를 돌아오게 한 사례를 들어, 제자 공손추(公孫丑)가 맹자에게 위와 같은 질문을 하였다. 이에 맹자는 이윤과 같은 뜻이 있다면 가능하지만, 그런 뜻이 없다면 왕위를 찬탈한 것이나 다름없다고 답한다.

사회복지조직의 최고관리자가 섬김의 사명을 다하는 데는 관심이 없고 오직 자신의 영달만을 추구한다면, 그의 개과천선을 목적으로 부하직원들이 그를 자리에서 내쫓기 위한 여러 가지 행동을 취하는 것은 충분히 있을 수 있는 일이다. 그러나 만약 최고관리자의 잘못을 고발하여 직위에서 물러나게 함으로써 부하직원 자신이 그 자리에 오르고 그 자리를 이용해 자신의 이익과 영달을 추구하려 한다면, 그것은 있어서는 안 되는 일이다. 그렇다면 그 사람 역시 가깝거나 먼 미래에 다른 사람에 의해 축출당하는 운명에 처하게 될 것이다.

사회복지실천가가 내담자의 변화를 위하여 최선의 노력을 기울임에도 불구하고 내담자는 사회복지실천가의 도움을 교묘히 이용만 할뿐 변화하고자 하는 의지가 전혀 없다면, 사회복지실천가는 내담자의 태도나 의식의 변화를 위해 일시적으로 서비스를 중단하는 것도 가능하다. 물론 이때 사회복지실천가가 서비스를 중단하는 의도는 내담자에 대한 나쁜 감정 때문이거나 내담자를 힘들게 할 목적이어서는 안 되며, 내담자 스스로 잘못된 의도와 태도를 변화시킬 수 있는 기회를 주는 데 목적이 있어야 한다.

13-32

맹자가 말했다. "군자가 한 나라에 살게 되어 군주가 등용하여 쓰게 되면 나라가 평안해지고 부유해지고 국위가 올라가고 번영하게 되며, 자제들이 가르침을 따르면 효제충신(孝悌忠信)하게 되니, 공밥을 먹지 않는 것이 무엇이 이보다 더 크겠는가?" (孟子曰 君子居是國也에 其君이 用之면 則安富尊榮하고 其子弟從之면 則孝弟忠信하나니 不素餐兮 孰大於是리오. 진심장구 상-32)

◈ 다리 놓기

공손추가 《시경》의 '공밥을 먹는 사람이 아니다.'는 구절을 인용하여 군자가 농사도 짓지 않고 밥을 먹기 때문에 공밥을 먹는 사람에 해당되는 것 아니냐고 묻자, 맹자가 위와 같이 답한다. 맹자는 군자가 농사는 짓지 않지만, 벼슬을 하여 제도를 정비하고 백성을 교화함으로써 나라 전체의 번영과 발전을 도모하기 때문에 공밥 먹는 사람이 아님에 분명하다고 말하고 있다.

사회복지실천가는 나라의 발전에 기여하는 재화를 생산하는 일을 하지 않고,

조세나 이용자가 납부한 이용료로 내담자의 삶의 질을 향상시키고 지역사회를 사람살기 좋은 세상으로 변화시키기 위해 다양한 개입활동을 한다. 즉, 사회복지실천가는 군자처럼 재화 생산을 위한 노동을 하지는 않지만, 국민의 삶의 질 향상과 사회적 조건의 개선에 기여하는 바가 매우 크다. 그런 점에서 사회복지실천가는 군자처럼 '공밥 먹는 사람이 아니다.' 하지만 사회복지실천가 중에서는 본연의 과업인 서비스나 원조활동에는 소홀히 하면서, 국민의 세금으로 마련된 급여를 꼬박꼬박 받아가는 경우도 있다. 이처럼 사회복지실천가가 맡겨진 일은 대충하고 녹봉을 받아가기만 한다면, 그를 공밥 먹는 사람 또는 밥만 축내는 식충(食蟲)이라고 비난해도 뚜렷이 변명할 말을 찾기 어려울 것이다.

13-33

인에 거하고 의를 따른다면, 대인의 일이 구비된 것이다. (居仁由義면
大人之事 備矣니라. 진심장구 상-33)

다리 놓기

맹자는 선비[士]는 높은 벼슬을 하지도 농업과 같은 생업에도 종사하지 않지만, 뜻[志]을 오직 인의(仁義)에 두게 되면 장차 높은 벼슬아치들이 하는 일을 충분히 해낼 수 있다고 말하고 있다. 이러한 인의의 가치는 사회복지실천가의 기본 가치이다. 사람을 사랑하고 보호하며, 세상의 정의로움을 지켜내는 것이 사회복지실천가가 추구해야 할 기본적 가치이고, 실천과정에서 반드시 지켜야 하는 행동의 원칙이기도 하다. 이처럼 사회복지실천가가 맡겨진 업무를 성실히 수행하면서 인의의 가치를 더욱 돈독히 하게 된다면, 앞으로 더 높은 지위에 올랐을 때 그에 걸맞은 역할을 충분히 수행할 수 있게 될 것이다.

13-34

사람에게는 인륜보다 더 큰 것이 없거늘 친척, 군신과 상하가 없으니 그

> 작은 것을 가지고 큰 것이라 믿는 것이 어찌 있을 수 있는 일이겠는가?
> (人莫大焉이어늘 亡(無)親戚君臣上下하니 以其小者로 信其大者
> 인 막 대 언   무 무 친 척 군 신 상 하   이 기 소 자   신 기 대 자
> 가 奚可哉리오. 진심장구 상-34)
>   해 가 재

◈ 다리 놓기

맹자는 제나라 선비 진중자가 의롭지 않은 방식으로 제나라를 주어도 받지 않겠지만, 친척, 군신, 상하 간의 윤리를 존중하지 않는다고 비판하고 있다. 즉, 맹자는 작은 청렴으로 인간으로서의 기본 도리를 지키지 않는 것을 감추는 것은 불가능하다고 진중자를 비판한다.

사회복지실천가가 내담자에게 서비스를 제공하고 그에 대한 어떠한 보상도 원하지 않는 것은 올바른 처신이다. 그러나 내담자에게 서비스를 제공함에 있어서는 이처럼 청렴한 태도를 보이지만, 사회복지조직 내에서 윗사람과 동료 직원 그리고 아랫사람에 대해 지켜야 할 예의를 지키기 않고, 행정업무 처리도 오류가 있으며, 가족과는 갈등을 일으키고 있다면, 이는 사회복지실천가로서 올바른 처신이 아니다.

진정한 사회복지실천가가 되려면, 내담자에게 서비스를 제공하는 데도 최선을 다해야 하지만, 자신과 관계를 맺고 있는 가족, 조직성원과의 관계에서 지켜야 할 기본적 도리 또한 잘 지켜야 한다. 어느 한 측면만 뛰어나다고 하여 사회복지실천가가 아니다. 사회복지실천가이기 이전에 인격적으로 성숙한 사람이 되어야만 진정한 전문가가 될 수 있는 것이다.

13-35

> 순임금이 어떻게 금지할 수 있겠는가? (고요는) 전수받은 바가 있는 것이

다. (夫舜_{부순}이 惡得而禁之_{오득이금지}시리오 夫有所受之也_{부유소수지야}니라. 진심장구 상-35)

🔷 다리 놓기

　맹자의 제자 도응(桃應)이 '순임금이 천자이고 고요(皐陶)가 법 집행관일 때, 순임금의 아버지 고수(瞽瞍)가 살인을 하는 일이 벌어진다면, 고요와 순임금이 어떻게 행동해야 하는가?'를 맹자에게 질문하였다. 이에 맹자는 고요는 아무리 천자의 아버지라 할지라도 법을 적용함에 있어서 예외를 두어서는 안 되며, 순임금은 아버지가 법정형을 받지 않도록 천자의 지위를 내려놓고 먼 곳으로 도망가서 아버지를 잘 모시는 행동을 하게 될 것이라고 말하고 있다.

　사회복지실천가는 내담자가 법을 위반한 행위를 했다면 어떻게 할 것인가? 고요처럼 마땅히 내담자가 법적 조치를 따르도록 해야 한다. 만약 죄지은 내담자가 자신의 가족이라면 어떻게 해야 하는가? 순임금 시대와는 달리 범인을 은닉하는 것 역시 법을 어기는 것이니 순임금처럼 범죄자를 은닉하는 행동을 해서는 안 된다.

　이 장구를 통해 맹자가 말하고 싶은 진의(眞意)는 부모에게 효도해야 한다는 인륜이 법보다 우선이어야 한다는 점이다. 현대사회에서 설령 자신의 가족이라 해도 내담자의 범법행위를 눈감아 줘서는 안 되며, 법적 절차에 따라 처벌을 받도록 하는 것이 옳은 선택이다. 그 기간 동안에도 범죄자라 하여 인간적 보살핌까지 소홀해서는 안 되며 교정복지기관에 서비스를 의뢰하는 것이 바람직할 것이다.

🔶 13-36

　맹자가 범 땅에서 제나라로 가서, 제나라 왕자를 보고 탄식하며 말했다. "거처하는 곳이 사람의 기운을 바꾸고, 영양이 사람의 몸을 바꾼다. 크구나, 그 거처함이여. 모두 사람의 자식이 아니겠는가? ······ 하물며 천하의 광대한 거처[仁_인]에 사는 자는 어떻겠는가?" (孟子自范之齊_{맹자자범지제}러시니 望見_{망견}

齊王之子하시고 喟然歎曰 居移氣하며 養移體하나니 大哉라 居乎여
제 왕 지 자   위 연 탄 왈 거 이 기   양 이 체   대 재   거 호

夫非盡人之子與아 …… 況居天下之廣居者乎아. 진심장구 상-36)
부 비 진 인 지 자 여   황 거 천 하 지 광 거 자 호

◈ 다리 놓기

이 장구에서 보듯 인간은 '환경속의 존재(person in environment)'이고, '생물-심
리-사회적 존재(bio-psycho-social being)'이다. 맹자는 제나라 왕자를 보고 그가
살고 있는 지리적 환경이 그의 기질을 형성하는 데 영향을 미치며, 그가 섭취하는
영양분이 그의 신체를 구성하는 데 영향을 미친다고 말하고 있다. 맹자는 이 장구
에서 인간의 신체적 요인보다는 외부 환경의 영향으로 형성된 기질적 요인이 더
중요함을 강조하고 있다. 그리고 이 장구의 후반부에서 맹자는 천하의 광대한 거
처라는 은유적 표현으로 사람이 마음속 인의 가치에 거주한다면 지리적 환경의
영향보다 더 많은 영향을 받을 것이라고 강조하고 있다. 따라서 인간을 온전히 이
해하기 위해서는 외부 환경이 미치는 영향과 인간의 생물, 심리, 사회적 요인을
동시에 고려해야만 한다.

13-37

맹자가 말했다. "먹이기만 하고 사랑하지 않으면 돼지로 여겨 대접하는
것이며, 사랑하기만 하고 공경하지 않으면 가축으로 여겨 그를 기르는 것
이다." (孟子曰 食而弗愛면 豕交之也요 愛而不敬이면 獸畜之也니
          맹 자 왈 사 이 불 애   시 교 지 야   애 이 불 경   수 휵 지 야
라. 진심장구 상-37)

◈ 다리 놓기

맹자는 사람과 교제함에 있어서 사랑하지도 않으면서 먹을 것만 대접하는 것
은 돼지에게 하는 행동과 같고, 사랑은 하지만 공경하지를 않는다면 이는 가축을
기르는 것과 같다고 말하고 있다. 《논어》에서도 사람처럼 개와 말도 봉양을 잘
하지만, 사람의 봉양은 공경을 기반으로 할 때만 의미를 지닌다고 지적하고 있다.

사회복지실천가가 내담자에게 서비스를 제공함에 있어서 사랑하는 마음과 공경하는 마음이 뒷받침되지 않는다면, 그 서비스는 개와 말 그리고 돼지를 기르는 것과 다름없는 행동임을 깊이 새겨야 할 것이다. 인간 존엄성의 존중, 즉 인의 가치를 기반으로 촉진적 원조관계를 형성한 이후에 내담자가 필요로 하는 서비스나 자원을 제공하는 것이 사회복지실천의 기본 원칙이다.

> **13-38**
>
> 맹자가 말했다. "형색은 천성이니 오직 성인이 된 뒤에야 형색을 실천할 수 있는 것이다." (孟子曰 形色은 天性也니 惟聖人然後에 可以踐形
> 맹 자 왈 형 색   천 성 야   유 성 인 연 후   가 이 천 형
> 이니라. 진심장구 상-38)

◈ 다리 놓기

이 장구에서 형색은 겉으로 드러난 외면인데, 그 형색에는 하늘로부터 부여받은 본성이라는 것이 내재되어 있다. 이처럼 내면에 지닌 본성이 외면으로 드러나기 때문에 맹자는 형색이 천성이라 한 것이다. 이 말에 의하면 사회복지실천가의 겉으로 드러난 외모, 태도, 행동은 모두 그의 마음속에 있는 본성의 상태를 반영한 것이다. 만약 사회복지실천가가 맹자가 말하는 인의예지의 선한 본성을 마음속에 깊이 간직하지 못한다면, 그의 행동은 인간봉사전문직 종사자답지 않은 행동이 될 가능성이 높다. 설령 선한 본성을 보존하고 갈고 닦지 못했다는 것을 들키지 않기 위해 겉으로 형색을 꾸밀 수는 있지만, 그 꾸밈은 금방 드러나게 되어 있다. 이처럼 인간의 내면이 곧 외면으로 드러나게 되어 있으니, 사회복지실천가는 마음속에 내재된 선한 본성을 잘 보존하고 갈고 닦아야 할 것이다.

13-39

(앞에서 말한 것은) 아무도 금지하지 않는 데도 스스로 알아서 스스로 하지 않는 경우를 말한 것이다. (謂夫莫之禁而弗爲者也니라. 진심장구 상-39)
위 부 막 지 금 이 불 위 자 야

다리 놓기

맹자는 이 장구에서 제나라 선왕이 상(喪)을 치르는 기간을 단축하려 하고, 적자와 서자의 차별 때문에 어머니를 여읜 왕자가 삼년상(三年喪)을 치르지 못하는 문제점을 제시하고 있다. 예에 따르면 당연히 그 상기(喪期)를 다 채워야 하고 또 그럴 수 있는데도 불구하고 이를 제대로 이행하지 않은 것은 그가 스스로 그렇게 할 마음이 없기 때문에 생긴 일이라고 맹자는 지적하고 있다.

사회복지실천가가 내담자를 돕는다 하더라도 변화를 도모해야 할 주체는 내담자 자신임에 틀림없다. 아무리 사회복지실천가가 옆에서 변화를 권면하여도, 내담자 스스로가 변화하고자 하는 동기가 없다면 변화는 일어나기 어렵다. 맹자의 말처럼 스스로 하려 하지 않는다면, 내담자에게는 어떤 변화도 일어나지 않을 것이다. 그러므로 사회복지실천가는 비자발적이거나 저항하는 내담자의 변화를 도모하기에 앞서 그의 마음속에 변화의 동기를 먼저 불러일으켜야 할 것이다.

13-40

맹자가 말했다. "군자가 가르쳐 주는 바는 다섯 가지가 있다. 때에 맞춰 내리는 단비처럼 그들이 자라나도록 하는 경우가 있으며, 덕을 이루게 하는 경우가 있으며, 재능을 통달하게 하는 경우가 있으며, 물음에 답하는 경우가 있으며, 사사롭게 선으로 다스리는 경우가 있으니, 이 다섯 가지는 군자가 가르쳐 주는 바이다." (孟子曰 君子之所以教者 五니 有如
맹 자 왈 군 자 지 소 이 교 자 오 유 여
時雨化之者하며 有成德者하며 有達財(材)者하며 有答問者하며 有
시 우 화 지 자 유 성 덕 자 유 달 재 재 자 유 답 문 자 유
私淑艾者하니 此五者는 君子之所以教也니라. 진심장구 상-40)
사 숙 예 자 차 오 자 군 자 지 소 이 교 야

◈ 다리 놓기

　이 장구에서는 군자가 사람을 가르치는 다섯 가지 방법을 말하고 있다. 가장 높은 수준의 교육은 스스로의 노력으로 일정 수준에 도달했으나 마지막 막힌 부분이 있어 더 성장하지 못할 때 그 막힌 부분을 뚫을 수 있는 실마리를 제공하여, 배우는 자가 스스로 답을 찾아 성장할 수 있도록 하는 방법이다. 두 번째는 타고난 본성을 갈고 닦아 덕을 이루게 하는 방법이고, 세 번째는 타고난 재능을 키울 수 있도록 가르치는 방법이다. 네 번째는 질문에 답함으로써 가르치는 방법이고, 다섯 번째는 직접 가르치지 않지만 문하의 제자에게 간접적으로 배우거나 전해들은 바를 통해 간접적으로 배우도록 하는 방법이다. 위의 다섯 가지 교육방법 중 가장 뛰어난 제자를 가르치는 방법은 첫 번째이고, 맨 마지막 방법은 간접적으로 가르치는 것으로 점점 가르침의 수준이 낮아지고 있다.

　사회복지실천가가 내담자의 변화를 돕는 방법도 그의 재능과 장점, 문제, 특성에 따라 달라야 한다. 즉, 스스로 변화하려는 내담자를 도움에 있어서는 그의 변화노력을 적극 지지하고 스스로 변화시키지 못하는 작은 부분을 해결할 수 있도록 실마리를 제공하면 된다. 그러나 변화의 동기와 능력이 부족한 내담자는 사회복지실천가가 직접 나서서 변화를 이끌어야 할 것이며, 직접 도움을 제공할 수 없는 내담자에게는 간접적인 방법을 통해서라도 도와야 한다. 맹자가 '군자는 재질에 따라 가르치되 결코 사람을 포기하지 않는다.'고 한 말처럼, 사회복지실천가 역시도 내담자를 그의 특성과 상황에 맞춰 도와주되 끝까지 그를 포기해서는 안 될 것이다.

13-41

맹자가 말했다. "큰 목수는 서툰 목공을 위하여 먹줄과 먹통을 고치거나 바꾸지 않으며, 명궁인 예(羿)는 서툰 궁사를 위하여 활시위를 당기는 법을 바꾸지 않는다." (孟子曰 大匠이 不爲拙工하여 改廢繩墨하며 羿不爲拙射하여 變其彀率이니라. 진심장구 상-41)

❖ 다리 놓기

맹자는 바로 앞 장구에서 자질에 맞게 가르쳐야 한다고 말했다. 그런데 이 장구에서는 뛰어난 목수와 궁사가 서툰 목수와 궁사에게 쉽게 배울 수 있도록 기준을 낮추지 않고 자신의 높은 기준을 유지하면서 그것을 실행하는 것을 보여주면, 배우고자 하는 마음이 절실한 사람은 언젠가는 그들을 따라할 수 있게 된다고 말하고 있다. 이 두 장구를 종합해 보면, 분명 배우는 자의 자질에 따라 가르쳐야 하지만, 배움이 높은 수준에 이르게 하려면 가르치는 자가 자신의 높은 기준을 실행에 옮기는 것을 보여줌으로써, 배우려는 의지가 적극적인 자가 스스로 분발하고 노력하여 그 기준에 이르도록 가르치는 것이 좋다고 말하고 있다.

사회복지실천가 역시 교육과정에서 내담자의 수준에 맞게 도와야 한다고 배워왔기 때문에, 내담자에 맞게 원조와 변화의 기준을 낮추어서 내담자가 쉽게 그러한 변화에 도달할 수 있도록 도우려는 경향이 있다. 물론 제기된 문제를 해결하거나, 작은 변화를 일으키기 위해서는 내담자의 수준에 맞춰 그를 도와야 한다. 그러나 내담자의 변화 동기가 높은 경우에는 높은 수준으로의 성장과 발전으로 이끌기 위해 사회복지실천가가 높은 수준의 목표와 기준을 제시하고 이에 도달하는 방법을 직접 모델이 되어 보여줌으로써, 내담자가 스스로의 노력으로 높은 수준의 변화와 성장을 도모할 수 있도록 돕는 것이 더욱 바람직해 보인다.

13-42

맹자가 말했다. "천하에 도가 있을 때에는 도로써 몸을 따르게 하고, 천하에 도가 없을 때에는 몸으로써 도를 따르는 것이니, 도를 가지고 남을 따른다는 것은 나는 아직 듣지 못하였다." (孟子曰 天下有道엔 以道殉身하고 天下無道엔 以身殉道하나니 未聞以道殉乎人者也로라. 진심 장구 상-42)

◈ 다리 놓기

　천하에 도가 행해지면 나아가서 그 도를 몸으로 실행에 옮기고, 천하에 도가 행해지지 않으면 물러나 몸에 도를 닦아 익혀야 할 뿐이다. 그렇지 않고, 도에는 관심조차 없고, 오직 사람을 따르는 것은 있어서는 안 된다고 맹자는 말하고 있다.

　사회복지실천가는 자신이 속한 조직이 내담자를 섬기고 세상을 변화시키는 일에 헌신한다면 그 속에서 사람과 세상을 위해 열심히 일해야 한다. 그러나 그 반대의 경우에는 물러나 사회복지실천가로서의 정체성을 유지하고, 전문역량을 갈고 닦아 다음에 섬김의 사명을 더 잘 이행하기 위한 준비를 하는 것이 바람직하다. 그런데 사회복지실천가 중에는 사회복지조직이 사명 이행에 어느 정도 헌신하는지에는 관심조차 없고, 윗사람이 자신을 좋아해줘서 아니면 복리후생제도가 좋아서 그 조직이 요구하는 일이면 그것이 무엇이든 따르는 경우도 있다. 반대로 조직과 사람이 싫어서, 조직과 사람이 원하는 것과 반대되는 행동을 하기도 한다. 사회복지실천가의 이러한 행동은 맹자가 말한 도를 내려놓고 사람을 따르는 것이나 진배없다.

　사회복지실천가가 따라 걸어야 하는 길, 즉 도는 사람이나 조직이 아니라 바로 사회복지전문직의 사명과 목표이다. 사회복지실천가는 곁눈질하지 말고, 오직 사회복지의 사명과 목표, 실천원칙을 푯대삼아 뚜벅뚜벅 끝까지 걸어가야 한다.

13-43

맹자가 말했다. "귀한 신분을 믿고 물으며, 어짊을 믿고 물으며, 나이 많음을 믿고 물으며, 공로가 있음을 믿고 물으며, 저의를 가지고 묻는 경우에는 모두 대답하지 않는 것이니, 등갱이 이 가운데 두 가지를 가지고 있었다." (孟子曰 挾貴而問하며 挾賢而問하며 挾長而問하며 挾有勳勞而問하며 挾故而問이 皆所不答也니 滕更이 有二焉하니라. 진심장구 상-43)

❖ 다리 놓기

　등나라 군주의 아우인 등갱이 질문을 하여도 그에 대해 답을 하지 않은 일이 있었는데, 맹자는 등갱이 진정으로 배우고자 하는 마음이 없이 자신이 신분이 높고 어질다고 우쭐대며 질문하였기 때문에 그의 질문에 대답해주지 않았다. 《논어》에 불치하문(不恥下問), 즉 아랫사람에게 묻기를 부끄러워하지 말라는 말이 있다. 배우는 자는 아랫사람에게도 물어서 배우고자 하는 태도를 보여야 한다는 것이다. 사회복지실천가 역시 불치하문이란 진정한 배움의 자세를 갖추어야 한다.

　사회복지실천과정에서 사회복지실천가가 내담자를 어떻게든 도와주려고 하여도, 이런 저런 핑계거리를 만들어 스스로 변화하려는 동기도 없고 노력도 하지 않는 내담자를 만날 수 있다. 이때 사회복지실천가는 맹자가 등갱의 질문에 대한 답을 해주지 않는 것과 같은 행동을 해도 괜찮을 것인가? 물론 내담자에 대한 원조를 중단하여 그의 변화 동기를 불러일으킬 수 없는 것은 아니다. 그러나 원조 중단이 지니는 부정적 효과가 클 수 있으므로, 사회복지실천가는 내담자의 자발적 변화 동기를 유발하기 위한 노력을 꾸준히 전개해야 한다.

13-44

맹자가 말했다. "그만두어서는 안 될 경우에 그만두는 자는 그만두지 못할 것이 없고, 후하게 해야 할 경우에 박하게 한다면 박하지 않은 것이 없을 것이다. 그 나아감이 빠른 자는 그 물러남도 빠르다." (孟子曰 於
맹 자 왈 어
不可已而已者는 無所不已요 於所厚者에 薄이면 無所不薄也니라
불 가 이 이 이 자　　　무 소 불 이　　　어 소 후 자　　　박　　　무 소 불 박 야
其進이 銳者는 其退速이니라. 진심장구 상-44)
기 진　　예 자　　기 퇴 속

❖ 다리 놓기

　사회복지실천과정에서 내담자가 작은 어려움에 직면하게 되면 그것을 극복하지 못하고, 자신은 역부족이라면서 중도에 변화의 노력을 그만두려 하는 경우가 있다. 이렇게 작은 어려움에도 중도에 포기하는 선례가 생기면, 그 다음 번에는

그보다 더 작은 어려움에 직면하더라도 또다시 포기해 버리려 할 것이다. 따라서 사회복지실천가는 내담자가 변화과정에서 중도에 포기하지 않도록 심리사회적 지지를 꾸준히 제공하여, 장애나 난관을 극복하는 작은 성공 경험들을 쌓아갈 수 있도록 도와야 한다.

사회복지실천가가 내담자를 도움에 있어서 필요 이상의 서비스를 제공하기도 하며, 필요한 것보다 적은 종류와 양의 서비스를 제공하는 경우도 있다. 두 가지 경우 모두 내담자의 삶의 조건을 변화시키는 데 적절하지 않다는 것을 알 것이다. 따라서 사회복지실천가는 내담자의 상황이나 문제의 특성을 종합적으로 고려하여, 적정 수준의 맞춤형 서비스를 제공하기 위해 노력해야 한다.

사회복지실천을 통하여 내담자나 지역사회를 변화시키는 것이 말처럼 쉽지 않다. 변화의 과정에서 나아가고 물러남을 반복하기도 하고, 어떤 때는 빠르게 또 어떤 때는 아주 느리게, 때로는 도움에도 불구하고 오히려 퇴보하는 경우도 있다. 그런데 사회복지실천과정에서 접수-관계형성-자료수집과 사정-목표설정과 계획-개입-점검과 조정-종결과 평가의 일련의 단계를 적절히 거치지 않고, 특정 단계를 생략하거나 건너뛰게 되면, 어떤 변화가 일어나도 그 변화가 되돌려지고, 오히려 퇴보하는 경우도 생기게 된다. 이를 방지하기 위해서 사회복지실천가는 내담자의 단계적이고 점진적 변화를 도모하기 위해 사회복지실천과정의 각 단계에서 이행해야 할 실천과제들을 충실히 이행해야 할 것이다.

🔷 13-45

맹자가 말했다. "군자가 사물을 대함에 있어서는 아끼기만[愛] 하고 인하지 않으며, 백성을 대함에 있어서는 인(仁)하지만 친하지[親] 않으니, 친척을 친하게 한 후에야 백성을 인하게 하고서 사물을 아낄 수 있다." (孟子

曰 君子之於物也에 愛之而弗仁하고 於民也에 仁之而弗親하나니 親親而仁民하고 仁民而愛物이니라. 진심장구 상-45)

❖ 다리 놓기

사물을 아끼는 것[愛物], 백성에게 인한 것[仁民] 그리고 친척을 친하게 하는 것
[親親]은 모두 사랑하는 것으로 광의의 개념으로는 모두 인(仁)에 속한다. 그러나
친척을 친히하는 것이 인(仁) 중에서도 가장 우선순위가 높으며, 그 다음이 백성
에게 인하게 하는 것이며, 그 이후에 사물을 아끼는 것이다. 즉, 친친(親親)한 후
에 인민(仁民)할 수 있고, 인민한 후에 애물(愛物)할 수 있는 것이다.

이러한 맹자의 인에 대한 개념은 사회복지의 이념 또는 방향과 연결지어 볼 수
있다. 보수적 복지이데올로기에서는 경제적 성장이 이루어지면 그 효과가 복지
로 이어지게 된다는 낙수효과(trickle down effect, 落水效果)를 복지의 기본 방향이
라고 본다. 즉, 분배보다는 성장에, 형평성보다는 효율성에 우선을 두는 복지이념
이다. 이에 반해 유학의 복지이념은 물결효과(ripple effect)라고 할 수 있다. 즉, 가
장 가까이에 있는 부모, 형제, 자녀 등의 가족과 친족을 가장 우선적으로 보호하
고 난 후, 이웃으로 그 보살핌을 확대해 가고, 점점 그 보살핌의 영역을 전 국민으
로까지 넓혀 나가고, 마지막으로는 자연환경이나 동물 또는 사물로까지 확대해
나가는 것을 이상적인 복지의 방향으로 간주한다.

🌐 13-46

맹자가 말했다. "지혜로운 자[智者]는 모르는 것이 없어야겠지만 무엇보다
마땅히 힘써야 하는 일을 먼저 하고, 인자(仁者)는 사랑하지 않음이 없어
야겠지만 무엇보다 어진 이를 친히 하는 일을 먼저 해야 한다." (孟子曰
知(智)者無不知也나 當務之爲急이요 仁者無不愛也나 急親賢之
爲務니. 진심장구 상-46)

❖ 다리 놓기

맹자가 앞 장에서 언급했듯이 친친(親親), 인민(仁民), 애물(愛物)의 순으로 인을

실천에 옮기듯, 사회복지실천은 개인과 가장 가까운 부모와 가족을 보살피는 것
에서부터 시작하여, 이웃과 국민으로 그리고 더 나아가서는 온 세상 사람으로 확
대해 나가야 하는 것이다. 그리고 사회복지실천과정에서는 내담자의 삶의 조건
을 변화시키기 위해서는 무엇부터 도와서 해결하고 변화시켜야 하는지 개입의 우
선순위를 정확히 설정하고, 그 순서에 따라 단계적으로 개입해야 한다. 즉, 사회
복지실천의 개입은 그 본말(本末), 시종(始終), 선후(先後)를 고려하여 단계적으로
이루어져야 한다.

14. 진심장구 하(盡心章句 下)

14-1

맹자가 말했다. "인하지 못하구나, 양나라 혜왕이여! 인자는 그 사랑하는 바로써 사랑하지 않는 바에 미치고, 인하지 못한 자는 사랑하지 않는 바로써 사랑하는 바에 미친다." (孟子曰 不仁哉라 梁惠王也여 仁者는 以其所愛로 及其所不愛하고 不仁者는 以其所不愛로 及其所愛니라. 진심장구 하-1)

◈ 다리 놓기

맹자는 양나라 혜왕이 백성을 전쟁터로 내몰아 죽이고, 전쟁에서 잃은 땅을 얻기 위해 자식을 전쟁터에 나서게 하여 잃게 되는 것을 보고 불인(不仁)하다고 비판하고 있다. 즉, 왕이 어질지 못해 백성을 사랑하지 않은 것의 결과가 결국 사랑하는 자녀를 희생시키는 화(禍)로 이어지게 된다고 경고하고 있다. 그러면서 맹자는 자신의 가까이에 있는 사람을 사랑하는 것, 즉 친친(親親)하는 것을 미루어 백성을 아끼고 사랑[仁民]하며, 더 나아가서 모든 사물을 아끼고 사랑하라[愛物]고 권고하고 있다.

사회복지실천가는 섬김의 사명을 이행하기 위하여 내담자를 사랑하고 그의 삶을 변화시키기 위해 헌신하고자 할 것이다. 이렇게 내담자를 사랑하는 마음은 인간으로서 선천적으로 타고난 선한 마음, 즉 인의 마음일 수도 있고, 사회복지교육을 통해 배워서 익힌 전문직의 가치일 수도 있다.

맹자는 사회복지실천가가 이러한 마음을 원조행위로 변화시켜 실천에 옮김에 있어서는 가장 가까이에 있는 사람을 먼저 사랑하고, 그 사랑하는 마음을 넓혀서 내담자와 이웃으로 확대 적용하고, 더 나아가 세상 모든 만물에게까지 미루어 나갈 것을 권고하고 있다. 그런 점에서 볼 때 가족을 사랑하고 돌보지 않고, 내담자를 돕는 일에만 헌신한다면 그것은 사회복지실천가의 올바른 자세가 아니다. 먼저 내 가까이에 있는 부모, 형제, 배우자와 자녀, 친척을 사랑으로 보살피고, 그런 애틋한 사랑의 마음을 더 넓혀 나가야 할 것이다. 만약 내담자를 돕는 데만 열중하고, 가까이 있는 사람을 보살피지 않는다면, 맹자의 경고대로 내담자도 제대로 돕지 못하고, 가까이 있는 사람도 아프게 하는 나쁜 결과를 얻게 될 것이다.

14-2

맹자가 말했다. "《춘추》에 의로운 전쟁은 없으니, 이 나라가 저 나라보다 나은 경우는 있다. 정벌이라는 것은 윗사람이 아랫사람을 토벌하는 것이니, 대등한 나라끼리는 서로 정벌하지 못한다." (孟子曰 春秋에 無義 戰하니 彼善於此는 則有之矣니라 征者는 上伐下也니 敵國은 不相 征也니라. 진심장구 하-2)

🔷 다리 놓기

사회복지는 누군가를 해치는 것이 아니라 누군가를 돕는 제도이므로, 공자와 맹자가 말한 전쟁과는 정반대이다. 그러나 맹자가 정벌[征]이라는 전쟁은 윗사람, 즉 천자(天子)가 아랫사람, 즉 제후(諸侯)를 바로잡는 행위[正]이지, 대등한 위치에 있는 나라끼리 하는 전쟁은 아니라는 말은 사회복지실천에 시사하는 바가 크다.

사회복지실천에서 사회복지실천가가 전문가이고 내담자가 문제를 지니고 있으므로, 지위상 사회복지실천가가 위이고 내담자가 아래라고 생각하여, 맹자의 말처럼 사회복지실천가가 내담자의 문제를 해결하여 그를 바로 잡으려[正] 할 수 있다. 그러나 사회복지실천가와 내담자는 상하의 관계가 아니라 서로 대등한 위치에서 협력하는 관계를 맺어야 한다. 그러므로 대등한 나라끼리 정벌하는 것은 아니라는 맹자의 말처럼, 사회복지실천가가 전문적 개입을 통해 내담자를 바로잡으려고 하는 행위는 적절하지 못하다. 즉, 사회복지실천가는 내담자에게(to the client), 그리고 내담자를 위해서(for the client) 전문적 개입이나 서비스를 베푸는 것이 아니라, 내담자가 자신의 문제를 스스로 풀어나갈 수 있도록 그와 함께 하면서(with the client) 그를 격려하고 지지하여, 그가 혼자서 하지 못하는 일을 해결할 수 있도록 돕는 파트너십(partnership)을 보여줘야 한다.

14-3

맹자가 말했다. "《서경》의 내용을 모두 믿는다면, 《서경》이 없는 것만 못하다. 나는 <무성>편에서 두세 쪽을 취할 뿐이다." (孟子曰 盡信書면
則不如無書니라 吾於武成에 取二三策而已矣로라. 진심장구 하-3)

◈ 다리 놓기

공자가 편찬한 《서경》은 오경(五經) 중의 하나로 상고시대(上古時代)의 정치를 기록한 책으로, 모든 정치적 상황이나 사회 변동·문물 제도 등을 상세하게 기록한 책이다. 이 중 <무성>편에는 주나라 무왕(武王)이 은나라의 폭군인 주왕(紂王)을 정벌한 내용이 담겨 있는데, 맹자는 기록된 모든 내용을 믿고 따르는 것이 아니라 오직 포악한 군주를 정벌하고 인정을 베푼 내용만을 취할 뿐이라고 말하고 있다. 즉, 아무리 성인이 편찬한 《서경》이라 할지라도 그에 담긴 모든 내용을 믿고 따르기보다는 애민정신(愛民情神)과 인정(仁政)의 대의만을 취하여 따르겠다고 말한 것이다.

맹자가 경전의 글귀에 얽매이지 않고 그 대의를 따르겠다고 했듯이, 사회복지실천가 역시도 같은 자세를 취하는 것이 바람직하다. 수많은 사회복지 관련 전문서적에서 내담자를 돕고 사회를 변화시키는 바람직한 방법과 기술을 논의하고 있

다. 그러나 전문서적의 모든 내용이 내담자를 원조하고 사회변화를 도모하는 데 늘 바르게 적용되는 것은 아니다. 예를 들어 사회복지실천론 관련 서적에서 내담자 스스로 자신의 문제를 인식하고 이를 변화시킬 수 있도록 직면(直面, confrontation)을 사용하는 것이 바람직하다고 쓰여 있다고 해보자. 그런데 직면기법은 내담자가 어느 정도 자신의 문제를 인식하고 이를 바로잡을 동기가 있는 내담자에게만 활용해야 하며, 그럴 준비가 되지 않은 내담자에게는 오히려 역효과를 불러일으키는 개입기법이다. 그러므로 사회복지실천가는 직면기법이 내담자의 자발적 변화를 도모하는 데 효과적이라는 대의만을 취하고, 내담자의 상황에 맞게 적절하게 사용하는 것이 바람직한 자세이다. 이처럼 사회복지실천가는 전문서적의 모든 내용을 있는 그대로 믿고 따르는 맹목적 추종을 하기보다는 비판적 수용의 자세를 갖고 전문서적을 대해야 할 것이다.

14-4

맹자가 말했다. "어떤 사람이 말하기를 '나는 진을 잘 치고, 나는 전쟁도 잘한다.'고 하면 그는 큰 죄인이다." (孟子曰 有人曰 我善爲陳(陣)하며 我善爲戰이라하면 大罪也니라. 진심장구 하-4)

🔷 다리 놓기

맹자는 이웃 나라를 정벌하여 대국을 꿈꾸는 패도정치(覇道政治)보다는 인(仁)을 기반으로 한 왕도정치(王道政治)가 올바른 정치라고 주장하고 있다. 그런 관점에서 보면 전쟁은 백성을 해치는 일이기에 병법을 잘 알고 전쟁을 잘한다고 자랑하는 것은 백성들에게 큰 죄를 짓는 것이라고 비판하고 있다.

사회복지실천가 중에서 자신은 특정 분야의 전문가(specialist)이므로 특정 문제나 장애를 해결하는 데 뛰어난 역량을 갖고 있다고 자부할 수 있다. 그런데 이런 역량만을 믿고 사회복지실천가가 주도하여 내담자의 문제를 해결해 준다면, 그것은 오히려 내담자의 자립능력을 훼손하는 일이 될 수도 있다.

자신의 뛰어난 전문역량을 믿고 내담자에게 이래라 저래라 하는 것은 전문가 중심주의로서, 사회복지의 내담자 중심주의와는 반대 방향의 개입을 하는 것이다. 진정한 전문 사회복지실천가라면, 내담자의 자발적 변화 동기를 유발하고, 내담자가 사회복지실천가의 전문역량을 활용하여 스스로 문제를 해결할 수 있도록 돕는 자세를 취하는 것이 바람직하다.

14-5

맹자가 말했다. "노련한 목수나 수레 만드는 장인은 남에게 원리와 방법을 전해줄 수 있어도, 그를 뛰어난 기교를 가진 경지에 이르게 할 수는 없다." (孟子曰 梓匠輪輿 能與人規矩언정 不能使人巧니라. 진심장구 하-5)

◈ 다리 놓기

한국사회복지사 윤리강령에 의하면, 사회복지사는 수퍼바이저의 전문적 지도와 조언을 존중해야 하며, 수퍼바이저는 사회복지사의 전문적 업무수행을 도와야 한다고 규정되어 있다. 즉, 사회복지사는 수퍼비전을 통해 자신의 전문역량을 개발하고, 수퍼바이저는 교육, 지지, 행정적 수퍼비전을 통해 사회복지사의 업무수행과 역량강화를 도와야 한다.

그런데 이 장구에서 보듯이, 수퍼바이저는 사회복지실천가에게 사회복지전문직의 전문적 원조활동과 관련된 기본 방향과 원리, 그리고 방법을 제시할 수는 있지만, 사회복지실천가가 이를 수용하여 스스로 전문역량을 개발하기 위한 노력을 기울이지 않는다면 전문가의 수준에 도달할 수 없다. 만약 사회복지실천가가 수퍼비전을 통하여 자기 자신을 가다듬고 전문역량을 개발하기 위한 노력을 기울이지 않는다면, 결국 사회복지실천가는 무능한 상태에 그대로 머물게 되고, 그의 도움을 받는 내담자는 무능한 서비스, 다시 말해 질 낮은 서비스를 이용하게 될 것이다. 이렇게 되면 사회복지실천가는 내담자에게 큰 죄를 짓는 것이나 진배없다.

14-6

맹자가 말했다. "순임금이 볶은 쌀이나 미숫가루를 먹고 야채를 먹을 때
에는 장차 평생 그렇게 할 듯하더니, 천자가 되어서는 화려한 예복을 입
고 거문고를 타며 두 여인의 시중을 받는 것을 마치 원래부터 그랬던 것
처럼 했다." (孟子曰 舜之飯糗茹草也에 若將終身焉이러시니 及其
　　　　　맹자왈 순지반구여초야 　　약장종신언 　　　　급기
爲天子也하사는 被袗衣鼓琴하시며 二女果를 若固有之러시다. 진심
위천자야 　　　피진의고금 　　　　이녀과 　약고유지
장구 하-6)

❖ 다리 놓기

이 장구를 잘못 읽으면 순임금이 자리가 높아지면서 부귀를 누리는 사람으로
바뀌었다고 오해할 수도 있다. 그러나 이 장구에서 맹자는 순임금이 역산(歷山)에
서 농사를 지을 때는 그 처지에 맞게 빈천하게 생활하였고, 천자의 자리에 오르고
나서는 그 자리에 걸맞게 행동하여 하늘에서 부여받은 천성대로 살았음을 강조하
고 있다. 즉, 순임금이 빈천(貧賤)하다고 해서 부귀에 연연하지 않고, 부귀하다고
해서 사치스러운 생활을 영위하지 않으며, 환경이 어떻든 간에 그 환경에 맞게 늘
편안하게 살았음을 말하고 있다.

사회복지실천가가 처음 전문직에 몸을 담게 되었을 때는 급여 수준이 높지 않
아 경제적으로 여유 있는 생활을 하기는 쉽지 않을 것이다. 그러나 경력이 쌓이고
일정한 지위에 오르게 되면 처우도 개선되고 적정 수준의 생활을 영위하는 데 경
제적으로 크게 부족하지는 않을 것이다. 그런데 사회복지실천가가 빈천하다 하
여 더 많은 돈과 자리를 탐하게 되고, 부귀해졌다고 하여 교만하고 누리려고만 한
다면, 내담자를 섬기는 본연의 사명은 뒷전으로 물러나게 된다. 따라서 사회복지
실천가는 주어진 부귀와 빈천에 연연하거나 외부의 사사로운 유혹에 휘둘리지 말
고, 주어진 자리에 요구되는 섬김의 사역을 묵묵히 실행에 옮기는 자세를 유지해
야 할 것이다.

14-7

맹자가 말했다. "나는 이제야 남의 아버지를 죽이는 것이 중대한 일임을 알았노라. 내가 남의 아버지를 죽이면 남도 또한 내 아버지를 죽이고, 남의 형을 죽이면 남도 또한 내 형을 죽인다. 그렇다면 자신이 직접 아버지와 형을 죽인 것은 아니지만 이는 종이 한 장 차이일 뿐이다." (孟子曰
오금이후 지살인친지중야   살인지부   인역살기부   살
吾今而後에 知殺人親之重也로라 殺人之父면 人亦殺其父하고 殺
인 지 형   인 역 살 기 형   연 즉 비 자 살 지 야   일 간 이
人之兄이면 人亦殺其兄하나니 然則非自殺之也언정 一間耳니라. 진
심장구 하-7)

🔷 다리 놓기

《논어》의 위령공편 23장에 "내가 하기 싫은 것을 남에게 베풀지 말라(己所不
기 소 불
欲 勿施於人)."는 표현이 있다. 내가 남의 아버지와 형제를 죽이면, 남은 나의 아
욕 물 시 어 인
버지와 형제를 죽일 것이니, 내 부모 형제가 죽임을 당하는 것을 원치 않는다면 남의 부모 형제를 사랑하고 보살펴야 하는 것이다. 맹자는 이 장구를 통해 공자가 말한 서(恕)의 가치를 비유적으로 표현하고 있다.

사회복지실천가는 내담자의 마음을 그의 입장이 되어서 이해하고, 자신이 원하는 것이 아니라 내담자가 바라는 것을 해주며, 자신도 하기 싫은 것을 내담자에게 요구하지 않는 감정이입, 즉 서(恕)의 자세를 견지해야 한다. 사회복지실천가가 서의 자세를 견지하지 못하게 되면, 내담자는 사회복지실천가에 대한 신뢰의 감정을 거둬들이고, 원조과정에서 사회복지실천가의 개입에 저항하거나 원조 자체를 거부하는 태도를 보일 것이다. 사회복지실천가가 내담자의 마음을 먼저 읽고 살뜰히 살피면, 내담자 역시 사회복지실천가의 진심어린 도움의 손길을 맞잡을 것이 분명하다.

14-8

맹자가 말했다. "옛날에 국경에 관문을 설치한 것은 장차 포악한 자를 막아내기 위한 것이었다. 오늘날 관문을 설치하는 것은 장차 포악한 짓을 하려 함이로다." (孟子曰 古之爲關也는 將以禦暴리니 今之爲關也는 將以爲暴로다. 진심장구 하-8)

◈ 다리 놓기

저자가 어린 시절 초등학교 교육을 받을 때 선생님들은 우리가 똑같이 단군의 핏줄을 이어받은 단일민족임을 자랑스럽게 여기라고 가르치셨다. 지금 우리 사회는 다문화사회로 불리는 열린 사회로 바뀌었음에도, 단일민족 의식을 바탕으로 일하기 위해 또는 가정을 이루어 이 땅에 살고 있는 다른 민족과 국민들을 차별하고 배척한다면 그것은 맹자 시대에 관문을 만들어 국경 내에 있는 백성들에게 가혹한 세금을 부과하는 것과 다를 바 없다. 사회복지는 닫히고 억압받는 사회를 지양(止揚)하고, 누구에게나 공평한 기회와 혜택이 함께 베풀어지는 열린 사회를 지향(指向)해야 한다.

14-9

맹자가 말했다. "나 자신이 도를 행하지 못하면 내 처자에게도 행해질 수 없고, 사람을 부릴 때 도로써 하지 않는다면 내 처자에게도 행해지지 않는다." (孟子曰 身不行道면 不行於妻子요 使人不以道면 不能行於妻子니라. 진심장구 하-9)

◈ 다리 놓기

'나는 바담 풍 해도 너는 바람 풍 해라.'는 말이 있다. 자기는 그르게 행동하면서 남에게는 옳게 행동할 것을 요구함을 이르는 말로써, 이 장구와 꼭 들어맞는 말이다. 사회복지조직의 최고관리자가 내담자를 섬기고 세상을 변화시키는 데는 관심이 없고 자신의 지위에 따르는 권력을 휘두르고 개인적 부귀영달만을 추구한다면, 조직성원이 그를 따르는 것은 기대조차 하기 어렵다.

사회복지조직의 최고관리자라면 올바른 도리로써 아랫사람을 부리는 것이 올바른 인사관리방법이고 올바른 리더십이다. 《논어》 팔일편 19장에 '임금은 신하를 예로써 부리고, 신하는 군주를 충으로 섬겨야 한다.'고 말했듯이, 최고관리자가 예의를 갖추어 도리에 맞게 사회복지실천가에게 업무를 지시하고 수행하게 한다면 실천가는 자신이 맡은 바 업무와 역할에 최선을 다하는 모습으로 보답할 것이 분명하다. 그러므로 사회복지조직의 높은 자리에 앉은 자들은 자신을 갈고 닦아 섬김의 사명을 이행하는 데 한 치의 부족함이 없도록 노력해야 한다.

14-10

맹자가 말했다. "이익에 힘쓰는 자는 흉년이 닥쳐도 죽지 않으며, 덕에 힘쓰는 자는 세상이 아무리 어지러워도 흔들리지 않는다." (孟子曰 周于利者는 凶年이 不能殺하고 周于德者는 邪世不能亂이니라. 진심장구 하-10)

◈ 다리 놓기

기업인이나 비즈니스 업계에 몸담고 있는 사람들은 이익이 우선이다. 이들이 이익을 위해 노력한다면, 불경기가 닥치더라도 예비해 놓은 자금으로 경제적 문제를 충분히 해결할 수 있다. 사회복지실천가는 이익이 아닌 덕을 베푸는 사람, 즉 사람을 받들고 섬기는 인간봉사전문직이다. 그러므로 사회복지실천가는 부귀영달의 사적 이익 추구가 아닌 인간을 존중하고 그들이 보다 나은 삶을 살아갈 수 있도록 늘 힘쓰고 나날이 덕을 쌓고 이를 베풀면, 아무리 세상의 유혹이 있어도 내담자를 섬기는 일에 한 치의 흔들림도 없을 것이다. 세상이 아무리 부귀를 선호하더라도, 인간봉사전문직의 사회복지실천가는 섬김의 사명을 이행하는 데 한 치의 소홀함도 있어서는 안 된다.

> **14-11**
>
> 맹자가 말했다. "명예를 좋아하는 사람은 제후국 정도 크기의 나라도 양
> 보할 수 있지만, 만일 그런 사람이 아니라면 한 그릇의 밥과 한 사발의
> 국을 대하는 순간에도 (속마음이) 얼굴빛에 나타난다." (孟子曰 好名之
> 맹 자 왈 호 명 지
> 人은 能讓千乘之國하나니 苟非其人이면 簞食豆羹에 見於色하나니
> 인   능 양 천 승 지 국   구 비 기 인   단 사 두 갱   현 어 색
> 라. 진심장구 하-11)

◈ 다리 놓기

맹자는 명예를 중히 여기는 자는 명예를 지키기 위해 커다란 이익도 포기할 수
있지만, 그렇지 않은 사람은 작은 일에도 속마음이 얼굴빛에 나타난다고 말하면
서 사람을 유심히 관찰하면 그의 속마음을 알 수 있다고 했다. 마찬가지로 사회복
지실천가의 마음상태는 그의 얼굴빛과 행동, 언어에 고스란히 나타난다. 만약 사
회복지실천가가 내담자를 진심으로 존중하고 돕고자 하는 의지를 마음속에 갖추
고 있는지, 내담자를 돕는 것이 자신이 맡은 일이기 때문에 돕고 있는 것인지, 내
담자는 그의 언행을 보고 알 수 있고 또한 느낄 수 있다. 내담자는 사회복지실천
가가 진심으로 자신을 도우려는 마음이 있음을 알아채고 느끼는 바로 그 순간 닫
혔던 자신의 마음 문을 열고 사회복지실천가의 도움의 손길을 받아들이게 된다.

내담자의 표정과 자세, 행동, 언어적 표현 속에도 내담자의 마음 상태가 그대로
담겨져 있다. 그러므로 사회복지실천가는 내담자를 면밀히 관찰하고 그의 언행
이 어떤 의미를 지니고 있으며 현재 호소하는 문제와는 어떤 연관성이 있는지를
깊이 생각해야 할 것이다. 그렇지 않고 내담자가 하는 말만 믿으면, 사회복지실천
가는 내담자를 이해하는 데 실패할 것이며, 심지어는 사회복지실천가를 조종하려
는 내담자의 좋지 않은 게임(dirty game)에 휘말려 들 수도 있다. 따라서 사회복지
실천가는 《논어》위정편 10장에 '그 사람이 행하는 바를 잘 보고[視], 그렇게 하는
시
이유를 살피며[觀], 그 사람이 편안해 하는 것을 꼼꼼히 들여다보면[察], 그를 정확
관   찰
히 알 수 있다.'는 말을 다시 한번 되새겨 볼 일이다.

14-12

맹자가 말했다. "어진 자와 뛰어난 자를 믿지 않으면 나라가 텅 비게 되고, 예의와 의리가 없으면 상하가 문란해지고, 정사가 바로 행해지지 않으면 나라의 재용이 모자라게 된다." (孟子曰 不信仁賢則國空虛하고 無禮義則上下亂하고 無政事則財用不足이니라. 진심장구 하-12)

◈ 다리 놓기

　생산조직에서는 기계가 주로 일을 한다면, 사회복지조직에서는 사람이 모든 일을 한다. 그러므로 사람 사랑의 가치관이 확고하고 뛰어난 전문역량을 가진 조직성원을 확보하는 것이 조직의 사명 이행과 성과 창출의 핵심이 된다. 그러나 사회복지조직의 관리자가 어질고 뛰어난 사회복지실천가를 알아보는 눈이 없고 그가 하는 일을 못 미더워 한다면, 그런 사회복지실천가가 그 조직에 남아 있을 리가 없다. 그 결과로 능력이 모자라는 조직성원이 내담자와 지역주민에게 서비스를 제공하게 되면, 그 조직을 이용하는 내담자는 거의 없을 것이며, 있다고 해도 불만이 팽배할 것이 분명하다.

　사회복지조직의 성원들은 혈연이나 인정(人情)으로 맺어진 관계가 아니라 의리(義理)로 맺어진 관계이므로, 상호 간에 예의를 차리지 않고 부당하게 처우한다면 조직을 떠나거나 상하 간의 위계질서가 무너질 것이다. 위계구조가 무너진 조직이 양질의 서비스를 제공하기는 쉽지 않을 것이며, 결국 조직은 원하는 성과를 얻지 못할 것이다.

　사회복지조직이 내담자를 섬기고 지역사회의 변화를 꾀하는 목적을 달성하기 위해서는 시설관리와 재정관리 등의 효과적이고 효율적인 행정이 뒷받침되어야 한다. 그렇지 않으면 조직성원은 서비스를 제공하는 데 필요한 자원을 적절히 확보할 수 없게 되거나, 자원을 지나치게 낭비하는 사례가 발생할 것이다. 그럴 경우 조직의 자원은 낭비될 것이고, 결국 조직의 사명을 이행하지 못하는 결과로 이어지게 될 가능성이 높다.

이런 점을 고려할 때 사회복지조직의 관리자는 인재를 알아보는 지인(知人)의 혜안과 적재적소에 배치하여 능력을 최대한 발휘하게 하는 인사관리의 역량, 의리와 예의로 아랫사람을 대하여 그들의 자발적 헌신을 이끌어 내는 조직관리의 역량, 그리고 조직의 자원을 효율적으로 배분하고 활용하는 재정관리 역량을 동시에 갖추어야 한다.

14-13

맹자가 말했다. "인하지 않고서 나라를 얻은 자는 있지만, 인하지 않고서 천하를 얻은 자는 있지 않다." (孟子曰 不仁而得國者는 有之矣어니와
맹 자 왈 불 인 이 득 국 자   유 지 의
不仁而得天下는 未之有也니라. 진심장구 하-13)
불 인 이 득 천 하   미 지 유 야

❖ 다리 놓기

사회복지실천가는 전문지식과 개입 기술만으로 내담자의 변화를 도모할 수 있다. 그러나 전문직의 가치에 기반을 두지 않은 지식과 기술만으로 내담자를 원조하는 것은 내담자에게 지켜야 할 기본적 도리와 예의를 무시할 수 있으므로 원조 과정에 수많은 오류를 범할 위험이 있고, 그 결과로 내담자를 올바르지 않은 방향으로 이끌 수 있으므로 매우 위험하다. 그러므로 사회복지실천가는 전문직의 가치에 튼튼하게 기반을 둔 전문지식과 기술을 통해 내담자의 변화를 도모하기 위한 원조활동을 전개해야 할 것이다.

14-14

맹자가 말했다. "백성이 가장 귀중하고, 사직이 그 다음이고, 군주는 가벼움이 된다." (孟子曰 民이 爲貴하고 社稷이 次之하고 君이 爲輕이니
맹 자 왈 민 이 위 귀   사 직   차 지   군 이 위 경
라. 진심장구 하-14)

❖ 다리 놓기

흔히들 유학이 종묘사직과 임금을 중시하는 것으로 생각한다. 그러나 이 장구

에서 보듯이 맹자는 백성의 마음을 얻지 못하면 왕도 폐위될 수 있고, 사직도 의미가 없다고 볼 정도로 민본주의(民本主義)를 강조하고 있다. 정치와 마찬가지로 사회복지제도는 백성의 편안한 삶을 도모하는 데 목표를 두는 민생(民生)에 가장 높은 우선순위를 두어야 한다.

이 장구를 사회복지조직에 적용하여도 마찬가지이다. 사회복지조직이 성장 발전해야 내담자와 지역주민에게 보다 좋은 서비스를 제공할 것으로 생각할 수 있지만 그렇지 않다. 사회복지조직이 내담자와 지역주민을 잘 섬길 때 조직의 성장과 발전이 이루어지는 것이다. 사회복지제도든 사회복지조직이든 가장 우선시해야 하는 것은 국가와 조직의 성장발전이 아니라 바로 국민들의 편안한 삶을 도모하는 것이다.

14-15

맹자가 말했다. "성인은 백세의 스승이다." (孟子曰 聖人은 百世之師
也니. 진심장구 하-15)

◈ 다리 놓기

맹자는 백이(伯夷)의 행적을 들으면 후세의 백성들이 청렴해지고, 류하혜(柳下惠)의 행적을 들으면 후세의 백성들이 후덕해지고 관대해지게 될 것이므로, 성인은 시대를 불문하고 사람들의 스승이 된다고 했다. 그런 점에서 볼 때 사회복지실천가는 내담자가 본받는 스승, 즉 모델이 되어야 하며, 내담자의 준거집단(reference group)이 되어야 한다. 그러므로 사회복지실천가는 전문적 역량뿐 아니라 인격적 성숙을 갖추기 위해 매일 내적으로 성찰하고 자신을 갈고 닦는 자기계발을 위한 노력을 게을리해서는 안 된다.

14-16

맹자가 말했다. "인(仁)이라는 것은 사람이라는 뜻이니, (이 둘을) 합하여 말하면 도(道)이다." (孟子曰 仁也者는 人也니 合而言之하면 道也니라. 진심장구 하-16)

◈ 다리 놓기

맹자는 인(仁)을 사람이 사람이 된 이유이고 사람다움의 이치[理]라 했으며, 이러한 사람다움의 이치를 사람이 갖추고 행동으로 옮기는 것이 인간이 걸어야 할 길, 즉 도(道)라 했다.

그렇다면 사회복지실천가가 실천가다우려면 무엇을 갖추어야 하는가? 이 장구에서 말하듯 사회복지실천가가 실천가답게 살아가는 길[道]은 바로 사람을 사랑하고 그를 돕고 섬기는 인(仁)의 가치를 보존하고, 이를 원조활동으로 실천에 옮기는 삶을 살아가는 것이다.

14-17

맹자가 말했다. "공자가 노나라를 떠날 때에는 '더디고 더디다. 내 걸음이여.'하였으니, 이는 자신의 고국을 떠나는 도리요, 제나라를 떠날 때에는 밥을 지으려고 담가두었던 쌀을 건져 가지고 떠났으니, 이는 다른 나라를 떠나는 도리이다." (孟子曰 孔子之去魯에 曰 遲遲라 吾行也여하시니 去父母國之道야요 去齊에 接淅而行하시니 去他國之道也니라. 진심장구 하-17)

◈ 다리 놓기

이 장구는 어떤 나라를 떠나는 행동을 느리게 할 것인가 아니면 빠르게 할 것인가를 말하는 것이 아니다. 사람이 어떤 행동을 할 때 상황에 맞게 행동하는 권도(權道)에 대해 말하고 있는데, 앞의 만장장구 하편 1장에 동일한 내용이 보인다.

만장장구에서 상세하게 제시된 내용을 부가적으로 살펴보면, 공자와 같은 성인은 빨리 가야 할 것 같으면 빨리 가고, 오래 머물러야 할 것 같으면 오래 머물고, 벼슬에서 떠나야 할 것 같으면 벼슬을 떠나는 등 상황에 맞게 권도를 행했음을 보여주고 있다.

사회복지실천에서도 어떤 개입을 어떻게 하는 것이 올바른 개입방법이라고 정해져 있는 것은 없다. 그러므로 내담자나 지역사회의 상황을 면밀히 고려하여, 사회복지실천가가 상황에 맞는 개입방법을 찾아 적용할 수 있어야 한다. 이것이 사회복지실천가에게 요구되는 권도이며, 권도를 적절히 행할 수 있을 때 시의적절한 개입, 즉 공자가 말하는 시중(時中)을 할 수 있게 된다.

14-18

맹자가 말했다. "군자(공자)가 진나라와 채나라 사이에서 곤경을 당한 것은 (그 나라의) 상하(군주와 신하) 어느 쪽과도 교제가 없었기 때문이다."
(孟子曰 君子之戹於陳蔡之間은 無上下之交也니라. 진심장구 하-
맹 자 왈 군 자 지 액 어 진 채 지 간   무 상 하 지 교 야
18)

◈ 다리 놓기

이 장구의 내용을 얼핏 읽으면 공자가 대인관계의 폭이 넓지 않아 곤경에 처한 것으로 잘못 읽을 수 있다. 공자가 진나라와 채나라의 군주와 신하와 교류하지 않은 것은 바로 그들이 사악하여 더불어 교제할만한 사람들이 아니었기 때문이다. 사회복지실천가에게 있어서 폭넓은 사회관계망(network)은 커다란 자원이다. 그러나 단순히 사회관계망이 크기만 하다고 자원이 되는 것은 아니다. 사회복지실천가가 본연의 서비스와 업무를 수행하는 데 긍정적 지지와 영향을 미칠 수 있는 사람들로 사회관계망이 구성되어 있을 때 자원으로 활용 가능한 것이다. 만약 사회복지실천가가 보기에 사리사욕만을 취하고 악행에도 부끄러워할 줄 모르는 사람이 있다면, 사회복지실천가는 설령 좁은 사회관계망으로 인하여 어려움을 겪는 일이 있더라도 공자의 사례에서 보듯이 그들과 깊이 교제해서는 안 될 것이다.

14-19

맥계가 말했다. "저는 말로 인해 크게 덕을 보지 못했습니다." 맹자가 말
했다. "신경 쓸 것 없다. 선비는 구설(口舌)에 더 많이 오르내린다." (貉稽
曰 稽大不理於口호이다 孟子曰 無傷也라 士憎(增)玆多口하니라.
진심장구 하-19)

◈ 다리 놓기

　맥계(貉稽)라는 사람이 다른 사람의 입방아에 오르내리는 것을 걱정하자, 맹자
가 바른 말을 하는 선비는 소인들의 입방아에 더 많이 오르내리는 것이니 걱정할
필요가 없다고 위로해주고 있다. 사회복지실천가 역시 내담자에게 보다 나은 삶
을 만들어주는 원조의 과정에서 내담자와 관련된 사람들에게 이치에 맞는 바른
말을 하게 된다. 그러나 바른 말을 듣는 것 자체가 그들에게는 즐겁지 않은 일이
기 때문에, 그런 말을 하는 사회복지실천가를 두고 입방아를 찧고 비난을 가하기
도 한다.

　맹자의 말처럼 내담자의 변화를 위해 바른 말을 한 것이니, 주변 사람들의 평판
에 신경 쓸 필요조차 없다. 사회복지실천가는 사회적 명성을 얻기 위해 애쓰는 사
람이 아니고 다른 사람을 이해하고 그들의 변화를 돕는 사람이기 때문에, 사회적
칭찬이나 비난에 연연하지 말고 인간봉사전문직 종사자로서의 올바른 마음가짐
을 갖기 위해 노력하는 것이 더 중요하다.

14-20

맹자가 말했다. "현자는 (그 내면의) 밝음으로 남을 밝게 해주었는데, 지금
사람들은 그 어두움으로 남들을 밝게 해주려 한다." (孟子曰 賢者는 以
其昭昭로 使人昭昭어늘 今엔 以其昏昏으로 使人昭昭로다. 진심장구

하-20)

 다리 놓기

　《대학》의 삼강령(三綱領)에서 공부하는 학자는 자신의 타고난 밝은 덕, 즉 선한 본성을 밝혀서, 백성들을 변화시키고 나아가 지극히 선한 삶에 머물 수 있도록 해야 한다고 했으며, 팔조목(八條目)에서는 격물치지 성의정심(格物致知 誠意正心)하여 자신을 갈고 닦아서[修身] 가정과 나라와 온 천하에 베푼다[齊家治國平天下]고 했다.
　사회복지실천가가 사회복지실천을 하는 이유이자 목표는 바로 내담자를 변화시켜 그가 보다 평안한 삶을 이어나가도록 돕는 것이다. 사회복지정책을 개발하는 이유이자 목표는 세상을 사람 살기 좋은 곳으로 변화시키기 위함이다. 그러나 《대학》의 삼강령과 팔조목에서 보듯이 사회복지실천가 스스로 타고난 선한 본성을 더욱 밝히고 자기 스스로를 갈고 닦아야만 내담자와 세상을 변화시키는 일을 감당할 수 있다. 만약 사회복지실천가 스스로 자신을 갈고 닦는 데 소홀히 한다면, 내담자와 세상을 제대로 돕지 못하고 오히려 해악(害惡)을 끼칠 수도 있다. 그러므로 사회복지실천가는 남을 돕는 일을 하기 전에 자기를 돕는 일, 즉 수신(修身)에 혼신의 힘을 기울여야 한다.

14-21

　맹자가 고자에게 일러 말했다. "산길 중에 작은 오솔길이라도 잠깐만 사용하면 길이 되고, 한동안 사용하지 않으면 잡초가 그 길을 뒤덮어버린다. 지금 잡초가 자네의 마음을 뒤덮고 있다." (孟子謂高子曰 山徑之蹊間이 介然用之而成路하고 爲間不用則茅塞之矣나니 今에 茅塞子之心矣로다. 진심장구 하-21)

 다리 놓기

　맹자가 고자(高子)에게 마음을 닦지 않아 그 마음이 꽉 막혀 있다고 가르치고

있다. 맹자가 고자에게 가르친 바는 사회복지실천가에게도 그대로 적용된다. 물
질중심주의와 이기적 개인주의가 팽배한 지금의 세상에서 사회복지실천가가 남
을 돕는 선한 일을 꾸준히 해나가기 위해서는 자신의 마음속 가치관이 확고하지
않으면 안 된다. 그런데 맹자의 말처럼 마음이라는 것이 잠깐이라도 돌보지 않으
면 선한 본성이 줄어들고 악한 마음이 자리를 잡기 때문에, 사회복지실천가는 쉬
지 않고 자신의 마음속 가치관을 돌보고 흐트러지지 않게 다잡아야 하며, 이를 더
욱 키워 나가야만 한다.

14-22

**성문 아래 (깊게 새겨진) 수레바퀴 자국이 두 마리 말의 힘으로 이루어진
것이겠는가?** (城門之軌가 兩馬之力與아. 진심장구 하-22)

❖ 다리 놓기

고자(高子)가 종(鐘)의 끈이 끊어졌다는 단순한 이유를 들어 우왕의 음악보다
문왕의 음악이 더 낫다고 말했다. 이에 맹자는 마차가 오랫동안 오갔기 때문에 성
문 아래 깊이 파인 수레바퀴 자국이 생긴 것처럼, 우왕 때부터 오래 사용하였기
때문에 종이 끊어진 것이지 우왕의 음악이 문왕의 것에 비해 열등하다고 판단하
는 것은 근거가 잘못된 것이라고 지적하고 있다. 즉, 맹자는 고자가 기발하지만
타당하지 못한 주장으로 옛 성인의 도리를 왜곡하려는 태도를 비판하고 있다.

사회복지실천가 역시도 내담자의 문제를 해결하기 위해 참신하고 기발한 개입
전략을 사용할 수 있다. 하지만 참신한 전략이 늘 옳고 좋은 결과를 낳는다는 보
장은 없다. 참신함이 오히려 해악을 불러올 수도 있다. 이와 같이 위험성을 내포
한 참신한 개입전략을 사용하기보다는 예전부터 효과가 있다고 입증된 개입전략,
즉 근거 기반 실천(evidence-based practice) 전략을 사용하는 것이 더욱 바람직할
것이다. 다만, 내담자의 문제와 상황이 매우 특이하여 지금까지 개입한 선례가 없
을 때에는 새롭고 참신한 개입전략을 개발하여 시행하고, 사회복지실천가는 그

효과성을 반복적으로 검증하여 효과적 사회복지실천의 근거를 마련하기 위한 노력을 기울여야 한다.

14-23

제나라에 흉년이 들자, 진진이 말했다. "나라 사람들이 모두 선생님께서 장차 다시 당읍의 창고를 열어주게 하실 것이라고 기대하는데, 다시 한번 하실 수 있으신지요?" 맹자가 말했다. "그렇게 한다면 나는 풍부가 되고 말 것이다." (齊饑어늘 陳臻曰 國人이 皆以夫子로 將復爲發棠이라 하니 殆不可復로소이다 孟子曰 是爲馮婦也로다. 진심장구 하-23)

◈ 다리 놓기

제나라에 흉년이 들었을 때 맹자가 왕에게 권고하여 당읍의 창고를 열어 빈민을 구제한 사례가 있었기에, 다시 흉년이 들었을 때 진진이라는 사람이 맹자가 다시 한번 왕에게 빈민구제를 권고를 해줄 것을 요청해 왔다. 그러나 맹자는 지난번 흉년이 들었을 때 빈민구제를 왕에게 간했음에도 등용되어 뜻을 펼칠 수 없었는데, 다시 똑같은 권고를 하는 것은 풍부라는 사람이 범을 잘 잡았지만 선비가 되었음에도 주변 사람들이 부추기자 선비의 체통을 내려놓고 범을 잡으려 나선 것과 똑같이 되는 것이라며 거부한다. 즉, 군자가 자신의 뜻을 굽히고 시세에 영합하는 것은 바람직하지 않다며 거부한 것이다.

사회복지실천가가 내담자의 위급한 상황을 보고 일시적인 긴급구호를 실시할 수 있다. 그러나 내담자에게 똑같은 위기상황이 발생하고 내담자가 이전과 똑같이 긴급구호만을 원한다면, 사회복지실천가는 맹자가 흉년에 왕에게 빈민구제를 거듭 요청하는 것을 거부한 것처럼 일시적으로 위험상황을 타개할 수 있는 긴급구호서비스를 제공할 것이 아니라 그러한 위기를 초래하게 된 근본적 원인을 정확히 파악하여 이를 해결하기 위한 근본적 문제해결을 하려는 의지를 보여주는 것이 더욱 바람직할 것이다.

14-24

맹자가 말했다. "입이 맛에 있어서와, 눈이 색깔에 있어서와, 귀가 소리에 있어서와, 코가 냄새에 있어서와 사지가 안일함에 있어서는 본성이나 명에 달려 있다. 그러므로 군자가 이것을 본성이라 이르지 않는다. 인(仁)이 부자지간에 있어서와, 의(義)가 군신간에 있어서와, 예(禮)가 빈객간에 있어서와, 지(智)가 현자에게 있어서와, 성인이 천도에 있어서는 명(命)이나 본성에 있다. 그러므로 군자는 이것을 명(命)이라 이르지 않는다." (孟子
맹자

曰 口之於味也와 目之於色也와 耳之於聲也와 鼻之於臭也와 四肢
왈 구지어미야   목지어색야   이지어성야   비지어취야   사지

之於安佚也에 性也나 有命焉이라 君子不爲性也니라 仁之於父子
지어안일야   성야   유명언   군자불위성야   인지어부자

也와 義之於君臣也와 禮之於賓主也와 智之於賢者也와 聖人之於
야   의지어군신야   예지어빈주야   지지어현자야   성인지어

天道也에 命也나 有性焉이라 君子不謂命也니라. 진심장구 하-24)
천도야   명야   유성언   군자불위명야

다리 놓기

인간의 다섯 감각기관에서 느끼는 본능적 욕구는 하늘이 부여하여 타고난 것이지만, 그것을 채우려고 애쓴다고 해서 모두 채울 수 있는 것은 아니다. 그리고 인의예지신이라는 오상(五常) 또한 하늘이 부여한 인간의 본성이다. 그런데 요즈음 사람들은 감각기관의 본능적 욕구를 충족시키려고만 하고, 인간의 타고난 선한 본성인 오상을 함양하기 위한 노력은 하지 않고, 오히려 그것을 천명이라 여기며 자신들의 노력으로 어쩔 수 없는 것이라고 치부해버리는 태도로 살아가고 있음을 맹자가 비판한 장구이다.

사회복지의 목표 중 하나는 욕구 충족이다. 이때 욕구에 포함되는 것은 여러 가지 종류가 있으나, 현대인들은 신체적인 본능적 욕구를 충족시키는 데에 지나치게 몰두하고 있다. 그에 반해 인의예지신의 덕성을 길러 사람다운 사람이 되는 것에는 크게 관심을 두지 않는 편이다. 맹자가 지금 시대에 살았다면, 본능을 중시하고 본성을 소홀히 하는 삶의 태도에 대해 동일하게 비판할 것이다.

그렇다면 사회복지 역시 단순히 먹고 사는 문제나 이와 관련된 충족되지 않은

욕구와 결핍을 충족시키는 데만 목표를 두어서는 안 되며, 인간의 선한 본성을 키워가는 심리사회적 성장에 더 중요한 목표를 두어야 한다. 따라서 사회복지실천에서도 내담자의 본능적 욕구를 충족시키는 데 목표를 두기보다는 내적 성장을 도모하는 데 더 기본적인 목표를 두어야 할 것이다. 사회복지실천가 또한 삶에 있어서 본능보다는 본성을 더 중시하고, 타고난 선한 본성을 갈고 닦는 데 더 많은 노력을 기울여야 함은 두말할 필요도 없다.

14-25

맹자가 말했다. "(누구나) 그렇게 되고 싶어 하는 사람을 선인(善人)이라 하고, 선을 자기 몸에 소유한 사람을 신인(信人)이라 하며, 또 그것을 가득채운 사람을 미인(美人)이라 하며, 가득 채워서 그것을 밝게 빛내는 사람을 대인(大人)이라 하고, 대인이면서 동시에 저절로 화하는 사람을 성인(聖人)이라 하고, 성스러워 알 수 없는 사람을 신인(神人)이라 하니, 악정자는 두 부류에는 적중한 인물이요 네 부류의 아래에 있는 인물이다." (曰 可欲之謂善이요 有諸己之謂信이요 充實之謂美요, 充實而有光輝之謂大요 大而化之之謂聖이요 聖而不可知之之謂神이니 樂正子는 二之中이요 四之下也니라. 진심장구 하-25)

◈ 다리 놓기

제나라 사람 호생불해(浩生不害)가 악정자가 노나라에서 벼슬길에 오르자, 맹자에게 제자인 그가 어떤 사람인지를 물었다. 이에 맹자는 인물의 등급을 선인, 신인(信人), 미인, 대인, 성인, 신인(神人)이라는 여섯 가지 부류로 제시하면서, 악정자는 선인과 신인(信人)에 해당하는 인물이지만 그 이상은 이르지 못한 인물이라고 평하고 있다. 이때 악정자가 선인이 될 수 있는 것은 누구나가 그를 좋아하고 따를만한 사람이라고 여기기 때문이며, 선을 자기 몸에 갖추었으므로 신인(信人)이라 할 수 있는 것이라고 말하고 있다.

사회복지실천가는 맹자가 제시한 여섯 부류의 인물유형 중에 어디에 속할 수 있을 것인가? 내담자를 돕는 선함을 갖추었으니 다른 사람도 그를 닮기를 바랄 것이며, 그 선함을 행동으로 옮긴다는 점에서 신인(信人)에는 이를 수 있을 것으로 사료된다. 그러나 선인과 신인(信人)의 자질만을 갖추었다고 해서 훌륭한 전문가가 되는 것은 아니며, 늘 자신을 갈고 닦아 그 위의 단계로 나아가기 위해 노력해야 한다. 사회복지실천기라면 누구든 자신이 맹자가 말하는 여섯 부류의 인물 중에서 어디에 해당하는지를 냉철하게 따져보고 현실적 자아의 모습을 분명히 한 다음 그 다음 단계로 성장발전하기 위한 자기계발에 한 치의 소홀함도 없어야 할 것이다.

14-26

맹자가 말했다. "(겸애설을 주장한) 묵가를 벗어나면 반드시 (위아설을 주장하는) 양주에게 돌아가고, 양주에서 벗어나면 반드시 유학으로 돌아오게 되니, 돌아오면 받아줄 뿐이다." (孟子曰 逃墨이면 必歸於楊이요 逃楊이면 必歸於儒니 歸어든 斯受之而已矣니라. 진심장구 하-26)

다리 놓기

맹자는 차별 없는 보편적 사랑인 겸애(兼愛)를 주장한 묵자(墨子)와 자신의 이익만 취할 뿐 다른 사람을 사랑으로 보살피지 않는 개인주의를 주장한 양자(楊子)에 대항하여 유학의 정체성을 지켜내기 위해 유학의 대변자로서의 역할을 자임(自任)하고 나섰다. 그만큼 맹자는 이단의 학설에 빠져드는 것을 매우 엄격하게 차단하고자 했다. 그런데 이단의 학설에 빠졌더라도 그간의 잘못을 뉘우치고 유학으로 되돌아오면 지난 잘못을 허물하지 않고 받아들인다고 말하고 있다. 이렇게 지난 잘못을 뉘우친 사람을 수용하는 것이 바로 유학의 인의(仁義)의 외현적 표현이라고 보았기 때문이다.

다학제 간의 융합에 대한 요구를 수용하여 사회복지실천에서도 대안요법 등의 다양한 접근방법을 받아들여 활용하고 있다. 그런데 전통적인 사회복지의 접근방법을 도외시하고 대안적 접근방법이 마치 주된 사회복지실천의 접근방법인 것처럼 생각하는 경우도 없지 않아 있다. 예를 들어 노인의 우울증 치료집단에서 원예치료나 음악치료가 마치 사회복지실천의 중요한 접근방법으로 여기고, 회상요법과 같은 전통적인 사회복지적 접근방법을 아예 활용하려 하지 않는 경우도 있다. 내담자에게 도움이 된다면 어떤 접근방법이든 관계없다고 말할 수 있을지 모르지만, 사회복지실천에서 전문직의 핵심적 접근방법을 활용하고, 전문직의 정체성을 지켜나가기 위한 노력도 필요하다. 그리고 맹자의 말처럼 그동안 대안적 접근방법에 몰두하다 전통적인 사회복지적 접근방법을 활용하는 방향으로 선회한다면 그간의 잘잘못을 따지고 비난하기보다는 사회복지전문직의 정체성을 회복한 것을 반겨줄 뿐이다.

14-27

맹자가 말했다. "베와 실을 걷는 세금이 있고, 곡식을 거두는 세금이 있고, 부역을 시키는 세금이 있으니, 군자는 이 셋 중에서 하나만 쓰고 나머지 둘은 늦춘다. 만일 두 가지를 함께 쓰면 백성들이 굶어 죽고, 세 가지를 함께 쓰면 부모와 자식들이 흩어지게 될 것이다." (孟子曰 有布縷之 征과 粟米之征과 力役之征하니 君子 用其一이요 緩其二니 用其二면 而民有殍하고 用其三이면 而父子離니라. 진심장구 하-27)

🔶 다리 놓기

정치든 사회복지든 국민을 최우선으로 하는 민본주의(民本主義)에 기반을 두어야 하며, 국민의 삶을 편안히 하는 데[安民] 목표를 두어야 한다. 그런데 국민의 삶의 질을 개선하기 위해 복지급여를 확대하다 보면 조세나 사회보험료의 인상이 불가피해질 수 있다. 그러나 무거운 조세와 사회보험료를 거두어 높은 수준의 복지를 달성하는 것은 의미가 없다. 복지의 확대를 위해 조세와 사회보험료를 인상하지 않을 수 없다 하더라도, 가능한 범위 내에서 국민의 부담을 가벼이 해주고 재정을 아껴 쓰는 방법을 먼저 고민하고 만들어 내야 할 것이다.

14-28

맹자가 말했다. "제후의 보배가 세 가지이니, 토지와 백성과 올바른 정치이니, 진주나 옥을 보배처럼 여기는 제후에게는 재앙이 반드시 그 몸에 미치게 된다." (孟子曰 諸侯之寶三이니 土地와 人民과 政事니 寶珠玉者는 殃必及身이니라. 진심장구 하-28)

◈ 다리 놓기

나라를 다스리는 제후에게 영토와 백성 그리고 올바른 정치가 보배라면, 사회복지실천가의 세 가지 보배는 전문직의 가치, 지식 그리고 기술이다. 제후든 사회복지실천가든 이 세 가지 보배를 소중히 여기지 않고, 물질적 풍요와 높은 지위와 명예를 탐하게 된다면 반드시 재앙이 따를 것이라고 맹자는 경고하고 있다. 진정한 사회복지실천가라면 세속적인 부귀영화를 탐내기보다는 전문직의 세 가지 보배를 활용하여 내담자를 돕는 데 헌신하는 자세를 갖춰야 할 것이다.

14-29

맹자가 답하였다. "그의 사람됨이 재주가 조금 있고, 군자의 큰 도리는 듣지 못했으니, 자기 몸을 족히 죽이고도 남음이 있을 뿐이다." (曰 其爲人也 小有才요 未聞君子之大道也하니 則足以殺其軀而已矣니라. 진심장구 하-29)

◈ 다리 놓기

맹자가 분성괄(盆成括)이 제나라에서 벼슬길에 오르자 그가 작은 재주를 믿고 함부로 행동함으로써 화를 당하게 될 것이라고 말하고 있다. 사회복지실천가도 얕은 지식과 어설픈 기술을 믿고 내담자를 도우려 하면, 그 도움은 내담자의 삶에 부정적 영향을 미치고 심할 경우 오히려 해를 끼치게 될 것이다. 사회복지실천가는 기술자(technician)가 아니므로 작은 개입기술에 의존하지 말고, 사회복지전문직의 가치를 마음속에 깊이 새기고, 전문적 지식과 기술을 연마하여 전문역량을 높이기 위한 노력을 끊임없이 기울여야 한다.

14-30

선생(맹자)께서 학과목을 설치하여 가르치시는 것을 보면 오는 자는 내쫓지 않고 가는 자는 막지 않으십니다. 만일 이 배우려는 마음을 가지고 온다면 받아줄 뿐입니다. (夫子之設科也는 往者를 不追하며 來者를 不拒하사 苟以是心으로 至어든 斯受之而已矣니이다. 진심장구 하-30)

다리 놓기

맹자가 등나라에 갔을 때 여관에 머물고 있었는데, 주인이 만들다 만 신발이 없어지자, 어떤 사람이 맹자의 제자들이 가져간 것이라 의심하자 맹자가 반박한다. 그러자 그 사람이 맹자가 배우고자 하는 마음만 갖고 찾아오면 다 받아주고 가르치기 때문에, 제자들 중에 과거에 행동거지가 나쁜 사람이 섞여 있을 수도 있고, 모두가 착한 마음을 끝까지 지켜내지 못할 수도 있다며 은근히 맹자와 그 제자를 비판한다.

맹자의 제자들이 배우겠다는 일념으로 맹자를 찾았듯이, 사회복지실천가는 사람을 섬기고 사회에 헌신하겠다는 일념으로 사회복지전문직에 발을 들여 놓았을 것이다. 그러나 이런 마음과 의지를 지속적으로 유지하는 것이 쉽지만은 않은 일이다. 사회복지실천과정에서 이런 저런 딜레마와 난관에 직면하면 처음 그 마음이 흔들릴 수 있다. 그럴수록 사회복지실천가는 마음과 의지를 다잡아서 사회복지실천가의 직위를 내려놓을 때까지 늘 처음처럼 사람을 섬기고 세상을 바꾸는 일에 헌신해야 할 것이다.

🌀 **14-31**

맹자가 말했다. "사람들은 모두 차마 하지 못하는 바가 있으니 차마 할 수 있는 데까지 도달하면 인(仁)이요, 사람들은 모두 하지 않아야 하는 바가 있으니 할 수 있는 데까지 도달하면 의(義)이다." (孟子曰 人皆有所
不忍하니 達之於其所忍이면 仁也요 人皆有所不爲하니 達之於其
所爲면 義也니라. 진심장구 하-31)

🔷 다리 놓기

  모든 인간은 측은지심(惻隱之心)과 불인지심(不忍之心)을 갖고 있으며, 수오지심(羞惡之心)과 해서는 안 되는 일에 대한 지조를 갖고 있다. 즉, 모든 인간은 인의의 가치를 갖고 있다. 이런 인의의 가치를 자신에서부터 시작하여 할 수 있는 데까지 끝까지 미루어 나간다면 인의의 가치가 충만해질 것이라고 맹자는 말하고 있다.

  사회복지실천가 역시 맹자의 말처럼 인의의 본성을 갖추고 있다. 심지어는 인간봉사전문직에 종사하고 있다는 점은 보통의 사람에 비해 인의의 가치를 보다 확고히 다졌다고 말할 수 있다. 하지만 맹자의 경고처럼 인의의 가치를 끝까지 유지해 나가기가 쉽지 않기 때문에, 한 순간이라도 인의의 가치를 벗어나지 않기 위해서 노력하고 또 노력해야 할 것이다. 이러한 노력을 통하여 인의의 가치를 지속적으로 확충해 가면 진정한 의미의 인의의 가치를 보존하고 이를 행동으로 실천할 수 있게 될 것이다.

🌀 **14-32**

군자가 지켜야 하는 것은 자기를 닦아서 천하를 평안하게 하는 것이다. 사람들의 병폐는 자기 밭은 버려두고 남의 밭을 김매는 것이니, 남에게 요구하는 것은 무겁게 하고 스스로 책임지는 것은 가볍게 하는 것이다. (君子之守는 修其身而天下平이니라 人病은 舍其田而芸人之田이

니 所求於人者 重이요 而所以自任者 輕이니라. 진심장구 하-32)
소 구 어 인 자 중　　　이 소 이 자 임 자 경

🔷 다리 놓기

　사회복지실천가는 자신의 전문역량을 갈고 닦아 내담자를 돕고 세상을 변화시키는 일에 헌신하고 있으므로, 군자가 지켜야 할 행동원칙을 그대로 따르고 있는 것이다. 사회복지실천가가 자신의 역할을 어느 정도 수행할 수 있는가는 자기 자신을 얼마나 갈고 닦는가에 달려 있다. 그런데 보통의 사람들은 자기를 계발하는 데는 관심이 없고 남의 일에만 관심을 기울이고, 자신이 맡은 책임은 적게 하려 하고 다른 사람에게 많은 책임을 지게 하려는 병폐가 있다.

　만약 사회복지실천가가 보통 사람이 가진 병폐를 지니고 있다면, 그는 점점 퇴보할 것이고, 그가 제공하는 서비스의 질은 더욱 낮아질 것이므로, 본연의 역할과 책임을 이행하는 데 한계를 보일 것이다. 사회복지실천가가 조직 내에서 이런 병폐를 보인다면, 그는 조직생활에 적응하지 못할 것이고, 조직의 결속력을 해치는 사람이 될 것이다. 그러므로 사회복지실천가는 안으로 깊이 성찰하고, 자기를 계발하기 위한 노력을 기울여 나가야 한다.

14-33

군자는 법도대로 행하고 명을 기다릴 뿐이다. (君子는 行法하여 以俟命
　　　　　　　　　　　　　　　　　　　군 자　　행 법　　　이 사 명
而已矣니라. 진심장구 하-33)
이 이 의

🔷 다리 놓기

　맹자는 군자는 우주만물의 원리, 즉 도리를 묵묵히 다할 뿐 이익이나 성과를 기대하지 않는다고 했다. 사회복지실천가 역시 내담자를 돕고 세상을 변화시킴에 있어서 따라야 할 실천원칙을 묵묵히 따를 뿐 실천행동을 통해 얻게 될 개인적 이익이나 공적 그리고 명예 등을 기대하지 말아야 한다. 진인사대천명(盡人事待天命)이라는 말처럼, 사회복지실천가는 자신이 해야 할 일을 원칙에 따라 실천에 옮긴 후, 그 결과는 하늘에 맡기는 자세를 갖출 필요가 있다.

14-34

저들에게 있는 것은 모두 내가 하지 않는 바요, 나에게 있는 것은 모두 옛 법도이니 어찌 저들을 두려워하겠는가? (在彼者는 皆我所不爲也요
재 피 자   개 아 소 불 위 야
在我者는 皆古之制也니 吾何畏彼哉리오. 진심장구 하-34)
재 아 자   개 고 지 제 야   오 하 외 피 재

다리 놓기

맹자는 당시의 지위가 높은 자들이 부귀영화를 좇는 행태를 비난하면서 결코 그들을 좇아가지 않을 것이며 그들을 두려워하지도 않을 것이며, 자신은 올바른 법도와 원칙을 지켜나가겠다고 다짐하고 있다. 사회복지실천가 역시 사람인지라 부귀영화를 바라지 않을 수 없다. 하지만 인간봉사전문직 종사자로 발을 들여 놓은 이상 사회복지실천가는 맹자의 말처럼 세속적 이익을 추구하기보다는 섬김의 사명을 충실히 이행하는 데 뜻을 두고 이를 굳건히 실천에 옮길 뿐이다.

14-35

맹자가 말했다. "마음을 수양함은 욕심을 적게 하는 것보다 더 좋은 것이 없으니, 그 사람됨이 욕심이 적으면 비록 보존되지 못함이 있더라도 (보존되지 못한 것이) 적을 것이요, 사람됨이 욕심이 많으면 비록 보존됨이 있더라도 (보존되는 것이) 적을 것이다." (孟子曰 養心이 莫善於寡欲하니 其
맹 자 왈 양 심   막 선 어 과 욕   기
爲人也寡欲이면 雖有不存焉者라도 寡矣요 其爲人也多欲이면 雖
위 인 야 과 욕   수 유 부 존 언 자   과 의   기 위 인 야 다 욕   수
有存焉者라도 寡矣니라. 진심장구 하-35)
유 존 언 자   과 의

다리 놓기

사회복지실천가가 섬김의 사명을 이행하기 위해서는 전문직의 가치를 마음에

잘 보존하고 있어야 한다. 이런 마음을 기름에 있어 맹자는 욕심을 적게 하는 것만큼 좋은 방법이 없다고 말하고 있다. 사회복지실천가 역시 사람인 관계로 본능적 욕구와 사사로운 욕심이 없을 수는 없을 것이지만, 이러한 본능과 욕심을 최대한 적게 만들기 위해 절제해야 할 것이다. 그렇지 않고 본능과 욕심에 마음을 빼앗기게 되면 섬기는 자로서의 선한 마음을 보존하지 못할 것이며, 그에게 맡겨진 사명과 역할을 이행하지 못할 것이 분명하다. 그러므로 맹자의 권고대로 사회복지실천가는 사사로운 욕심을 최대한 적게 하여 마음속 선한 본성을 굳건히 지켜나가야 할 것이다.

14-36

증석이 대추를 좋아했기 때문에 증자는 차마 대추를 먹지 못하였다. (曾皙이 嗜羊棗러니 而曾子不忍食羊棗하시니라. 진심장구 하-36)

다리 놓기

증자는 아버지 증석이 생전에 대추를 좋아했기 때문에 아버지가 별세한 뒤에도 먹을 때마다 아버지가 생각났으므로 차마 대추를 먹지 못했다. 이런 증자의 행동은 진정으로 아버지를 존중하는 마음의 표현이다. 사회복지실천가 역시 내담자를 진정으로 존중하는 마음을 실천과정에서 내담자에게 보여 주어야 한다. 아버지를 진정으로 존중하는 마음을 보여 준 증자처럼.

14-37

군자는 떳떳한 도를 회복할 뿐이다. (君子는 反經而已矣니. 진심장구 하-37)

다리 놓기

이 장구에서 맹자는 공자가 중도를 행하는 자를 얻어서 가르침으로써 오래가는 도리로 되돌아가고자 했다고 말하고 있다. 그러나 그럴 수 없다면, 공자가 뜻은 높은데 그 뜻을 행동으로 실천에 옮기지 못하는 광자(狂者)를 얻어 가르치고, 그것도 안 되면 지식은 다소 부족하지만 지조와 절개가 군센 견자(狷者)를 얻어 가르치고 싶어 했지만, 옳고 그름, 좋고 싫음에 대한 명확한 기준이 없이 시류(時流)에 동화되고 세상에 영합하여 사람들에게 아첨하여 좋은 사람이라는 평판을 듣는 향원(鄕原)은 덕을 해치는 사람이라고 보고 그와의 교유는 거절하는 태도를 보였다고 맹자는 전하고 있다.

사회복지조직이 사명을 성공적으로 이행하기 위해서는 중도를 행하는 인재를 중용하여야 하지만, 그렇지 않다면 광자나 견자를 중용하여야 할 것이다. 그러나 향원과 같은 사람은 사회복지조직에 걸맞은 덕성을 갖추지 못한 자이므로, 그를 등용하는 것은 바람직하지 않다. 그러므로 사회복지조직의 최고관리자는 인격적으로 성숙하면서도 전문적 역량을 갖춘 인재를 알아보는 지인(知人)의 혜안을 갖추어야만 한다.

14-38

공자로부터 이래로 오늘에 이르기까지가 백여 년이니, 성인의 세대와의 거리가 이와 같이 멀지 않으며 성인이 거주하신 곳과 가까움이 이와 같이 심하나 그런데도 아무 것도 없으니 그렇다면 또한 아무 것도 없겠구나. (由孔子而來로 至於今이 百有餘歲니 去聖人之世 若此其未遠也
유공자이래   지어금   백유여세   거성인지세 약차기미원야
며 近聖人之居 若此其甚也로되 然而無有乎爾하니 則亦無有乎爾
근성인지거 약차기심야   연이무유호이   즉역무유호이
로다. 진심장구 하-38)

◈ 다리 놓기

요임금에서 공자에 이르기까지 긴 세월동안 순임금, 탕왕, 문왕을 거쳐 떳떳한 도가 전해졌지만, 공자시대인 춘추시대와 시공간상 멀리 떨어져 있지 않은 전국시대에 공자를 계승하는 사람이 나오지 않아, 맹자가 공자의 도가 전해지지 않을

것이 걱정된다고 말하고 있다. 그러면서 맹자는 자신이 공자의 도를 전승하는 책무를 기꺼이 맡을 것이며, 앞으로 또 다른 성인이 나타나 그 도를 이어가기를 기대하면서 《맹자》는 마무리된다.

전문사회복지실천의 기틀을 마련한 Mary Richmond로부터 오늘에 이르기까지 사회복지 선구자들의 헌신적인 노력이 없었고 또 그런 실천사례가 전해지지 않았다면, 오늘날과 같은 전문사회복지실천에 이르지는 못했을 것이다. 그러므로 지금 이 시대의 사회복지실천가는 사회복지 선배들의 우수한 사례와 경험들을 바탕으로 사회복지전문직의 발전에 기여하고, 보다 발전된 전문사회복지실천 방법을 후세대의 사회복지실천가에게 전달하는 역할과 책임을 충실히 감당하고자 하는 의지를 가져야 할 것이다.

 참고문헌

강봉수(2018). 맹자의 철학사상: 인간의 품격과 제왕의 길. 서울: 강현출판사.

강신주(2014). 공자&맹자: 유학의 변신은 무죄. 파주: 김영사.

권중돈(2014). 인간행동과 사회복지실천. 서울: 학지사.

권중돈(2015). 복지, 논어를 탐하다. 서울: 학지사.

권중돈, 조학래, 윤경아, 이윤화, 이영미, 손의성, 오인근, 김동기(2019). 사회복지개론
    (4판). 서울: 학지사.

김원중(역)(2015). 사기열전(1)(개정판). 서울: 민음사.

성백효(역주)(2005). 맹자집주(개정증보판). 서울: 전통문화연구회.

신정근(2011). 사람다움이란 무엇인가: 인(仁)의 3천년 역사에 깃든 상생의 힘. 파주: 글항
    아리.

안외순(2002). 맹자. 서울: 책세상.

이동희(2014). 유학이란 무엇인가: 공자, 맹자, 순자, 주자, 그리고 퇴계 율곡. 서울: 전통문화
    연구회.

이수정(2016). 공자의 가치들. 서울: 도서출판 에피파니.

이재호(2006). 맹자정의. 서울: 솔출판사.

이한우(2015). 논어로 맹자를 읽다. 서울: 해냄출판사.

진덕수, 정민정(저), 이한우(역)(2016). 심경부주: 마음을 다스리는 법. 서울: 해냄출판사.

조원일(2012). 맹자의 철학사상. 광주: 전남대학교 출판부.

조학래(2016). 사회복지실천론. 서울: 도서출판 신정.

최문형(2017). 유학과 사회생물학. 서울: 성균관대학교 출판부.

최재천(2015). 통섭의 식탁. 서울: 움직이는 서재.

홍인표(1992). 맹자. 서울: 서울대학교 출판부.

황광옥(2012). 젊은 지성을 위한 맹자. 서울: 두리미디어.

楊照(2014). 孟子: 雄辯時代的鬥士. 김결(역)(2016). 맹자를 읽다. 서울: 유유.

王邦雄, 曾昭旭, 楊祖漢(1989). 孟子義理疏解. 황갑연(역)(2005). 맹자철학. 서울: 서
     광사.

秦楡(2006). 孟子学院. 임성희(역)(2009). 맹자경영학. 서울: 아리샘.

蔡仁厚(1994). 孔孟荀哲學. 천병돈(역)(2000). 맹자의 철학. 서울: 예문서원.

Biestek, F. P.(1957). *The Casework Relationship*. Chicago: Loyola University Press.

Eno, R.(2016). *Mencius: An Online Teaching Translation*. http://indiana.edu/~
     p374/Mengzi. pdf.

Kirk, S. A.(1999). Good Intentions Are Not Enough: Practice Guidelines for Social
     Work. *Research on Social Work Practice*, 9(3), 302−310.

Raskin, N.(1985). Client-centered Therapy. in S. J. Lynn and J. P. Garske(eds.).
     Contemporary Psychotherapies Models and Methods. Columbus: Charles E.
     Merrill, 155−190.

Rogers, C. R.(1957). The Necessary and Sufficient Conditions of Therapeutic
     Personality Change. *Journal of Counseling Psychology*, 21, 95−103.

White, R. K. and Lippiy, R.(1960). *Autocracy and Democracy: An Experimental
     Inquiry*. New York: Harper & Brothers.

Wilson, E. O.(1998). *Consilience: The Unity of Knowledge*. 최재천, 장대익(역)
     (2005). 통섭: 지식의 대통합. 서울: 사이언스북.

위키백과(https://ko.wikipedia.org)
천재학습백과(http://koc.chunjae.co.kr)
한국사회복지사협회(www.welfare.net)

복지, 맹자에서 길을 찾다

Mencius and its Implication for Social welfare

2019년 4월 10일 1판 1쇄 인쇄
2019년 4월 20일 1판 1쇄 발행

지은이 • 권중돈
펴낸이 • 김진환
펴낸곳 • (주) **학지사**

04031 서울특별시 마포구 양화로 15길 20 마인드월드빌딩
대표전화 • 02)330-5114   팩스 • 02)324-2345
등록번호 • 제313-2006-000265호

홈페이지 • http://www.hakjisa.co.kr
페이스북 • https://www.facebook.com/hakjisa

ISBN 978-89-997-1794-9   93330

정가 17,000원

이 도서의 국립중앙도서관 출판시도서목록(CIP)은 서지정보유통지원시스템
홈페이지(http://seoji.nl.go.kr)와 국가자료공동목록시스템(http://www.
nl.go.kr/kolisnet)에서 이용하실 수 있습니다.
(CIP 제어번호: CIP2019009575)

교육문화출판미디어그룹 **학지사**

심리검사연구소 **인싸이트** www.inpsyt.co.kr
원격교육연수원 **카운피아** www.counpia.com
학술논문서비스 **뉴논문** www.newnonmun.com
간호보건의학출판 **학지사메디컬** www.hakjisamd.co.kr